中国紛争解決法制の実務

外国法事務弁護士
孫 彦【著】

中央経済社

はじめに

　光陰矢の如し。日本商事仲裁協会（JCAA）が「国際商事紛争の予防と解決」の総合専門誌として刊行する「JCAジャーナル」に，「中国における紛争解決の基本と実務」と題する連載を開始してから，あっという間に2年数カ月が経った。

　日々の業務にも追われているため，どれぐらい続けられるか少々不安を抱えたままスタートしたが，連載は好評をいただき，今も継続中である。これも多くの方から励ましのお声を頂戴したおかげである。この場を借りて御礼を申し上げる。

　さて，連載では，中国における紛争解決の訴訟と仲裁につき，最新の立法や実務動向を踏まえつつ，基礎知識から実務ノウハウまで，幅広いテーマを取り上げてきた。

　そして，中央経済社の石井直人氏のご厚誼を賜り，『中国個人情報保護法制の実務』（中央経済社，2022年）と『中国独占禁止法制の実務』（中央経済社，2024年）に続く中国法の実務シリーズとして，これまでの連載の一部をまとめ，『中国紛争解決法制の実務』と題して，出版する運びとなった。

　出版にあたっては，基礎知識（第1章），訴訟編（第2章），仲裁編（第3章）およびハイブリッドの紛争解決（第4章）の4つのテーマに分けて，これまで発表した論考の内容をアップデートして見直すと同時に，参考事例やコラム等は新しい情報を盛り込んだ。特に，各節の最後にある裁判例は，裁判官の考え方の把握，ひいては類似する案件の予防や解決の参考として，大いに価値があると思う。

　また，連載期間中に，中国は民事訴訟法，中国国際経済貿易仲裁委員会（CIETAC）の仲裁規則をそれぞれ改正し，民事紛争解決の国際的潮流に歩調を合わせると同時に，様々な実務問題の解決を試みている。本書にはこれらにかかる最新情報も反映した。

　コロナ禍が落ち着くにつれ，日中間のビジネス往来が少しずつ回復してき

いる。日本企業による対中投資は鈍化しているが，歴史的な円安の影響もあり，中国投資家による日本への投資は急増しており，日中間の投資に係るトラブルも増えている。また，中国にある日系現地法人も，日々の経営における様々なトラブルの回避に苦慮されていることと思う。

さらに，中国の消費者や従業員の権利意識が高まるにつれて，贈収賄，環境保護，個人情報保護，独占禁止法違反等に関する通報およびその調査や処分に関わる紛争も多発している。

かかる紛争の事前予防策や紛争発生時の対応策を適宜整え，スムーズな解決を実現するためには，中国における紛争解決に関する情報を一定程度把握することが重要である。それに資することが，本書の目的である。

本書中の意見にわたる部分は，筆者の現時点における個人的見解にすぎず，文責はすべて筆者にあり，筆者の所属する事務所の見解ではないことを述べておく。

本書の執筆にあたっては，当事務所のチームメンバーから多くの協力を得た。特に，原稿の見直しにあたっては，臧晶弁護士から協力をいただいた。また，前述のとおり，本書の提案・企画・刊行にご尽力くださった中央経済社の石井直人氏には，心から御礼を申し上げたい。

2025年1月吉日

外国法事務弁護士

孫　彦

出版によせて

　本書は，日本において弁護士として，長年にわたって日本企業の対中国ビジネスを支えてこられた孫彦先生による，中国における紛争解決に関する知見を取りまとめられた書籍です。

　本書を手に取られた多くの皆様もご存じのとおり，日本と中国の関係は，その時々の政治・経済・国際情勢，また震災やコロナ禍のような予測不可能な事象等の様々な影響を受け，難しい局面を迎えることもしばしばです。しかし今までも，またこれからも，中国は日本にとって非常に重要な隣人であることに変わりはなく，また，日本企業にとって無視できない広大な市場であり，多くの顧客・ビジネスパートナー，そして従業員がいる国でもあります。

　中国とのビジネスはなかなか一筋縄ではゆかず，法的な紛争に発展することも珍しくないことから，紛争への備えは特に重要です。また，中国では法改正が頻繁に行われ，運用状況も刻々と変化するため，従前の経験則にとらわれず，最新の情報に常に知識をアップデートしていくことが不可欠です。そのような状況下で，実務を通して様々な日中間の紛争を解決するべく奔走してこられた孫先生の，最先端の法律知識とノウハウがぎっしり詰まっているのが本書です。
　本書は法律論のみならず，ビジネス実務上の対応方法が具体的に示されていることから，中国法務にまだ馴染みのない学生の方や，ビジネスパーソンにも手にとりやすく，実践しやすいものになっており，また同時に，中国の急速な発展に伴う様々な最新の状況・従来からの変化にも触れられていることから，既に中国法務に精通しておられる方にも，多くの気づきを与えるものになっていると思います。

　実務で非常にご多忙な中，このような充実した書籍をまとめられたことに深い敬意を表すとともに，孫彦先生が，これからもますますご活躍されること，

また本書が，日中ビジネスに携わる皆様に広く活用され，日中間のビジネスのさらなる発展につながることを心より祈念して，私のお祝いの言葉とさせていただきます。

2025年1月吉日

東京大学大学院法学政治学研究科　教授

増見　淳子

目　次

はじめに　i
出版によせて　iii

第1章
基礎知識

1－1　中国企業と契約を交わす際の留意点　2
1－2　中国のビジネスパートナーを知ること　15
1－3　「訴訟」と「仲裁」のどちらを選ぶか　29
1－4　渉外契約の準拠法　40
1－5　紛争解決手続における証拠収集　52
1－6　紛争解決における保全措置　76

第2章
訴訟編

2－1　中国の民事訴訟制度の基礎知識　94
2－2　民事訴訟法の改正　110
2－3　民事訴訟手続のオンライン化　126
2－4　中国の「指導性案例制度」　140
2－5　中国の「公益訴訟制度」　151
2－6　生成AIをめぐる法規制と裁判例　164

第3章
仲裁編

- 3－1　中国の商事仲裁制度の基礎知識　180
- 3－2　CIETAC仲裁規則の改正　194
- 3－3　仲裁合意と仲裁条項の書き方　206
- 3－4　仲裁人とその選任　218
- 3－5　中国国外の仲裁機関による中国国内での仲裁　231
- 3－6　仲裁判断に対する司法審査　240

第4章
ハイブリッドの紛争解決

- 4－1　段階的紛争解決条項　258
- 4－2　警告状送付時の留意事項　269
- 4－3　合弁企業をめぐる紛争解決（会社法の改正を中心に）　283
- 4－4　持分譲渡をめぐる紛争解決　300
- 4－5　第三者による資金提供　312
- 4－6　紛争解決手続における調停　321

索　引　333

コラム目次

コラム❶：会社の印鑑　13
コラム❷：調査令制度　27
コラム❸：領事認証とアポスティーユ　50
コラム❹：自認　75
コラム❺：インターネット＋司法　139
コラム❻：指導性案例と判例・典型的案例・参考性案例との比較　149
コラム❼：公益訴訟事件の範囲　163
コラム❽：翻訳や通訳の重要性　205
コラム❾：よく利用される中国国内の仲裁機関のサンプル条項　217
コラム❿：第三国の仲裁機関の利用　239
コラム⓫：競業他社への警告状の送付　282
コラム⓬：会計証憑と会計帳簿　299
コラム⓭：調停制度の利用拡大　331

第1章

基礎知識

1-1　中国企業と契約を交わす際の留意点

1-2　中国のビジネスパートナーを知ること

1-3　「訴訟」と「仲裁」のどちらを選ぶか

1-4　渉外契約の準拠法

1-5　紛争解決手続における証拠収集

1-6　紛争解決における保全措置

1−1　中国企業と契約を交わす際の留意点

　契約書の構成要素および記載すべき内容等は、取引の類型または契約の種類（取引基本契約、資本提携契約、技術ライセンス契約、秘密保持契約、雇用契約等）によって大きく異なる。当然、かかる契約を作成し交渉する際の留意点もそれぞれ異なってくる。

　以下は、特定の取引類型の契約に関する留意点を深掘りするのではなく、中国の実務上よく遭遇する、いずれのタイプの契約の締結においても生じ得る、共通の問題を取り上げる。

　一見シンプルで単純な問題が多いが、これらの留意点に対する理解不足や誤認は、交渉において不利な状況に陥る要因の1つであり、紛争の種になってしまうおそれがあるから、中国ビジネスに通じた方々にも今一度見直すことをおすすめする。

1　中国は契約社会？

　中国は、「面子（メンツ）」を重んじるイメージが持たれているが、実際は契約社会である。

(1)　契約の書面化

　企業規模の大小や取引の内容を問わず、なんでも書面化することにこだわり、契約書の締結が求められるのが一般的である。また、外国人や外国企業（外国企業の中国現地法人を含む。以下同じ）との取引においては、文化や言葉の壁があるため、理解の相違や不要なトラブルを回避するためにも、契約を交わすことが特に重要視されている。

　契約締結の法律論としては、書面、口頭またはその他の形式を採用することができる。このうち、書面には、契約書、書簡、電報、テレックス、ファックス等に契約内容を記載し、有形的に表現できる形式のほか、電子データの交換

および電子メール等の方式で契約内容を記載し、有形的に表現するものも含み、かつ随時内容を調べることができるデータ電文も書面形式とみなされる（民法典469条）。

ただし、実務上で訴訟や仲裁になってしまったときには、当事者の署名および／または捺印がある契約書の証明力が優先されるため、現状は、物理的に存在する書面での契約締結がほとんどである。

(2) 契約の複雑化

近年、中国の「走出去」（海外進出）戦略および「一帯一路」構想の推進に伴い、中国企業と外国企業の取引が急増したことから、かかるトラブルも増えている。それと同時に、契約の重要性に対する認識も向上している。

また、欧米の契約実務の影響を受け、契約条項が増え、内容も複雑化している傾向にある。特に、重要取引の基本契約、企業買収契約、合弁契約等は、100ページを超えるものも珍しくない。

中国側の面子に気を遣い、契約に関する話を持ち出すことを躊躇する等は、すでに昔話で、今は中国側からいきなり分厚い契約書が送られてくることが常識となりつつある。また、取引に関する基本的な契約書の締結だけではなく、取引に付随する秘密保持、法令遵守、贈賄防止、個人情報の保護等に関する契約の締結や、一方的な形の「誓約書」の提出を求められるケースも増加傾向にある。

2　法的根拠はあるのか？

(1) 法整備の推進

20年ほど前は、日本の基本法に当たる法律が中国では整備されておらず、日本企業から「中国には〇〇法があるか」という質問を受けることも多かったが、2007年頃から重要な法律が次々と整備され、日本の基本法に相当する法律のほとんどが中国でも公布された。その主な法律には、物権法（2007年10月1日施行）、労働契約法（2008年1月1日施行）、独占禁止法（2008年8月1日施行）、

権利侵害責任法（2010年7月1日施行）等が挙げられる。

また、2017年以後に施行された、「ネットワーク安全法」（2017年6月1日施行）、「電子商取引法」（2019年1月1日施行）、「外商投資法」（2020年1月1日施行）、「民法典」（2021年1月1日施行）、「データ安全法」（2021年9月1日施行）および「個人情報保護法」（2021年11月1日施行）等の中には、日本にはない法律や日本より厳格なものもある。

(2) 実務運用の確認

かつて中国ビジネスは、法律根拠がないことや法的グレーゾーンがある点が難点とされていた。その後の様々な立法の推進により、かなり状況は改善されつつあるものの、今日でも、法律根拠があっても、地方によって解釈が異なることや、管轄当局（担当官）や人民法院（裁判官）によって解釈が異なることがあり、法の運用が統一されていないという問題は依然として存在する。

しかし近年は、これらの問題を解消すべく、既存の法律規定の改正のほか、裁判における判断基準を統一するため、最高人民法院および各地方の高級人民法院による指導性案例や典型的案例の公布が相次いでおり、状況は日々変化していると言える[1]。

そのため、中国企業と契約を交わす際には、中国の関連法律規定の有無やその内容を把握するだけでは足りず、業種、取引類型または取引の具体的内容ごとに、中国現地でのかかる法律規定の運用状況（地方政府や主管当局の態度）を、正確に把握することも重要である。

上記に加え、近年の中国ビジネスは環境が激しく変化している。変化する環境に対応し、ニーズに応えるための立法も時々刻々と進んでいる。よって、中国企業との商取引、とりわけ中国企業と契約を交わす際には、過去の経験則に頼らず、前述した留意点を意識しながら、その都度、最新状況を確認し進めることが肝要である。

---

1 具体的には、2-4「中国の『指導性案例制度』」を参照されたい。

3　政府の許可が必要？

　多くの日本企業から，「中国では，政府の許可がなければ何も始まらないというのは本当か？」という質問を受ける。また，契約交渉において，自社に有利な条件を引き出そうとする中国企業が，日本企業に対して「政府の許可が必要である」と，言い出すことも少なからずある。

　たしかに，かつては，外国企業による中国投資の行政手続が煩雑であった。しかし，2008年以後は，中国政府が行政改革や規制緩和を進めていることもあり，民間企業同士（内資，外資を問わず）の商取引に政府が直接関与することは年々減少している。

　例えば，外国企業と中国企業の共同出資による合弁企業設立は，以前は，商務部門による合弁契約の審査が難関手続だったが，今はこれも不要となっており，ほとんどの地方でも，合弁企業設立時の申請書類から合弁契約が外されている。

　もちろん，インターネット関連の電信業務（オンラインゲームやECビジネス等），医薬品や医療機器の製造販売，金融業務等の特別な業種は，依然として政府の許認可が必要である。しかし，主管当局による審査内容の重点は，資本金，外国企業の出資比率，製造または販売の体制等が法定の条件を満たしているかどうかに置かれており，契約当事者間のビジネス条件等に口を出すことは非常に少ない。

　したがって，中国企業との契約交渉において，「政府の許可が必要である」と言われた際には，言われたままに信じるのではなく，まず，かかる根拠規定を示すよう中国側に求めるべきである。仮に何らかの根拠規定が出されたとしても，前述2のとおり，現地での運用状況等を正確に調査し，どこまで対応する必要があるのかを慎重に検討するのが賢明である。

4　政府のひな形契約は修正できない？

　日中間の取引に限らず，契約交渉において優位性を勝ち取るため，自社で契

約のファーストドラフトを作成したいとするケースは多い。現に大手企業は，契約のひな形（約款）を作成し，それを多くの取引に運用している。中国の大手企業との取引では，中国企業が自社のひな形契約を提示し，その修正は認めないと強い姿勢を見せることがあるが，当然，修正は可能である。しかしながら，その修正幅は，当事者間の力関係や交渉力により決められてしまうのが実情であろう。

(1) 政府のひな形契約

近年は減少傾向にあるが，中国企業から政府が提供する契約のひな形（以下「政府ひな形契約」と称す）を使うので修正はできないと言われることもある。しかし，前述3で述べたとおり，現在，民間企業同士の商取引に中国政府が関与することは非常に少ないため，このような要求をされた場合は，まず疑問を持つべきである。

実務上，政府ひな形契約が利用されることが多い取引には，①地方政府が一方当事者となる土地使用権の払下契約，②建物の建設に関する設計契約および施工契約等がある。ただし，これらの政府ひな形契約も，修正不可能ではなく，修正協議書や覚書等の形で一部の内容を修正することが可能である。また，地方政府によっては，合弁契約や定款のテンプレートを提供してくることも多いが，これもあくまで参照用であり，地方政府が強制的に使用を求めるものではない。

(2) 指定紛争解決条項

また，契約書そのものではないが，中国企業が，契約の紛争解決条項の内容について，地方政府から現地の仲裁機関を指定するよう求められていると主張することがある。たしかに，現地の仲裁機関の利用拡大や発展促進のため，地方政府が，特に地方の国有企業に対して，そのような内容の条項を盛り込むよう求めることはある。ただし，そのような要求を裏づける法律上の根拠は全くなく，応じなければならないものではない。

(3) 約款の使用

　日本企業が自社作成の「約款」の使用を希望するケースも多く見受けられる。
　当然，使用可能であるが，中国の民法典496条ないし498条に，約款を使用する場合は，公平の原則によること，重要事項については作成者に説明義務があること，「約款」の無効事由（相手方当事者の重要な権利を排除する等の不公平事由），および解釈が分かれる場合は「約款」作成者に不利な解釈がされること等が定められているので，注意が必要である。

5　通訳と翻訳は軽視できない

　日本企業と中国企業間の取引契約を英語で作成し，一本化するケースが増えているが，英語は，日中いずれの企業にとっても外国語ということもあり，やはり，日本語版と中国語版の両方を作成し，日本語版もしくは中国語版のどちらかを正本とするパターンか，または日本語版と中国語版とも正本とするパターンのいずれかを採用する企業が多数である。ちなみに，交渉の結果，日本語版と中国語版とも正本とする場合もあるが，結局は問題の先送りと言える。なぜなら，実際に日本語版と中国語版の内容に齟齬が生じたときに，協議による解決ができなければ，裁判官や仲裁員の判断に委ねることになるからである。
　日本語，中国語または英語のいずれを使用する場合においても，日中両企業とも外国語の壁は避けてとおれない。言うまでもないが，契約書作成においては，契約をめぐるコミュニケーションや交渉における相手側の意思を正しく理解し，正確に契約書へ反映することが重要である。
　両国当事者がそれぞれいくら万全に準備し，言葉の表現を工夫しようとも，それを正確に通訳または翻訳をしなければ意味がない。通訳や翻訳に正確性を欠いたことによる訴訟や仲裁の案件は未だになくならない。特に，国際仲裁案件においては，契約書の翻訳の問題のみならず，当事者や証人の証言の通訳もよく問題視される。つい最近も，スポーツ仲裁裁判所（CAS）がスイスのモントルーで行った，中国競泳男子の孫楊（五輪金メダリストでドーピング検査を妨害したとの嫌疑を持たれた）に関する公聴会での通訳は，質が低いと中国

で大きな波紋を呼んだ。

6　署名または捺印で足りるのか？

　「中国側の署名欄には署名だけ，または捺印だけだが，これで大丈夫か」という質問も多い。実は，これは「大丈夫」「大丈夫じゃない」と簡単に回答できる問題ではなく，この問題をめぐる紛争事例も散見される。

　書面契約の成立条件は，(1)過去の契約法32条は「双方当事者が署名し，または捺印したときに契約は成立する」と定め，(2)現行の民法典490条は「当事者の署名，捺印または拇印時に契約は成立する」と定めている。かかる記載から見ると「署名」または「捺印」のどちらか1つだけあれば契約は成立することになる。

　ただし，実務上の契約書には「当事者の署名，捺印をもって発効する」または「署名捺印をもって発効する」と記載されるケースが多い。このような場合，「署名」または「捺印」と解すべきか，それとも「署名」および「捺印」と解すべきかは意見が分かれている。なお，「署名」および「捺印」の両方がなければ，契約の効力は生じないという意見を示した裁判例が複数ある（（2017）最高法民再402号，（2018）京民再40号等）。

　また，ここでいう「署名」は，原則として，中国企業の法定代表者[2]の署名を指す。法定代表者以外の者は，たとえ会社の董事（日本の取締役に相当）であっても，法定代表者からの授権が必要であるから，署名者の権限の有無についても留意が必要である。

　なお，「全国法院民商事審判業務会議紀要」41条（2019年11月8日公布），「最高人民法院の『中華人民共和国民法典』契約編通則の適用の若干問題に関する解釈」22条（2023年12月5日施行）によれば，署名および捺印による契約の成立または有効性について，以下のとおり整理することができる。

2　日本では，代表取締役を複数名選任できるが，中国では，法定代表者は会社業務を実行する董事または総経理（社長）から1名しか選任できない（会社法〔2023年版〕10条）。なお，法定代表者は登記が必要なため，法定代表者の氏名は中国の企業信用情報で確認することができる。

【署名・捺印の有効性】

署名・捺印	契約の会社に対する効力
署名（契約の締結権限を有する者）＋真正の印鑑の捺印	✓ 有効
署名（契約の締結権限を有する者）＋偽造印or無届けの印鑑[3]の捺印	✓ 有効
署名（契約の締結権限の有無が不明）＋捺印なし	✓ 相手側当事者が，契約の締結権限を有する者による署名であることを証明できれば，有効
署名なし＋真正の印鑑の捺印	✓ 相手側当事者が，契約の締結権限を有する者による捺印であることを証明できれば，有効
署名なし＋偽造印or無届けの印鑑の捺印	✓ 上記の証明ができなければ，契約は成立しない

　高額取引等の重要な契約は，契約締結の形式をめぐる不要なトラブルを回避するためにも，「署名」および「捺印」の両方とすることが無難である。何らかの理由で「署名」または「捺印」のいずれかとする場合は，その旨を契約書に明記することが重要である。

7　契約はゴールではない

　言うまでもないが，契約締結は商取引のゴールではなく，むしろスタートラインであり，最も重要なのは，締結後に当事者それぞれが契約義務を履行することである。

　中国では契約履行において，かかる契約内容の変更を求められることが珍しくない。なんらかの事情により当事者間で変更を合意することはもちろんあるが，中国企業は自社の都合を理由に，一方的に契約の変更を求めてくることもある。なぜなら，多くの中国企業が，契約の締結は交渉のゴールではなくス

3　無届けの印鑑とは，公安機関への届出がされていない印鑑を指す。

タートであり，契約の履行は，随時交渉の余地があるものとの認識を持っているからである。

　締結済みの契約を当事者の一方が勝手に変更できないのは当然のことである。しかしながら，実際のビジネスにおいて，変更の要求を断るのは簡単ではないし，断って済むことでもない。契約履行の安定性や，ビジネス関係の将来性，または単なる債権回収のための契約であっても，中国企業の変更要求に同意する必要が生じることはある。その際に，後で「同意した」「何をどこまで同意した」またはそもそも「同意していなかった」等の事実関係をめぐる問題が起きないよう，変更の都度，覚書や協議書を交わすことが肝要である。さらに，それら契約変更に関する覚書や協議書の締結形式も，できる限り元の契約書の形式と統一することとし，特に，前述6の「署名」「捺印」の問題に留意されたい。

8　事例紹介

　以下は，ある契約で個人の行為か，会社の行為かをめぐり，紛争となった事件である。会社の法定代表者の個人名義で締結された契約であるが，実際に契約を履行したのはそれぞれが所属する会社であったため，1審，2審および再審の人民法院とも，実態を踏まえ，個人の行為ではなく，会社の行為であると判断した。

事件名	黒竜江中偉基房地産開発有限公司と肇源県竜祥房地産開発有限公司の合弁，提携による不動産開発契約紛争事件
判決書番号	1審：(2017) 黒06民初168号 2審：(2018) 黒民終36号 再審：(2018) 最高法民申6026号
判決年月日	1審：不明[4] 2審：2018年4月9日 再審：2018年12月13日

4　公開情報には見当たらなかった。

1－1　中国企業と契約を交わす際の留意点　11

人民法院	1審：黒竜江省大慶市中級人民法院 2審：黒竜江省高級人民法院 再審：最高人民法院
当事者	原告：肇源県竜祥房地産開発有限公司（以下「A社」という） 被告：黒竜江中偉基房地産開発有限公司（以下「B社」という）
案件概要	✓　王氏はA社，于氏はB社の法定代表者である。 ✓　2013年9月，王氏と于氏は「不動産開発提携契約書」（以下「本件提携契約」という）を締結し，黒竜江省大慶市にある不動産プロジェクト（以下「本件プロジェクト」という）に共同投資することで合意した。 　本件プロジェクトに関する事項は，すべてA社が決定する。また，B社の名義で開発し，建設することに合意した。 ✓　2015年までに，本件プロジェクトの第1期が竣工した。 ✓　2016年4月，A社とB社が「共同投資脱退契約」を締結し，次に掲げる事項を定めた。 　・B社は共同投資から脱退し，A社は本件プロジェクトの単独開発権を取得する。 　・A社は，B社に1,000万人民元の代金を支払い，3軒の住宅を含む不動産を交付する。 　・A社は，契約締結時に100万人民元を支払い，また，于氏に対する4,460,700元の債権を代金に充当する。 ✓　その後，A社が訴訟を提起し，B社が共同投資から脱退したことを理由に，本件プロジェクトの単独開発権および本件プロジェクトに係る不動産の所有権を主張したが，B社は，本件提携契約は王氏，于氏が個人として締結したのであり，契約には会社の公章も押印されておらず，すなわち，A社は契約当事者ではないため，B社に対して権利主張することはできないと反論した。
判決要旨	1審人民法院は，以下のとおり判断した。 ✓　本件提携契約を締結したのは王氏，于氏の個人2人であるが，2人はそれぞれA社，B社の法定代表者であり，また，契約の履行において，両当事者はそれぞれの会社の名義で投資，開発工事等を行っていた。そのため，本件開発契約は，実質的に両当事者が代表を務める会社による提携である。 ✓　B社はすでに共同投資から脱退した。A社は，共同投資脱退契約に従い，残りの代金（4,539,300人民元）を支払い，3軒の住宅を含む不動産をB社に交付する義務を負う。A社は，当該義務を

履行した後，単独で本件プロジェクトの開発を行い，B社の名義で竣工した不動産および建設中の不動産を所有することができる。

B社は，1審判決を不服として，上訴した。
2審人民法院は，以下のとおり判断し，上訴を棄却した。
- ✓ 本件提携契約の内容をみると，両当事者はB社の名義で開発，建設し，于氏は「乙」として投資，利益分配，方案設計等を行うとされている。
- ✓ 契約に基づく「乙」の義務のうち，投資以外の開発に関わる部分は，開発資格を持つ企業しか実施できないものである。個人である于氏は，開発・建設の資格を有さず，また，契約締結後は，契約に従いB社が，「乙」の権利を享有し，「乙」の義務を履行した。
- ✓ また，1審の審理中に，B社も，A社との開発提携関係，およびB社とA社が提携して本件プロジェクトを開発したことを認めた。
- ✓ そのため，本件提携契約における「乙」の権利・義務は，実際にはB社が享有・履行し，于氏がB社の法定代表者として締結した契約は，実質的にB社を拘束している。

B社は，2審判決を不服として，さらに再審を申し立てた。
最高人民法院は，以下のとおり判断し，再審申請を棄却した。
- ✓ 民事契約の主体を審査する際には，署名者のみで判断しない。特に署名者が複数の身分を有する場合，契約の内容および履行の状況から判断しなければならない。
- ✓ 契約の内容からみると，本件プロジェクトはB社の名義で開発，建設（具体的には，建設工程請負契約，設備の売買契約等の締結を含む）するとなっている。これらは，開発資格を持つ企業しか実施できない行為である。
- ✓ 契約の履行状況からみると，B社が実際に本件プロジェクトの土地使用権を取得し，開発関連手続等を行った。
- ✓ したがって，本件提携契約における「乙」の権利・義務は，実際にはB社が享有・履行した。
- ✓ 于氏がB社の法定代表者として締結した契約の法律効果は，B社が負担しなければならない。

コラム❶

会社の印鑑

中国では，日本と同様，会社が経営活動を行う際に印鑑（中国語では「章」という）が必要不可欠である。

1. 印鑑の種類

一般的に，中国の会社（外資系現地法人を含む）は，次の5種類の印鑑を用いており，それぞれの印鑑の名称と用途は，以下のとおりである。なお，【 】に中国語原文の名称も記す。

① 会社公印【公章】：会社の意思を代表する印鑑
② 法定代表者印【法定代表人章】：会社の法定代表者の意思を代表する印鑑
③ 財務専用印【財務専用章】：銀行との取引に使用する印鑑
④ 契約印【合同章】：会社が契約する際に使用する印鑑
⑤ 領収書専用印【发票专用章】：領収書を発行する際に使用する印鑑

これらの印鑑については，国務院の規定および各地方の規定により，いずれも公安機関に届け出なければならないとされている。なお，近年，電子印鑑の使用が普及しており，データ電文契約による契約の締結の効力も認められている。

2. 印鑑の作成

日本では，会社の印鑑の形状や材質等はある程度自由に選択できるが，中国の会社の印鑑は，多少の選択の幅はあるものの，基本的には指定の様式に従わなければならない。

「国家行政機関および企業事業単位，社会団体の印鑑の管理に関する国務院の規定」[5]によれば，会社の印鑑は，以下の要求を満たしたものでなければならない。

① 円形であること
② 直径4.5cm以内であること
③ 中心に星を置き，星の周りに，左から右の順に会社名を円形に配置すること
④ 会社名は法定名称とする。文字数が多く，作成しにくい場合は，規範化した略称を使用することができる
⑤ 印鑑で使用する漢字は，国務院が公布した簡体字とし，書体は「宋体」とする
⑥ その他の印鑑（財務専用印，契約印等を含む）は，名称，デザインが会社の公印とは異なるものでなければならず，会社の責任者の承認を得た上で作成することができる

---

5 https://www.gd.gov.cn/zwgk/gongbao/2000/1/content/post_3359861.html

⑦ 会社の印鑑の作成は，所在地の公安機関指定の印鑑業者に作成を依頼しなければならない

3．印鑑の届出

　通常，印鑑は，会社の設立登記が完了し，営業許可証を取得してから，公安機関指定の印鑑業者に作成を申請することとなる。申請が公安機関に認可されると，「印鑑作成証明」が発行されるので，これをもって，指定の印鑑業者に作成を依頼する。なお，現在は，会社設立手続等のオンライン化が進んでおり，印鑑作成もオンラインで申請することができる。

　また，「中央政府指定による地方政府実施の行政許可事項の取消リストに関する第三回決定に関する国務院の規定」[6]によれば，印鑑業者は，会社から印鑑作成の依頼を受け，印鑑を作成した後に，規定に従い，印影，申請者，印鑑使用会社等の情報を公安機関に届け出なければならないとされている。印鑑の届出がされているかどうかは，オンラインで確認可能である。

　なお，電子印鑑は，全国印章総合サービスプラットフォーム（https://www.gaskmp.cn/）にて，作成が可能である。

4．印鑑の保管および使用

　会社の印鑑を保管・使用する際に，印鑑保管使用制度を構築し，保管者の責任を明確にすることが確実である。それぞれのポイントが以下のとおりである。

(1) 印鑑保管制度の構築

　① 印鑑を重要度別に保管し，印鑑ごとに，特定の責任者（特定の部門または専任者）が職権に基づき保管する。
　② 印鑑は保管責任者が適切に保管し，その職位の要求として明確にする。保管責任者は，無断で保管業務を他人に委託してはならない。
　③ 印鑑を適切に保管し，毀損，紛失，盗難を防止しなければならない。

(2) 保管者責任の明確化

　① 保管責任者が印鑑を紛失した場合，遅滞なく会社に報告しなければならない。
　② 会社の印鑑使用規程に従い印鑑を使用し，所定の手続を行わずに使用してはならない。
　③ 保管責任者は，書類および印鑑使用申請の署名を審査しなければならない。
　④ 使用する印鑑と押印予定の書類の内容が一致しているか確認する。
　⑤ 規程に違反して印鑑を使用し，会社に損失をもたらした場合，会社はこれを処分し，重大な損失をもたらした場合，または情状が重い場合，関連機関に移送して処理する。

6　https://www.gov.cn/zhengce/content/2017-01/21/content_5161879.htm

1－2　中国のビジネスパートナーを知ること

　中国には、「商場は戦場が如く」という言葉がある。ビジネスの場（中国語では「商場」という）を戦争にたとえ、その厳しさを表すと同時に、戦略の重要性を強調する言葉である。「戦略」と聞くと、多くの方は「孫子の兵法」を連想するであろう。筆者も例にもれず、「彼を知り己を知れば百戦殆からず」という有名な教訓が好きで、日中間のビジネスの場面によく引用している[7]。

　商場で成功するための第一歩として非常に重要なのは、中国のビジネスパートナーを知ること（KYP：Know Your Partner）である。「中国のビジネスパートナーを知る」とは、契約締結前の相手企業に関する「身元確認」のみならず、契約の履行における相手企業の重要情報（株主構成の変更、経営陣の更迭や経営状況の変動等）を定期的・継続的に収集することも指す。これらを漏れなく行うことで、必要に応じた迅速な対応が可能となる。

1　中国のビジネスパートナーを知ることの重要性

　当然のことであるが、取引を行う前に、相手がどのような人物で、どのような企業であるかを把握したい。

　相手企業の株主構成、資本金、経営陣、事業規模および業界におけるレピュテーション等の情報は、相手と取引するか否か、また取引条件を具体的に検討する際の判断材料であり、これら情報を収集することは、中国企業相手に限らず、ごく一般的に行われている、いわゆる「身元確認」である。

　特に、日中間においては、近年のインターネットの普及や人的交流の増加に伴い、国境を跨ぐ取引が急増している。また、中国に進出している多くの日系現地法人は、日本企業や日系現地法人を主要取引相手としているが、中国ビジネスをより安定させるためには、中国企業を相手とするビジネスをさらに積極

7　孫彦「中国における合弁解消の交渉戦略」ビジネス法務2015年3月号108頁

的に展開することが必要であろうし，日本国内においても，日本に進出している中国企業を相手とするビジネス機会が増えていることから，その対応は急務となっている。

しかし，このような状況においては，ことを慌てて進めがちである。そのため，今一度，中国のビジネスパートナーに関する情報収集の重要性を問いたい。

(1) 初期段階の身元確認

中国企業との取引開始前の身元確認に係る情報収集の方法は，相手に直接コンタクトし，登記情報や各種資格・証明書類の提供を要求するか，または相手に知らせずにかかる情報等を収集するかのいずれかである。

もし，相手が全く知らない中国人個人が設立したばかりの会社で，資本金も少なく，かつその払込みも完了していないといった場合は，取引を避けたい気持ちがある一方で，試験的に取引を行いたいという気持ちも湧いてくると思う。特に，設立間もないスタートアップ企業やベンチャー企業との取引には，魅力を感じつつも二の足を踏む企業は多いのではないだろうか。そのような不安を払拭するためにも，相手の基本情報の調査は必須であると考える。

相手の規模等を問わず，取引の初期段階においては，一般的に中国側へ代金の前払いや担保提供等の厳しい条件を求めるケースが多い。いくら日本側に有利な契約または事実上の根拠があっても，中国企業が契約に違反し，代金の支払を怠ったり拒否したりすれば，国境を跨ぐ訴訟や仲裁に発展してしまい，係争にかかるコストが取引代金を超え，費用対効果のバランスがとれないおそれがあるからで，当然の措置といえる。

しかしながら，特に中小企業間の取引においては，日本企業が日本国内のビジネス感覚のまま，中国企業との代金の後払いや担保提供なしの取引を進めたために，泣き寝入りする結果となるケースも少なからず見受けられる（むろん，すべての中国企業に悪意や故意があるわけではない）。

(2) 継続的な情報収集

一方，中国企業が大手企業の場合でも，身元確認だけで安心できるわけではない。特に継続的な取引（原材料の調達契約や製品の販売契約等）や長期にわ

たる大規模プロジェクト（合弁企業の設立や特許等重要な技術の使用許諾等）の場合は，契約の履行段階においても，定期的・継続的に相手に関する情報を収集することが重要である。

　なぜなら，中国のビジネス環境は比較的変化が激しいため，いつの間にか相手が経営不振に陥っていたために，突如として取引環境が不安定になり，契約の履行等に悪影響が生じるおそれがあるからである。

　また，中国では会社のM&Aに伴い，支配株主に変更が生じることも多い。筆者は，日本企業から，合弁プロジェクトや技術・商標の使用許諾の契約関係にある中国のビジネスパートナーから，支配株主の変更を知らされたため，契約の継続を再検討したいという相談をよく受けるが，変更後の支配株主（買収者）が，競争相手や望ましくない者であると，取引を中止したくとも，交渉段階でもめることが少なくない。

　さらに，日中間の商取引は，国境を跨いでしまうことや言葉の壁等の理由から，中国のビジネスパートナーの情報をスピーディーに入手できず，その経営破綻に気づくのが遅れて債権回収が不可能となったり，中国側の合弁当事者やビジネスパートナーから競争相手へ日本側の技術が流出したりといったことに気づけなかったというトラブル事例も多い。

(3)　情報開示の推進

　2008年以来，中国は，ビジネス環境の効率向上と透明性改善のため，大幅な行政改革と司法改革を進めている。なかでも，行政機関および人民法院が行っている情報開示は，各界から高く評価されている。特に，後述の各項目（中国企業の公示情報，財産情報および紛争情報等）は，2008年以前と比べると，比較的容易に入手可能となっている。

　これらの情報をスピーディーに入手し，活用することで，信頼できるビジネスパートナーの選択やビジネスパートナーとのトラブル発生の防止またはトラブル発生時の損害を最小限に抑えること等を可能とすることが期待できる。

2　公示情報の収集

　従来，中国企業の基本情報の収集は，調査会社や法律事務所に依頼し，主管の会社登記機関（旧工商行政管理局，現市場監督管理局）からその紙ベースの登記資料を入手し，確認するのが一般的な方法であった。

　2014年10月1日，「企業情報公示暫定条例」（以下「暫定条例」という）の施行[8]に伴い，「国家企業信用情報公示システム」[9]（以下「公示システム」という）が構築・整備された。これにより，中国企業の企業情報は，同公示システムを通じて無料で検索し，確認できるようになった。なお，ここでいう「企業情報」とは，企業の生産経営活動の過程で形成される情報と政府部門の職責履行の過程で生じた情報の2種類に分けられる（暫定条例2条）。

　それぞれの違いは，下表のとおりである。

【企業情報の種類】

政府部門の職責履行の過程で生じた情報 （暫定条例6条）	✓　登録・登記，届出情報 ✓　動産の抵当権設定登記情報 ✓　持分の質権設定登記情報 ✓　行政処罰情報等
企業の生産経営活動の過程で形成される情報 （暫定条例10条）	✓　株主の出資情報 　　（出資額，出資時期，出資方法等） ✓　持分の変更情報 ✓　行政許可情報 ✓　知的財産権の質権設定情報 ✓　行政処罰を受けたことに関する情報等

---

[8] 暫定条例の公布は，中国の行政改革の方針である「簡政放権」（政府機関を簡素化し，権限を下部組織または企業へ委譲すること）および「寛進厳管」（参入の規制を緩和し，管理を厳格にする）の実施において必然的なものであり，これらに基づき企業情報を公示することで，「公平な競争の保障」や「取引の安全の維持」に大きな効果をもたらすことが期待される。なお，暫定条例は，2024年2月2日に改正され，改正後の暫定条例は2024年5月1日から施行された。

[9] http://www.gsxt.gov.cn/index.html

(1) 政府部門の職責履行の過程で生じた情報

　市場監督管理局は，企業から登記または届出された企業情報を公示システム上で公示しなければならない。また，公示時期は，情報発生日（登記や届出の日等）から20営業日以内である（暫定条例6条）。

　しかし，市場監督管理局以外のその他政府部門は，行政許可およびその変更，延長情報ならびに行政処罰情報等の情報を公示システムまたはその他のシステム上で公示できるとされている（暫定条例7条）。そのため，市場監督管理局以外の当局は，行政処罰等の情報を公示システム上ではなく，各関連当局の公式ホームページ等で公示する場合もある。例えば，国家税務局は，同局のウェブサイト[10]上で，脱税やインボイス（中国語では「発票」という）の虚偽発行等に関する処罰情報を公示しているし，「信用中国」[11]のウェブサイトには，各種ブラックリストに関する情報が公示されている。将来的にはこれらの情報が一元化されたシステムの運用が想定されているが[12]，現時点では情報が散逸している状態である。

(2) 企業の生産経営活動の過程で形成される情報

　企業は，その生産経営活動の過程で形成される情報について，かかる情報が形成された日から20営業日以内に公示システムを通じて社会に公示しなければならない（暫定条例10条）。

　それに加え，毎年1月1日から6月30日までに公示システムを通じて市場監督管理局に前年度の年度報告（従来の年度検査制度）を提出し，社会に公示しなければならない（暫定条例8条1項）。

　なお，年度報告には，下表に掲げる情報が含まれる。

10　http://www.chinatax.gov.cn/chinatax/c101249/n2020011502/index.html
11　https://www.creditchina.gov.cn
　　（国家発展改革委員会および中国人民銀行の指導の下で運営されている）
12　公示システムに統合される可能性が高いと推測される。

【年度報告で報告が求められる情報】

- ✓ 企業の連絡先住所，郵便番号，電話番号，電子メール等の情報
- ✓ 企業の開業，営業停止，清算等の存続状態の情報
- ✓ 投資による企業の設立，持分購入の情報
- ✓ 企業が有限責任会社または株式会社である場合には，その株主または発起人が引き受け，および払い込んだ出資額，出資時期，出資方法等の情報
- ✓ 有限責任会社の株主の持分譲渡等の持分変更の情報
- ✓ 企業のウェブサイトおよびオンライン事業を経営している場合のオンラインショップの名称，URL等の情報
- ✓ 企業の従業員数，資産総額，負債総額，保証・担保の対外提供，所有者持分の合計額，営業総収入額，主要業務の収入額，利益総額，純利益および納税総額の情報[13]

3　財産情報の収集

　日本では，債権者が債務者の責任財産を調査する手段は限られており，勝訴判決を得たとしても，その執行が困難な場合も多い（中国では「執行難」と呼ばれる）が，中国は日本以上に「執行難」の問題が存在する。

　中国政府は，行政サービスを改善し，「執行難」の問題に対処するため，関連する政府部門のウェブサイト等で企業や個人の財産に関する情報を開示する取組みを進めている。現在はそれらの取組みにより，ある程度の債務者の責任財産の保有状況および／または特定の財産に対する担保権設定の有無等に関する情報を，関連ウェブサイトにて債権者自ら検索し，確認できるようになっている[14]。

(1)　不動産登記

　不動産登記およびその情報検索は，その具体的なルールに関する根拠規定と

13　ただし，企業の従業員数ないし納税総額の情報は，企業が公示しないこともできる。
14　もっとも，政府のウェブサイト等に反映された情報はごく一部であることや，情報が更新されない等の原因で，すべての財産情報をウェブサイト等で検索できるわけではない。そのため，検索で得た情報は最新のものではない可能性があることに留意する必要がある。

して、民法典209条〜223条、「不動産登記暫定条例」、「不動産登記暫定条例実施細則」および「不動産登記資料検索暫定規則」等が存在する。また、当該実施細則および暫定規則は2019年に改正され、当該登記暫定条例は2019年と2024年に2回改正され、中国における不動産登記制度の強化および不動産登記資料の検索サービスの改善が図られている。

現在、不動産の権利者および不動産取引、相続、訴訟や仲裁等に関わる利害関係人は、かかる不動産所在地の主管当局にて、不動産の基本状況、権利者およびその不動産の封印、抵当権設定、予告登記、異議登記等の状況を検索し、確認することができる。将来的には、前述2の企業情報に関する公示システムのような、不動産の登記情報に関する全国統一の情報公示システムが構築・運用される予定である。

なお、中央の自然資源部の不動産登記センターがすでに「中国土地市場ネット」[15]を構築し運営し始めている。当該ウェブサイトでは、入札募集・競売・公示等による土地使用権の払下げ[16]公告（土地使用権者名称、土地の所在、金額、土地の用途、使用期間等）が公開されている。

また、各地方では、不動産登記資料の検索サービスに関するデータベースとして新たに構築したり、既存のウェブサイトを改善したりする動きが散見される。例えば、武漢市は2024年2月8日に「武漢市不動産登記若干規定」、広州市は2021年12月9日に「広州市不動産登記規則」、上海市は2020年11月27日に「上海市不動産登記若干規定」を公布し、それぞれの自然資源局のウェブサイト上で、現地の不動産登記手続および登記資料の検索に関する詳細なガイドラインを公開している。

さらに、自然資源部による「『インターネット・プラス・不動産登記』の建設指南」を受け、各地方では、不動産登記手続および登記資料の検索のオンライン化が進んでいる。その中で、蘇州市は、2022年4月29日、不動産登記・検索のオンライン化に関する全国初の地方標準となる「『インターネット・プラ

---

15 https://www.landchina.com/
16 払下げ土地使用権とは、国家により一定期間を定めて土地使用者に払い下げられ、土地使用者が国家に対して払下金を支払うことにより取得する国有土地使用権をいう（都市不動産管理法8条）。

ス・不動産登記』サービスに関する規範」を公布した。

(2) 動産および権利の担保登記

　動産および権利（売掛債権等）上の担保設定の情報はかつて，動産は，市場監督管理局が担当し，「全国市場監督管理動産抵当登記業務システム」にて情報が公開され，売掛債権は，中国人民銀行が担当し，「売掛債権融資サービスプラットフォーム」にて情報公開されるという方法で，主管当局および登記方法等がそれぞれ異なっていた。

　しかし，民法典の施行に伴い，2020年12月22日，国務院が「動産および権利担保登記の統一の実施に関する決定」を公布し，それを踏まえて，2021年12月28日，中国人民銀行が「動産および権利担保の統一登記規則」を公布した。同登記規則に基づくと，中国人民銀行の信用情報収集センター[17]は，①生産設備，原材料，半製品，製品の抵当，②売掛債権，預金証書，倉庫証券，船荷証券の質権設定，③ファイナンスリース，ファクタリング，所有権留保等を登記し，検索サービスを提供する（2条および4条2項）とある。しかし，かかる登記手続は事前審査を行わず，登記内容に対して実質審査も行わないとされていること（4条1項）に留意されたい。

(3) 知的財産権

　中国における知的財産権の登録および情報開示は，それぞれ国家版権局[18]と国家知的財産権局[19]が担当している。前者は，コンピュータソフトウェアを含む著作権を担当し，後者は，特許および商標を担当する。かかる知的財産権の権利者等の基本情報は当該当局のウェブサイト上で検索し確認することができる。

---

17 https://www.zhongdengwang.org.cn/
18 https://www.ncac.gov.cn
19 https://www.cnipa.gov.cn

(4) 銀行口座

中国企業の銀行口座に関する情報は容易には入手できない。かかる情報を提供する調査会社はあるが，その調査方法の適法性に問題が多い。

一方，近年，人民法院が構築した「ネットワーク執行調査監視システム」は，被執行人の財産を執行する際に，インターネットを通じて短時間で被執行人の全国の預金，自動車等の主要財産を調査・監視できるようになっている。

「ネットワーク執行調査監視システム」は，2014年11月25日に正式に運用が開始されたもので，最高人民法院は，中国人民銀行，国家市場監督管理総局，証券監督管理委員会，国家組織機構コードセンター，公安部公民身分証明書調査センターと協定を結んでおり，これらが保有する財産情報に人民法院もアクセスできるようにしている。

なお，「ネットワーク執行調査監視システム」は，基本的に強制執行の段階で人民法院が職権に基づいて使用するものであるが，2016年12月から，財産保全の段階においても，当事者の書面申請により，人民法院がその裁量で使用することができる旨の規定が設けられている（「人民法院による財産保全事件の処理に関する若干問題についての規定（2020年版）」11条）。もっとも，「ネットワーク執行調査監視システム」は新しいシステムであるため，経済が比較的発達している地域の人民法院が先行して導入しているにすぎず，現時点ですべての人民法院に設置されているわけではないことに留意する必要がある。

4　紛争情報の収集

裁判公開の原則を徹底し，また公衆の知る権利および監督する権利を保障するために，2016年8月29日，最高人民法院は「インターネット上での裁判文書の公開に関する人民法院の規定」を公布した。当該規定に基づき，各レベルの人民法院は，国家秘密や未成年犯罪等に関する一部例外を除いて，次に掲げる裁判文書を「中国裁判文書ネット」[20]で公開している。

---

[20] https://wenshu.court.gov.cn

公開裁判文書	✓ 刑事，民事，行政の判決文 ✓ 刑事，民事，行政，執行の裁定書 ✓ 支払命令 ✓ 刑事，民事，行政，執行却下の異議申立通知書 ✓ 国家賠償決定書 ✓ 強制医療決定書，または強制医療申請却下の決定書 ✓ 刑罰の執行または変更の決定書 ✓ 訴訟行為，執行行為の妨害に対して下した拘留，過料の決定書，拘留の期限前解除の決定書，拘留または過料等の制裁に関する異議申立てに対して下した異議申立決定書 ✓ 行政調停書，民事公益訴訟調停書 ✓ その他訴訟手続の中止，終了または当事者の実体権益に影響し，当事者の手続上の権益に重大な影響を与える裁判文書

　なお，同規定10条によれば，インターネット上で裁判文書を公開する際，人民法院は個人情報や商業秘密に係る情報等を削除しなければならないとされているが，自然人や企業の代表者氏名等，自然人を特定できる個人情報が公開されている裁判文書が多く見受けられる。

　前述の「中国裁判文書ネット」にて，中国のビジネスパートナーやその個人株主または高級管理職等が，紛争の当事者となっていないか，当事者となっている場合は，どのような紛争に巻き込まれているかにつき，一定の情報を収集することは可能である。また，係争中の案件についても，その保全措置や管轄権の有無に関する裁定書が公布されている可能性がある。

5　訪問や視察等

　前述する2～4のほか，直接中国のビジネスパートナーを訪問し，情報収集することも有効である。直接現地を訪れることによって，相手の生産状況や運営状況を目視できるため，より正確な判断が期待できる。

　日本の商習慣上（特に中小企業において），取引相手の会社の運営状況の確認を目的とした相手企業の直接訪問は，ある種の拒否反応や信頼関係に傷をつける等の印象があるため，これを避ける傾向にある。そのため，中国企業に対

しても訪問や視察をためらう日本企業は多い。しかし，それにより大小様々な問題を見逃し，問題が大きくなってしまうことが多く見受けられる。

かかる商習慣上の問題点を解消する方法としては，取引契約書等に，定期または不定期に訪問や視察を行う権利をあらかじめ設けることが一案である。また，実務的な柔軟性を持たせるため，日本側の裁量で，訪問や視察の代わりに，テレビ会議や電話会議によるインタビュー（現況確認）を行うことを明記することも考えられる。

中国現地法人を有する日本企業の中には，取引契約上の訪問や視察に関する規定の有無にかかわらず，前述する２～４のルートを通じて入手した情報を踏まえ，必要に応じて，密かに現地調査を行い，中国企業の経営状況等を確認する会社も少なくない。

中国に現地法人のない日本企業の場合は，中国の弁護士やコンサルタントに，中国企業の経営状況等の確認を依頼する方法もある。なお，中国にも，日本のような企業信用調査会社は多く存在するが，そのほとんどは，前述する２～４のルートで入手した情報を整理し，調査レポートを作成している。電話調査等で経営陣にインタビューを行い，そのバックグラウンドを確認することは稀で，対象会社の現地調査まで行う信用調査会社はさらに少ない。

6　事例紹介

以下は，工事の発注者と請負者の間で，契約における仲裁合意の有効性が争われた事例である。契約に押印された発注者の印章は，特定の目的にしか使用できない専用印である。かかる契約に当該専用印を押印することは，当該専用印の使用範囲を超えているため，契約締結時に，請負者は相手方の締結権限を調査しなければならない。しかし，請負者は相手方の締結権限を調査しなかった。最終的には，専用印が押印されたことのみをもって，有効な仲裁合意が締結されたことを証明できないと判断された。

事件名	杭州興耀建設集団有限公司による仲裁合意の効力の確認申請事件
裁定書番号	（2018）蘇05民特68号

裁定年月日	2020年4月6日
人民法院	江蘇省蘇州市中級人民法院（以下「本件人民法院」という）
当事者	申請者：杭州興耀建設集団有限公司（以下「A社」という） 被申請者：蘇州中飾装飾工程有限公司（以下「B社」という）
案件概要	✓ 2018年4月，A社は某建物の外壁塗装工事（以下「本件工事」という）をB社に発注した。 ✓ 本件工事に関する施工契約（以下「本件施工契約」という）には，A社の本件工事技術専用印（以下「本件技術専用印」という）が押印されている。また，本件技術専用印の印影には，「経済活動での使用が無効」という表記がある。 ✓ その後，B社が本件工事を実施するにあたり，双方は施工について紛争が生じた。 ✓ 2018年6月，B社は本件施工契約における「協議により解決に至れない場合，蘇州仲裁委員会に仲裁を申し立てる」という規定に基づき，蘇州仲裁委員会に仲裁を申し立てた。 ✓ 他方で，A社は訴訟を提起し，本件技術専用印が経済活動に使用してはならない等を理由に，本件人民法院に対して，B社による仲裁申立ての根拠，すなわち，本件施工契約における仲裁合意の無効の確認を求めた。
裁定要旨	本件人民法院は，以下のとおり，本件施工契約における仲裁合意が無効であると判断した。 ✓ 本件技術専用印は，着工報告書，設計図等の本件工事に関する資料にのみ使用でき，その用途が限定されている。本件施工契約に本件技術専用印を押印することは，明らかに本件技術専用印の使用できる範囲を超えている。 ✓ 双方に事実上の施工契約関係が存在するが，A社が追認しない限り，本件施工契約のすべての条項がA社に対して拘束力を有するとはいえない。 ✓ なお，本件技術専用印には，「経済活動での使用が無効」という表記があるため，B社は契約締結時に，契約の相手方がA社を代表して締結する権限を有するかを慎重に確認しなければならない。しかし，B社は契約の相手方に関する情報を提供しておらず，契約の相手方の締結権限を証明できなかった。 ✓ よって，本件施工契約に本件技術専用印が押印されていることのみをもって，A社とB社が有効な仲裁合意を締結したことを証明することができない。

> コラム❷

調査令制度

　調査令とは、当事者が民事訴訟において客観的原因で自己が必要な証拠を取得することができない場合、人民法院に申請して承認を得ることで、人民法院が当事者の訴訟代理人に発行した、関係会社や個人から必要な証拠を収集する法律文書を指す。

　実務上、特に執行段階において、被執行人の財産を調査するために、執行申立人の申請により、人民法院が調査令を発行し、執行申立人が調査令を持って自ら銀行等の金融機関に行って調査することはよくある。

1．法的根拠

　現在、調査令制度は探索段階にあり、民事訴訟法およびその関連司法解釈においては、調査令制度に関する明確な根拠は存在しない。

　最高人民法院が2006年3月に公布した「弁護士法の徹底および訴訟における弁護士の業務遂行権利の法による保証に関する通知」は、「人民法院は民事訴訟において、証拠調査令制度を積極的に探索し、試験的に実施することができる」としている。これを受けて、実務上、一部の地域の人民法院において調査令制度が実施されている。司法部が発表した「第十三期全国人民代表大会第四次会議第5444号提案に対する回答」によれば、2021年11月までに、少なくとも20以上の省（市）が民事訴訟における弁護士調査令制度を探索し始めた[21]。例えば、北京市高級人民法院は「委託調査制度に関する若干意見（試行）」、上海市高級人民法院は「上海法院調査令実施規則」、広東省高級人民法院は「民事訴訟における弁護士調査令の実施に関する規定（試行）」をそれぞれ公布している。

　これらの人民法院が定めた調査令制度は、内容が異なる部分が多いため、調査令を申請する場合は、現地の人民法院が公布した規則を確認する必要がある。例えば、貴州省高級人民法院は、執行段階のみについて調査令の適用に関する規則を公布したが[22]、広東省高級人民法院が公布した調査令規定は、訴訟提起、審理および執行段階における調査令の申請を認めている[23]。

2．調査令の問題点

　実務上、調査令による調査は、主に以下の問題点に直面しており、その実効性には難があるのが実態といえる。

(1) 調査令の申請が困難である

　一部の地域では、調査令に関する制度が整備されていないため、そもそも調

21　https://www.moj.gov.cn/pub/sfbgwapp/zwgk/zwgkjyta/202111/t20211119_442009.html
22　http://www.gzslsxh.cn/news/2990.html
23　https://www.gdcourts.gov.cn/gsxx/quanweifabu/guifanwenjian/content/post_1046343.html

査令を申請する根拠がない。また，調査令を発行したことがない人民法院も存在し，申請時に参考にできる先例がない場合がある。
(2) 他地域での適用が困難である
　各地域の人民法院がそれぞれ調査令制度を設けているため，現地の人民法院が発行した調査令は，他の地域の人民法院に認められない場合がある。
(3) 調査対象が協力しない場合が多い
　実務上，調査対象が資料の提供を拒否したり，故意に提供を遅延したりして，調査に協力しないことがよくみられる。特に，銀行等の金融機関が協力しないことが通常である。
(4) 調査対象への処罰が困難である
　調査令制度は法律レベルの根拠がないため，協力しない調査対象への処罰は正当性が問われる。そのため，調査対象を処罰する事例が多くない。

1-3 「訴訟」と「仲裁」のどちらを選ぶか

　日中ビジネスの発展に伴い，近年，以前は少なかったタイプの取引によるトラブルが年々増加している。その主なものには，クロスボーダー取引によるもの，中国国内における日系現地法人と中国ローカル企業間の取引によるもの，および中国企業による対日投資に関連するもの等がある。また，これらトラブル解決にかかる金額も高額化する傾向にあり，中国企業とのビジネス契約においては，紛争解決の条項が，より重要視されるようになってきている。

　これまで，紛争解決の条項は，契約交渉の最終段階になって慌てて合意したり，ビジネス条項との交渉カードとして利用したり，果ては別案件用の契約や会社のひな形契約の内容をそのまま利用（コピペ）したりと，軽視されがちな条項であった。

　しかし現在は，紛争解決の条項とビジネス条項は同時並行で交渉されるようになっている。それと同時に，かかる内容につき交渉が膠着した場合は，互いに譲らないケースも多く見受けられる。

　よい紛争解決の条項を設計するには，効率的な紛争解決の方法のみを考えるのではなく，トラブルを未然に防ぐ牽制効果等も考慮する必要がある。

1　渉外要素の有無と取引契約の分類

　日中間の取引は，契約当事者ごとに次の3種に大別できる。

---
① 日本企業と中国企業との国境を跨ぐ取引（クロスボーダー取引）
② 中国国内における日系現地法人と中国ローカル企業間の取引（中国国内の取引）
③ 日本国内における日本企業と中国系現地法人間の取引（日本国内の取引）

　この他，日本や中国の自然人が取引の当事者になることもあるが，実例が少ないため割愛する。

以下では，中国における紛争解決について，前述の①と②にフォーカスしたい。なお，③は日本国内の取引であるから，日本企業同士の紛争解決と同様，日本での裁判が選択される場合がほとんどである[24]。

(1) 「渉外取引」である場合

中国から見ると，日本法に基づき日本で設立された会社は，当然，外国法人である。中国企業と外国法人との取引は中国法上「渉外要素のある取引」（以下では「渉外取引」という）に当たるとされ，それにかかる契約は「渉外契約」に分類される[25]。

渉外契約における紛争解決の条項は，当事者間の合意により中国国外の仲裁機関または裁判所による仲裁（アドホック仲裁を含む）または裁判を選択することが可能である。また，中国国内の仲裁機関または人民法院による仲裁または裁判を選択することも可能である。

(2) 「渉外取引」でない場合

一方，中国国内における日系現地法人と中国ローカル企業との取引は，渉外要素のない中国国内の取引に分類される。日系現地法人は，その親会社が日本法人であっても，当該現地法人自身は中国法に基づき設立された中国国内の法人であるから，取引相手が中国ローカル企業であれば，渉外取引に当たらず，かかる契約も「国内案件の契約」（以下では「中国国内契約」という）となる。

中国国内契約における紛争解決の条項については，中国の現行法上に明確な法律規定はない。だが，人民法院は，法的根拠がないことを理由として，中国

---

[24] 少数であるが，中国系現地法人から日本国外での仲裁を求められるケースもある。
[25] 「『渉外民事関係法律適用法』適用の若干問題に関する解釈（一）」1条に基づき，民事関係が次の各号に掲げる事由のいずれかに該当する場合，人民法院は，渉外民事関係と認定することができる。
　(1) 当事者の一方または双方が外国公民，外国法人またはその他の組織，無国籍者である場合
　(2) 当事者の一方または双方の常居所地が中華人民共和国の領域外にある場合
　(3) 係争物が中華人民共和国の領域外にある場合
　(4) 民事関係を発生させ，変更させまたは消滅させる法律事実が中華人民共和国の領域外で発生した場合
　(5) 渉外民事関係と認定することができるその他の事由がある場合

国内契約では、中国国外の仲裁機関による仲裁または裁判所による裁判を紛争解決の方法として定めることを認めていない。よって、中国国内契約における紛争解決を中国国内で行うか国外で行うかの選択肢はなく、中国国内の仲裁機関による仲裁または人民法院による裁判と定めるしかない。

なお、直近の裁判例には、中国の最高人民法院が、2021年4月23日に出した「(2021) 最高法知民轄終90号民事裁定書」がある。同裁定書のかかる案件は、次の要素を含むとして、当該契約に定められていた仲裁条項（シンガポール国際仲裁センターによる仲裁）が無効であると判断した。

①　当事者は中国法人である。
②　契約は中国国内で締結されている。
③　目的物が中国国内にある。
④　当事者間の法律関係の成立、変更、消滅等の法律事実に渉外要素がない。

これは、最高人民法院の渉外契約の紛争解決の条項に関する判断基準を改めて強調したものと考えられる。

2　訴訟と仲裁の比較（一般論）

紛争解決手段として訴訟と仲裁を比較する資料は少なくない。その多くは、(強制) 執行の可否、当事者間の関与程度（判断者の選任、手続および言語等の選択）、公開性、および終局性（上訴の可否）等の観点から両者を比較している。そのポイントは後述の比較表のとおりであるが、ここでは細かい分析は割愛する。

念のため付言するが、訴訟と仲裁のどちらがベターなのかは、案件ごとに検討する必要がある。例えば「終局性」は、勝訴側になれれば一審終結がよいが、敗訴となれば上訴の機会がなければ困ってしまう。立場や結果によって効果が異なる点に注意が必要である。

【訴訟と仲裁の比較】

	訴訟	仲裁
執行力 （国内）	ある	ある
執行力 （国外）	承認および執行に関する条約の有無による[26]	ニューヨーク条約に基づき承認執行可能[27]
判断者の選任	裁判官 （当事者は選択できない）	仲裁人 （当事者は選任に関与できる）
言語	当事者間の合意によらない （各法域の言語が使用される）	当事者間の合意による （当事者が言語を選定できる）
手続の根拠	民事訴訟法等	当事者間で合意した仲裁規則
公開性	原則として，公開	原則として，非公開
上訴の可否	上訴できる （二審終審／三審終審）	上訴できない （一審終結）

また，上記のほか，訴訟と仲裁にかかる時間と費用も重要な比較要素である。「仲裁は裁判に比べ，時間も費用もかからない」という見解が散見されるが，国際仲裁ではそうとは限らず，裁判以上に時間と費用がかかる事例も多く存在する。

なお，一般社団法人日本国際紛争解決センターの「日本における国際仲裁の活性化に向けた施策に関する調査研究（2019年3月1日付）」[28]によると，日本の1,000社以上の企業（中小企業を含む）に対して行ったアンケート調査の結果には，国際仲裁の問題点として，「紛争解決までに長時間かかった」と「仲裁人の報酬が高額すぎた」等の意見が多く見られる。

---

26 2023年11月現在，中国は，司法共助に関する協定等を交わしている国のうち，35カ国とは，民商事判決の承認および執行を認めている。
https://www.mfa.gov.cn/web/ziliao_674904/tytj_674911/tyfg_674913/
27 2024年12月現在，172の国や地域が加盟している。
https://treaties.un.org/pages/ViewDetails.aspx?src=TREATY&mtdsg_no=XXII-1&chapter=22&clang=_en
28 https://www.moj.go.jp/kokusai/kokusai06_00003.html

3　中国での紛争解決手段を選択する際の考慮要素（特殊事情）

　訴訟と仲裁のいずれがよいかは，案件ごとに一長一短あり，一概には言えないが，取引の性質（そもそも仲裁による解決が認められるのか，開示したくない秘密情報はないか等），規模（当事者数，取引金額），スキームの複雑さ，どこで執行する可能性が高いか等の複数の要素を踏まえ，慎重に検討する必要があることを念頭に置くことが重要である。

　以下では，渉外契約と中国国内契約に分けて検討する。

(1)　渉外契約

①　訴訟か仲裁か

　外国企業と中国企業の渉外契約における紛争解決手段には，通常，下記の4パターンが選択肢として考えられる。

- ✓　中国国外の仲裁機関
- ✓　中国国外の裁判所
- ✓　中国国内の仲裁機関
- ✓　中国国内の人民法院

　ただし，ご存じの方が多いかもしれないが，日中間には，裁判機関の判決の執行を相互に認める条約が存在しないため，日本の裁判所で出された判決は，中国では執行できないし，中国の人民法院で出された判決も，日本では執行できない。

　実務上は，日本企業は中国での執行，中国企業は日本での執行を前提に，それぞれ中国または日本で訴訟手続を行うことが考えられるが，相手所在国での訴訟は地方保護（つまり地元贔屓）が懸念されることや，相手国の民事訴訟手続は，往々にして，相手のほうが進め方をよく理解していること等から，外国企業にとって不利といった問題もある。

　したがって，日中間の渉外契約において，当事者が互いに相手国での訴訟を選択することは稀で，仲裁による紛争解決を選択するケースがほとんどである。

② 仲裁機関の選択

　日本企業にとって，中国企業との渉外契約において日本の仲裁機関を選択することは，移動の時間と費用の節約につながり，より公平・公正な判断が期待できる等，有利である場合が多い。しかし，中国企業にしてみれば自身に不利な条項であることから，通常は中国の仲裁機関を選択するよう求めてくる。そのため，必ずしも日本の仲裁機関を選択できるとは限らない。

　そこで，日本の仲裁機関または中国の仲裁機関のいずれかを選択肢とする条項ではなく，当事者双方が相手の所在国の仲裁機関で仲裁を提起する交差条項や，中立地であるシンガポール，香港等の第三国・地域の仲裁機関で仲裁を行うとする条項にすることで，仲裁につき合意に至れる場合が少なくない。

(2) 中国国内契約

　中国国内契約における紛争解決手段は，前述のとおり，中国国内の仲裁機関での仲裁または人民法院による裁判のいずれかしか選択肢がない。

　よく，「結局，日本側にとって，中国の仲裁機関による仲裁と人民法院による裁判のどちらがよいのか」というご質問をいただくが，結論から言うと，ケースバイケースで検討が必要としかお伝えできない。ただし，検討時のポイントとして，前述2の一般論としての比較要素のほか，ケースによっては，次に掲げる論点も非常に重要である。

① 裁判官の素質や公平性

　従来，中国で裁判を行うというと，「地方保護」「腐敗」「裁判官の素質問題」[29]といったネガティブな印象が強く，特に日本の本社側の抵抗が強かった。

　しかし，2001年のWTO加盟後の司法改革の推進および習近平政権の反腐敗キャンペーンの展開と強化に伴い，中国のこれらの問題は年々減少している。特に，知財分野においては，各地方で，外国企業やその中国現地法人が勝訴し，高額の損害賠償を勝ち取った裁判例が多く見受けられるようになった。

　とはいえ，北京，上海，広州，深圳等の大都市と比べ，地方では，現地の人民法院が平等・公平に判決を下してくれるのか不安を抱くことであろう。特に，

29　法律教育を受けていない政府幹部や退役軍人が裁判官になることが多かった。

現地の大手国有企業との紛争時においては，この不安を完全に払拭することは難しい。だが，現地の民間企業との契約では，人民法院による裁判を紛争解決の手段として合意するケースが年々増えている。

一方，中国国内契約で仲裁を選択する場合は，中国の大手仲裁機関を選択し，専門知識を有する仲裁人および／または第三国国籍の仲裁人を選任することによって，かかる懸念を解消することが期待できる。なお，中国における仲裁機関および仲裁人の選定については，「3-4 仲裁人とその選任」を参照されたい。

② 証拠書類準備の難易度

実際に訴訟や仲裁となった場合には，証拠の所在地や言語が重要になってくる。そのため，紛争解決手段を決定する際もこの点を重視すべきであると考える。

日本の裁判所では，外国語の文書を証拠とする場合，私文書も公文書も，翻訳を付して提出することで証拠として認められるが，中国の人民法院では，日本で収集した日本語の証拠は，翻訳のほか，外務省が付与する付箋による証明（アポスティーユ）を取得したものでなければ受理されない[30]。

それに対し，仲裁の場合は，原則として，公証やアポスティーユを取得することなく，日本語のまま証拠として提出することが可能である。そのため，仲裁手続を迅速に進められる可能性が高い。

③ 保全措置のスピード

中国では，訴訟も仲裁も，手続前と手続中に保全措置（財産保全，証拠保全および行為保全[31]）を取ることが可能である。

ただし，仲裁機関または仲裁廷には，仲裁手続における保全措置につき，何ら裁量権がないため，当事者から保全措置の申立てがあっても，管轄権を有する人民法院にそのまま移送するだけである。そのため，実務上では，仲裁機関

30　詳細は，「コラム3　領事認証とアポスティーユ」を参照されたい。
31　中国では，2012年民事訴訟法の改正時に，初めて行為保全に関する規定を設けた。民事訴訟法（2012年改正版）100条に基づき，人民法院は，当事者の一方の行為またはその他の事由により，判決の執行が困難になる，または当事者にその他の損害を生じさせるおそれがある事件に対しては，相手方当事者の申立てに基づき，財産保全を行うこと，または一定行為を行うこともしくは一定の行為を禁止することを命令する旨の裁定ができる。

と人民法院とのコミュニケーションがうまくいかず，非常に時間がかかるケースがあるとの指摘が多い。また，保全措置の担当人民法院と仲裁判断の強制執行の担当人民法院が異なる場合もある。この場合は，財産保全で確保された財産をいかに強制執行するかについて，人民法院間でやりとりすることになり，不要な手間がかかるおそれもある。

　よって，保全措置のスピードおよび確実性の観点から考えると，裁判のメリットが大きいと言える。

④　包括的な問題解決

　近年はビジネススキームの複雑化により，関係当事者が複数に及び，取引目的を実現するために，複数の契約を締結する必要性が増えている。例として，合弁企業を設立する場合を挙げると，かつては，日本企業と中国企業が生産合弁企業または販売合弁企業を一社設立するという単純な方法であったのが，近年は複数の合弁企業を設立する，または合弁企業に加えてそれぞれ既存の関連会社も利用する等の複合的なスキーム構造へと変わってきている。また，投資分野では，生産合弁企業，販売合弁企業およびアフターサービスを提供する合弁企業を並行して設立する，または生産合弁企業を設立し，日本企業および中国企業の既存の関連会社の販売・サービスのネットワークを利用して一元的にサービスを提供する等，市場における優位性を迅速に得ようとする多数の方法が存在する。しかし，このような方法をとる場合，締結が必要な契約が合弁契約のみならず，販売契約，サービス提供契約，さらには技術ライセンス契約，商標ライセンス契約等，複数に及ぶ。

　当事者は，取引全体の安定性を確保するため，事実上の関係性だけでなく，上述した各種契約を意図的に関連づけることもある。例えば，いずれか1つの契約に対して違約が生じ，解約の権利が生じた場合，他の契約にも解約の権利が発生する等の効果をもたせるといった具合である。

　そして，実際に複数の当事者間でトラブルが発生し，それを包括的に解決するためには，仲裁よりも訴訟のほうがより合理的に進められることがある。

　仲裁事件の場合，併合制度を利用することとなる。併合制度を仲裁規則に導入している仲裁機関は増えているものの，併合制度を利用するためには，原則として，全当事者の同意を得なければならない。だが，実際にトラブルが発生

した場合には，全当事者からその合意を取ることは非常に難しく，仲裁機関が同じであっても，複数の仲裁手続が必要となる可能性がある。これに対し，訴訟は，当事者の申請や人民法院の裁量により，関連当事者を共同原告，共同被告，訴訟参加人等へ変更・調整することが可能で，かかるトラブルの包括的な解決が期待できる。

⑤ 第三者への牽制効果

フランチャイズ契約，代理店契約または知財のライセンス契約等の場合，フランチャイザー，サプライヤー，ライセンサーは，ほぼ同じ内容の契約を多数の当事者と交わすことが多い。

このような契約の紛争解決の条項は，原則非公開の仲裁判断と比べ，公開される裁判判決のほうが，類似するトラブルを牽制する効果が期待できることから，より効率的な対応が可能になると考える。例えば，かかる契約の違約や権利侵害について，一当事者との裁判で勝訴できれば，他の当事者は別の手立てをとるか，係争中の類似トラブルを和解で解決する方向へ切り替えざるを得なくなる等である。

⑥ 仲裁利用の制限

中国の仲裁法2条に基づき，仲裁にて解決できるのは「契約紛争」およびその他「財産権益に係わる紛争」に限定されている。したがって，「婚姻，養子縁組，後見，扶養，相続に係わる紛争」および「法により行政機関が処理すべき行政紛争」は仲裁による解決は認められない。

実務上，知的財産権の有効性に関する紛争や土地使用権の払下げに関する紛争に関しては，行政機関が処理すべきものとして，仲裁にて解決することは認められない。

4　事例紹介

以下の事例は，独占禁止法違反に関する紛争に関し，最高人民法院が，「独占禁止法が公法的性質を有することに鑑み，独占に該当するか否かの判断は，契約当事者間の権利・義務関係の範囲を超えている」として，独占禁止法違反に関する紛争の仲裁適格性を否定する裁定書を下したもので，実務上，大きな

波紋を呼んでいる。

事件名	呼和浩特市滙力物資有限責任公司と殻牌(中国)有限公司の水平的独占合意紛争事件
裁定書番号	1審:(2018)内01民初450号 2審:(2019)最高法知民轄終47号
裁定年月日	1審:2019年1月17日 2審:2019年8月21日
人民法院	1審:内モンゴル自治区フフホト市中級人民法院 2審:最高人民法院
当事者	原告:呼和浩特市滙力物資有限責任公司(以下「A社」という) 被告:殻牌(中国)有限公司(シェル社の中国子会社。以下「B社」という)
案件概要	✓ A社は、B社の販売代理店として、内モンゴルでシェル社の工業用潤滑油を販売している。 ✓ A社とB社の提携期間中に、B社は、シェル社の工業用潤滑油の調達に関する入札において、競争関係にあるA社を含む複数の販売代理店を組織し、以下の行為(以下「独占行為」という)を行った。 ・特定の販売代理店が落札できるように、A社に対し入札に参加しないよう求めたり、A社を含む販売代理店の見積額が特定の金額を超えるよう求めたりしていた。 ・A社が顧客の要求に応じた見積額を提示したにもかかわらず、A社に対して入札を辞退するよう求めた。 ✓ A社は、B社が競争関係にある事業者を組織し、市場を分割する独占合意、および商品の価格を固定・変更する独占合意を達成させ、A社の販売代理店としての権利を侵害したとして、訴訟を提起し、独占行為の停止等を求めた。 ✓ これに対し、B社は、双方で締結した販売代理契約に仲裁合意を定めているため、本件は人民法院の受理範囲にないとして、管轄権異議を申し立てた。
裁定要旨	1審人民法院は、以下のとおり判断し、B社の管轄権異議を却下した。 ✓ 独占禁止法は公法的性質を有する法律である。本件のような独占合意に関する紛争が、仲裁により救済を求めることの可否については、現在、中国法上に明確な規定はない。また、独占合意に関

する紛争の仲裁適格性を認める裁判例もない。
- ✓ 独占合意に関する紛争は、当事者双方の利益のみならず、社会公共の利益にも関わるため、当事者が契約にて定めた紛争解決の方法は、適用されない。
- ✓ 独占合意に関する紛争は公共の利益に関わる。かつこれが仲裁により解決できるという明確な規定がない状況下での当事者間の仲裁合意は、独占合意に関する紛争事件の管轄権を確定するための根拠としてはならない。

B社は、1審人民法院の裁定を不服として、最高人民法院に上訴した。最高人民法院は、以下のとおり判断し、上訴を棄却し、1審人民法院の裁定を維持した。
- ✓ まず、独占行為の認定および処理手段として、独占禁止法が明確に定めたのは行政法執行および民事訴訟であり、仲裁による認定・処理に関する明確な規定はない。
- ✓ そして、独占禁止法の主旨は、独占行為の防止、公正な市場競争の保護、経済運行の効率の向上、消費者および社会公共の利益の維持、ならびに社会経済の健全な発展の促進である。そのため、独占禁止法は公法的性質を有する法律である。
- ✓ 一方、中国の仲裁法2条は、「平等な主体である自然人、法人およびその他の組織の間で発生する契約紛争およびその他の財産権益に関わる紛争は、仲裁に付すことができる」と定めている。
- ✓ しかし、本件は契約紛争ではなく、独占合意に関する紛争である。
- ✓ 独占行為の認定および処理は、公法的性質を有する独占禁止法が適用され、社会公共の利益に関わるものである。そのため、契約当事者間の権利・義務関係の範囲を超えている。
- ✓ よって、本件は仲裁法に基づく仲裁に付すことができる紛争に該当しない。
- ✓ したがって、本件の水平的独占合意の認定および処理は、契約当事者間の権利・義務関係の範囲を超えており、かつ独占紛争が仲裁により解決できることを明確に定める中国法上の規定がないことから、双方が販売代理契約に定めた仲裁合意は、人民法院による水平的独占合意紛争の管轄権を排除する根拠とはならない。

1－4　渉外契約の準拠法

　中国国内の企業同士の紛争解決の準拠法を当事者が選択することは，原則として認められていない。ほとんどの紛争は，かかる契約書の準拠法条項の有無にかかわらず，中国の法律に準拠し，解決がなされている。

　一方，渉外要素のある紛争解決に係る準拠法は，当事者の合意の下，契約書で適用法を選択することができる（いわゆる準拠法の選択）。にもかかわらず，準拠法条項を約定していない，または約定が不明確であるケースが多く，実際に紛争解決の手続が必要となった際に，大きな支障となっている。

1　実体準拠法

　実体準拠法とは，裁判所（中国では「人民法院」という）または仲裁廷が紛争の実体問題を審理する際に，適用する法律をいい，通常は，契約書の準拠法条項に規定する。

　中国の民法典12条は，「中華人民共和国領域内の民事活動には，中華人民共和国の法律を適用する。法律に別段の定めのある場合には，当該定めによる」と定めている。一方で，渉外民事関係法律適用法41条は，「当事者は，契約に適用する法律を合意により選択することができる。当事者間に選択がないときは，義務の履行によって当該契約の特徴を最もよく具現し得る一方の当事者の常居所地の法律または当該契約と最も密接な関係を有するその他の法律を適用する」と定めている。

　上記の法律規定に基づくと，渉外要素のない契約の場合は，原則として，中国法を適用しなければならず，渉外契約の場合は，当事者間の合意により準拠法を選択することが可能であると解される。

　なお，実務上，当事者間で準拠法に関する合意がなく，渉外要素のない契約については，中国法に準拠しなければならないこと，または準拠法選択の余地はないことを明確に判示した裁判例が少なからず見受けられる[32]。

(1) 法律根拠

渉外契約の準拠法問題についての関連規定は，従前，民法通則，契約法およびかかる法律に関する司法解釈等に散見され，まとまりがなかった。

その渉外民事関係の法律適用問題を明確にすべく，2010年10月28日に渉外民事関係法律適用法が制定され，2011年4月11日より施行された。同法は，中国初の統一的な国際私法に関する法律である。

その後，2012年12月28日，最高人民法院は，「『渉外民事関係法律適用法』適用の若干問題に関する解釈（一）」[33]を公布し，渉外民事関係法律適用法の遡及効，他の法律との競合，法律回避の取扱い，司法解釈の遡及効等に関するルールを明記した。

(2) 当事者による準拠法の選択

渉外民事関係法律適用法3条は，「当事者は，法律の規定により，渉外民事関係に適用する法律を明示的に選択することができる」と定めている。これは，中国国際私法史上初めて，当事者意思自治の原則を一般原則と位置づけたものと言われている。

一般論として，準拠法を選択する際に考慮しなければならない事項には，予見可能性，適用される法律の内容および準拠法を把握するための調査コスト等，が挙げられる。

日中間のクロスボーダー取引契約の交渉における準拠法については，一般的に，日本企業は日本法を，中国企業は中国法を選択することが多い。ちなみに，最終的に日本法または中国法のいずれになるかは，当事者間の力関係によるところが大きい。

しかし，対象の契約が，当事者にとって取引金額が大きいもの，重要取引であるもの，または取引スキームが複雑であるものは，交渉において互いに一歩も譲らず，準拠法がなかなか決まらない。そのようなときには，予見可能性や

32　（2005）佛中法民四初字第107号，（2002）蘇民三終字第096号等
33　2020年12月29日改正，2021年1月1日施行

コスト等を踏まえ，第三国または地域の法律（例えば，シンガポール法や香港法）が提案されることも稀にある。

なお，渉外民事関係法律適用法9条に基づくと，たしかに当事者間の合意により準拠法を自由に選択できるが，適用する外国の法律には，当該国の法律適用に関する法は含まれない（いわゆる抵触法の不適用）とされているので留意が必要である。

(3) 中国法の強制適用

前述(2)の当事者意思自治の原則にかかわらず，中国の法律に渉外民事関係につき強行規定があるときは，当該規定が適用される[34]。その典型例としては，中国国内において履行する中外合弁企業契約，中外合作企業契約および中外合作自然資源探査開発契約が挙げられる。これらの契約は民法典467条2項に基づき，中国の法律が適用される。

また，外国の法律を適用すると中国の社会公共の利益を損ねるとされる場合には，中国の法律が適用される[35]。具体的に該当する例としては，労働者の権益保護に関わるもの，食品または公衆衛生の安全に関わるもの，環境の安全に関わるもの，為替管理等の金融の安全に関わるもの，独占禁止，アンチダンピングに関わるもの，および強行規定と認定すべきその他の場合が挙げられる。中国の社会公共の利益に関わるとされるものは，当事者が約定により適用を排除することもできず，国際私法指針による必要もなく，中国の法律が適用される[36]。

なお，当事者が，故意に中国の法律，行政法規の強行規定を回避することを企図し，渉外民事関係を作り上げる等した場合，人民法院に，当該関係における外国の法律の適用は効力を生じないと認定されるので留意されたい[37]。

34　渉外民事関係法律適用法4条
35　渉外民事関係法律適用法5条
36　「『渉外民事関係法律適用法』適用の若干問題に関する解釈（一）」8条
37　「『渉外民事関係法律適用法』適用の若干問題に関する解釈（一）」9条

(4) 典型的な渉外民事関係に適用される法律

　渉外民事関係法律適用法第6章および第7章で定める，典型的な渉外民事関係に適用される法律を下表にまとめたので参照されたい。

　なお，その他の渉外民事関係の法律適用については，典型的な渉外民事関係およびその他中国の法律に明文の規定がなければ，当該渉外民事関係と最も密接な関係を有する法律（すなわち，最密接関係地法）を適用するとされている[38]。

番号	渉外民事関係	適用する法律
①	消費者契約	消費者の常居所地の法律を適用する。
		消費者が商品，サービス提供地の法律の適用を選択したときまたは事業者が消費者の常居所地において関連事業活動に従事していないときは，商品，サービス提供地の法律を適用する。
②	労働契約	労働者の労務提供地の法律を適用する。
		労働者の労務提供地を確定しがたいときは，使用者の主たる営業地の法律を適用する。
		労働者派遣には，労働者派遣元の地の法律を適用する。
③	権利侵害責任	権利侵害行為地の法律を適用する。
		当事者に共通常居所地があるときは，共通常居所地の法律を適用する。
		権利侵害行為が発生した後，当事者が適用する法律を合意により選択したときは，その合意に従う。
④	製造物責任	被害者の常居所地の法律を適用する。
		被害者が侵害者の主たる営業地の法律，損害発生地の法律の適用を選択するとき，または侵害者が被害者の常居所地において関連事業活動に従事していないときは，侵害者の主たる営業地の法律または損害発生地の法律を適用する。
⑤	インターネットによる人格	被害者の常居所地の法律を適用する。

---

[38] 渉外民事関係法律適用法2条2項，41条

	権の侵害	
⑥	不当利得，事務管理	当事者が合意により選択した法律を適用する。当事者間に選択がないときは，当事者の共通常居所地の法律を適用し，共通常居所地がないときは，不当利得，事務管理発生地の法律を適用する。
⑦	知的財産権の帰属および内容	保護が要求される地の法律を適用する。
⑧	知的財産権の譲渡および使用許諾	当事者が合意により選択した法律を適用する。当事者間に選択がないときは，最も密接な関係を有する地の法律を適用する。
⑨	知的財産権に係る権利侵害責任	保護が要求される地の法律を適用する。当事者は，権利侵害行為の発生後に法廷地の法律の適用を合意により選択することもできる。

2　紛争解決条項の準拠法

　当事者間の紛争解決方法に関する合意は，主契約の一部を構成する紛争解決条項か，主契約から独立した協議書かという存在形式のいかんを問わず，主契約とは独立した法律関係である。民法典507条はこの点について，「契約が効力を発生せず，無効であり，取り消され，または終了したとしても，契約中の紛争解決方法に関する条項の効力には影響を及ぼさない」としている。また，仲裁法19条1項には，「仲裁合意は，独立して存在し，契約の変更，解除，終了または無効は，仲裁合意の効力に影響を与えない」と明文化した規定もある。

　したがって，紛争解決条項が含まれる契約書の準拠法については，厳密にいうと，主契約の準拠法と，紛争解決に関する合意の準拠法を分けて定める必要がある。

　中国ビジネス契約の実務上は，主契約の法律適用に関する準拠法条項と契約書の紛争解決条項をひとまとめにして設けることが多く，紛争解決条項の準拠法を個別条項として明記するケースは非常に少ない。

(1) 裁判管轄条項

契約またはその他の財産上の権益に関わる紛争の当事者は、書面にて合意することで、紛争と実際に関係のある地点（被告所在地、契約履行地、契約締結地、原告の住所地、目的物の所在地等）の人民法院を、管轄の裁判所として選択することができる（民事訴訟法35条）。なお、その際の留意点は次の2点である。

① 「契約またはその他財産上の権益に関わる紛争」に限定されること。すなわち、身分や権利侵害等に係る紛争は選択ができない
② 「実際に関係のある地点の人民法院」であること

実際に関係のある地点か否かの判断は、当事者の住所、登記地、営業地、契約締結地、契約履行地、目的物の所在地等の要素が考慮される[39]。

実務上、特に海事紛争においては、当事者間の契約と無関係な第三国の裁判所を管轄と定めるケースが多く見受けられるが、中国の当事者と紛争が発生した場合には、同当事者が中国国内で訴訟を起こし、人民法院へかかる合意管轄の無効を求めることが考えられる。実際、かかる裁判例も散見されており[40]、検討を怠るべきではないと考える。

契約の準拠法と合意管轄は、基本的にはそれぞれ独立した問題であり、ある国の法律を準拠法として選択したことのみをもって、かかる国が「実際に関係のある地点」となるわけではない。この点を裏づける裁判例も存在する[41]ので、注意が必要である。

また、民事訴訟法35条後段によれば、当事者間で合意する管轄は、中国法上の審級管轄および専属管轄に係る規定に違反してはならないとされている。例えば、中国において中外合弁企業契約、中外合作経営企業契約、中外合作自然資源探査開発契約の履行に起因する紛争に係る訴訟は、中国の人民法院が専属管轄権を有すると定められているため、当事者間で、その他の裁判所等を管轄

---

39 「第二次全国渉外商事海事審判作業の会議記要」4条
40 （2009）民三終字4号、（2013）民提字243号、（2016）最高法民轄終2号等
41 （2015）粤高法立民終字619号

(2) 仲裁条項

仲裁条項の準拠法は，仲裁合意そのものの有効性等を判断する際に適用される法律である。仲裁合意の有効性に関わるため，重要な意味を有するが，前述のとおり，中国の実務上，契約書に仲裁合意の準拠法を個別条項として明文化するケースは非常に少ない。

渉外契約は，渉外民事関係法律適用法18条に基づき，当事者の合意により，仲裁合意に適用する法律の選択もできるが，当事者間で選択がされていないときは，仲裁機関所在地の法律または仲裁地の法律を適用することになる。当事者が仲裁合意に適用する法律を選択せず，仲裁機関または仲裁地も約定せず，または約定が不明確である場合，人民法院は，中国の法律を適用し，当該仲裁合意の効力を認定することができる[42]。

また，最高人民法院が2017年12月26日に公布した「仲裁司法審査事件の審査に関する若干問題についての規定」14条に基づくと，当事者が仲裁合意に適用する法律を選択していない場合には，仲裁機関の所在地または仲裁地の法律が適用されることになるが，仲裁機関の所在地の法律を適用するときと，仲裁地の法律を適用するときとで仲裁合意の効力について異なる認定がなされる場合，人民法院は，仲裁合意が有効と認定する法律を適用するとされる。

さらに，仲裁手続（仲裁人の権限および義務，証拠に関する事項，保全措置，仲裁判断の取消し等）において準拠すべき法律は，一般的に仲裁地の法律である。当事者が選択した仲裁規則の適用外に当たる仲裁手続は，多くの場合，仲裁地の国内法が適用される。なお，ここでいう仲裁地（seat of arbitration）とは，物理的にどこで（すなわち，尋問地／venue）手続を実施するか，とは異なる概念である。例えば，仲裁地を東京とする仲裁事件において，当事者間の都合等により，実際の尋問は北京で行う等が考えられる。

---

[42] 「『渉外民事関係法律適用法』適用の若干問題に関する解釈（一）」12条

3　外国法の証明

　渉外民事関係法律適用法10条1項は，「渉外民事関係に適用する外国の法律は，人民法院，仲裁機関または行政機関が調査し明らかにする。当事者が外国の法律の適用を選択したときは，当該国の法律を提供しなければならない」と定めている。当該規定に基づくと，人民法院と仲裁機関は，かかる渉外民事関係に適用する外国法（例えば，最密接関係地法）を調査し，その結果を明らかにする必要があるが，当事者が外国法の適用を選択した場合には，当事者に立証責任がある。

　具体的な案件において，一方当事者が提供した外国の法律に対して，他方当事者が異議を申し出なければ，そのまま採用される可能性が高い。一方，他方当事者が異議を申し出た場合は，一般に，形式面の公証・認証に加え，外国の法律の内容に対する審査も行われる。

　実務における外国の法律の人民法院への提供方法は，当事者による提供，司法互助条約を交わしている国の政府機関による提供，対象国の大使館や領事館による提供，法律の専門家による提供の4つの方法が考えられ，外国法の内容はこれらの方法で提供されたものが，確認される。

　なお，渉外民事関係法律適用法10条2項に基づき，調査により外国の法律を明らかにできないとき，または当該国の法律に規定がないときは，中国の法律を適用することになる。

4　事例紹介

　以下の事例は，香港の仲裁判断の承認および執行に関する事件であり，最高人民法院が2024年1月に発表した「仲裁司法審査の10大事件」に選ばれた。

　本件において人民法院は，最高人民法院が2001年1月に公布した「中国本土と香港特別行政区における仲裁判断の相互執行に関する取決め」（以下「相互執行取決め」という）に基づき，当事者が仲裁合意の準拠法を約定していない場合は，仲裁地の法律に従うとして，仲裁合意の有効性を判断している。

また，仲裁合意の独立性に基づき，仲裁合意は，契約とは独立して存在するとし，契約が成立するか否かは，仲裁合意の有効性に影響を与えないことを明らかにした。

事件名	億海国際有限公司による香港国際仲裁センターの仲裁判断の承認および執行申請事件
裁定書番号	（2021）浙01認港1号
裁定年月日	不明
人民法院	浙江省杭州市中級人民法院（以下「本件人民法院」という）
当事者	申請者：億海国際有限公司（以下「Ａ社」という） 被申請者：聯順公司（以下「Ｂ社」という）
案件概要	✓ 2020年2月，Ａ社とＢ社は，物品売買契約（以下「本件契約」という）の締結について協議した。 ✓ 両社で基本的な条件について合意した後，Ａ社が4件の契約書のドラフト（以下「ドラフト」という）をメールでＢ社に送付した。ドラフトでは，契約により生じた紛争は香港国際仲裁センター（以下「HKIAC」という）の仲裁に付すと定めていた。 ✓ Ｂ社はドラフトを受領した後，一部の条項について異議を述べたが，ドラフトに記載された仲裁条項（以下「本件仲裁条項」という）の内容については異議を述べなかった。 ✓ Ａ社はＢ社からの異議を踏まえてドラフトを修正し，再度Ｂ社に送付した。 ✓ Ｂ社は，再度送付されたドラフトについて，「社内の承認手続を経て，署名して返送する」と回答したが，そのドラフトは最終的に返送しなかった。 ✓ Ａ社はドラフトの返送がないまま，商品をＢ社に発送した。しかし，Ｂ社は，本件契約は締結手続を完了していないため，本件契約は成立していないと主張し，商品の受取を拒否した。 ✓ 2020年6月，Ａ社はHKIACに仲裁を申し立て，Ｂ社に対し，違約金の支払，および仲裁費用の負担を求めた。 ✓ 2021年5月，HKIACが仲裁判断（以下「本件仲裁判断」という）を下した。 ✓ 2021年10月，Ａ社は本件人民法院に対して本件仲裁判断の承認および執行を申請した。これに対しＢ社は，両社の間には仲裁合意が存在せず，また，本件仲裁判断の承認および執行は中国本土の社会公共の利益に違反すると反論した。

裁定要旨	本件人民法院は，以下のとおり判断し，本件仲裁判断を承認し，執行する旨の裁定をした。 ✓ 中国本土または香港特別行政区（以下「香港」という）に対して執行を申請する仲裁判断について，仲裁合意に準拠法が定められておらず，かつ被申請者により，仲裁合意が無効であることが仲裁地の法律に基づき証明されたときは，人民法院が審査，確認した上で，仲裁判断を執行しない旨の裁定をすることができる（相互執行取決め7条1項）。 ✓ よって，本件は，仲裁判断の承認および執行を判断するにあたり，仲裁地である香港の法律に従い，本件仲裁条項の有効性を審査すべきである。 ✓ 本件人民法院は，香港の仲裁条例および関連裁判例を調査した上で，両当事者の過去の取引状況等を踏まえ，本件仲裁条項は有効であると判断した。 理由は，以下のとおり。 ➢ 両当事者は，最終的に本件契約を締結していないが，B社は本件契約締結の協議時に，本件仲裁条項について異議を述べなかった。そのため，仲裁合意の独立性に基づき，両当事者は，本件仲裁条項について合意したと判断できる。 ➢ 本件仲裁条項は，香港の仲裁条例19条における「当事者の合意により仲裁に付する」および「仲裁合意は書面によるものでなければならない」という規定により，仲裁合意の成立要件を満たしている。また，仲裁合意の独立性に基づき，両当事者が本件契約を合法かつ有効に締結したか否かは，本件仲裁条項の有効性に影響しない。よって，本件仲裁条項は成立し，有効である。 ✓ なお，B社は本件仲裁判断の中国本土における執行は中国本土の社会公共の利益に違反すると主張したが，本件は特定の契約当事者間の紛争であり，本件の裁定の影響を受けるのは両当事者にのみであるため，社会公共の利益には違反しない。 ✓ したがって，本件人民法院は，相互執行手配およびその補充手配1条[43]に基づき，本件仲裁判断を承認し，執行する旨の裁定を下した。

---

43 「中国本土と香港特別行政区における仲裁判断の相互執行に関する補充取決め」1条
「相互執行手配」にいう中国本土または香港の仲裁判断の執行手続には，中国本土または香港の仲裁判断の承認および執行手続を含むと解釈される。

コラム❸

領事認証とアポスティーユ

　日本で作成した文書（公文書・私文書）を中国の公的機関（人民法院を含む）へ提出する場合には，一定の「認証」の手続を経て提出しなければ受理されない。この認証手続が，2023年11月に大きく変わり，「領事認証」が不要となり，「アポスティーユ」のみで提出が可能となった。実務上の手続が大きく変更されたので，以下に紹介する。

1．領事認証

　中国駐日大使館・領事館における領事認証とは，外務省が，日本の公文書に押印された公印に対して行った「公印確認」を，中国駐日大使館・領事館が「日本の公文書であることを認証」する一連の手続を指す。

　なお，私文書は，日本の公証役場で公証人の認証を受け，同公証人の所属する（地方）法務局長による公証人押印証明をもって公文書とした上で，手続する必要があった。

　2023年11月7日からアポスティーユが日中間で利用できるようになるまでは，日本の文書を中国の公的機関へ提出するためには，次の手続を踏まなければならなかった。

文書の種類	手続
公文書	① 公印確認 ② 領事認証
私文書	① 公証人による認証 ② 公証人押印証明 ③ 公印確認 ④ 領事認証

2．アポスティーユ

　2023年3月8日，中国が「外国公文書の認証を不要とする条約」（以下「ハーグ条約」という）に加盟した。ハーグ条約は2023年11月7日から日中間で発効し，同日より，外務省の「公印確認」および中国駐日大使館・領事館の「領事認証」の手続が不要となった。

　中国駐日大使館の発表によると[44]，2023年11月7日より，中国駐日大使館・総領事館において行われていた「領事認証」のサービスは終了し，日本の公文

44　http://jp.china-embassy.gov.cn/jpn/lszc/LSZJRZRY/202310/t20231024_11167061.htm

書は，外務省が付与する付箋による証明（アポスティーユ）のみで，中国で使用できることになった[45]。

したがって，現在，日本で作成・発行された文書を中国の公的機関へ提出する際の手続は，以下のとおりとなった[46]。

文書の種類	手続
公文書	アポスティーユ
私文書	① 公証人の認証 ② 公証人押印証明 ③ アポスティーユ[47]

煩雑であった「領事認証」の手続が不要となったのは，利便性が高まったと言えるが，アポスティーユを取得した公文書でも，ケースによっては，中国の公的機関が受理しない可能性もあり，留意が必要である。

中国の公的機関へ日本の文書を提出する際には，事前に提出先へ形式等（書式，内容，有効期限，訳文の要否），具体的な提出要件を確認することが望ましい。

---

[45] 申請の流れ，証明できる書類，申請方法・必要書類等は，以下のリンクを参照されたい。
https://www.mofa.go.jp/mofaj/toko/todoke/shomei/index.html
[46] https://www.mofa.go.jp/mofaj/toko/page22_000607.html
https://houmukyoku.moj.go.jp/yokohama/content/001178853.pdf
[47] なお，北海道（札幌法務局管区内），宮城県，東京都，神奈川県，静岡県，愛知県，大阪府および福岡県の公証役場では，申請者が要請することで，公証人の認証，法務局の公証人押印証明および外務省の公印確認またはアポスティーユを1度に取得することができる（ワンストップサービス）。

1−5　紛争解決手続における証拠収集

　訴訟にせよ仲裁にせよ，紛争解決においては，いかに証拠を収集し，利用するかが非常に重要であり，ほとんどの紛争解決は，証拠収集が勝敗を決める鍵であると言っても過言ではない。

　中国の仲裁法における証拠に関する規定は，立証責任，証拠の提示および証拠調べ，ならびに証拠保全に関する原則的なもののみである。また，中国国内の仲裁機関の仲裁規則における証拠に関する規定も，シンプルなものがほとんどである。そのため，仲裁実務における証拠の取扱いは，民事訴訟の証拠制度を参照して行われている。

1　法律根拠

　中国の民事訴訟法は，2023年9月1日に改正され，改正後の民事訴訟法は2024年1月1日より施行された。なお，以下，特段の断りがない限り，民事訴訟法の条文は，「民事訴訟法（2023年改正）」の条文を指す。同改正法の第6章は，専ら証拠の分類，収集および立証責任等を定めている。かかる規定の内容は，改正前の民事訴訟法（2021年改正）と同じである。

　民事訴訟法における証拠に関する規定は非常にベーシックであるため，実務においてそれを補足し，かつ重要な役割を果たすのは，「『民事訴訟法』の適用に関する解釈（2022年改正）」（以下「民事訴訟法司法解釈」という），および「民事訴訟証拠に関する若干規定（2019年改正）」（以下「証拠規定」という）等の最高人民法院の司法解釈である。

　民事訴訟法司法解釈および証拠規定は，立証責任の分配，当事者による立証，人民法院による証拠の調査および収集，証拠申出期限および証拠交換，証拠に対する質疑，証拠の審査認定等を詳細に定めており，実務上のガイドラインとなっている。なお，証拠規定は2001年12月21日に公布されたのちに，法改正や実務上の問題等を踏まえ，2019年12月25日に大幅に改正されたものである。

一方，仲裁には，中国国際経済貿易仲裁委員会（以下「CIETAC」という）が，民事訴訟法の証拠制度，および「IBA 国際仲裁証拠調べ規則」[48]を参考にして，2015年に制定した「CIETAC証拠ガイドライン」がある。

同ガイドラインは，仲裁規則の一部ではなく，当事者が適用すると合意した場合にのみ適用するとされているが，2024年1月1日から施行された「CIETAC仲裁規則（2024版）」（2023年9月2日公布）41条4項によれば，当事者間で別途合意をした場合を除き，仲裁廷は「CIETAC証拠ガイドライン」の全部または一部を適用することを決定できるとされていることから，同仲裁規則施行後は，基本的に同ガイドラインが適用される可能性がある。

2 証拠の分類

民事訴訟法66条によれば，証拠には，当事者の陳述，書証，物証，視聴覚資料，電子データ，証人の証言，鑑定意見および検証記録等が含まれる。なお，仲裁法および仲裁法に関する司法解釈には，証拠の分類に関する規定はない。

以下に，分類ごとに証拠を解説する。

(1) 当事者の陳述

当事者の陳述とは，当事者が訴訟や仲裁の手続において，裁判官や仲裁廷に対し，事件の事実関係を，口頭または訴状／申立書，答弁書もしくは代理意見等の書面にて行う陳述をいう。証拠規定63条に基づくと，当事者は事件について事実に即した完全な陳述を行わなければならない。また，当事者が故意に虚偽の陳述をした場合，人民法院は，その情状の軽重に応じて過料，拘留[49]に処することができるとされている。

---

[48] IBA Rules on the Taking of Evidence in International Arbitration
[49] ここにいう「拘留」とは，人民法院が司法機関として，訴訟手続を順調に進めていくことを保障するために，訴訟活動を妨げる情状が深刻な者に対し，一定期間その人身の自由を制限する措置である。

(2) 書証，物証

　書証と物証は，訴訟や仲裁において最も重要な証拠である。特に書証は，ほとんどの案件に関係する証拠と考える。

　訴訟においては，民事訴訟法73条1項に基づき，書証と物証は，原則として，原本または原物を提出しなければならない。原本または原物を提出することが明らかに困難である場合に限って，複製品，写真，副本または抄本を提出することができる。だが，原本または原物と照合できない複製品または複製物は，それ単独で事件事実を認定するための根拠としてはならないとされている（証拠規定90条）。

　一方，仲裁においては，原本の提出を必要としない場合がある。例えば，「CIETAC証拠ガイドライン」6条は，データ（電子ファイル，電子メール等）も書証とし，当事者が書証を提出する場合，原本を紙でコピーしたものまたはデータを印刷したものを提出することが可能である，と定めている。

① 原本提出の例外

　民事訴訟法司法解釈111条によれば，書証の原本を提出することがたしかに困難であるとされるケースは，「書証の原本が遺失，滅失または毀損したとき」「原本が相手方当事者の支配下にあり，合法的に提出するよう通知しても提出を拒むとき」「原本が他人の支配下にあり，その者が提出しない権利を有するとき」「原本の紙幅または量が過度に大きいため提出に不便なとき」および「立証責任を負う当事者が人民法院に調査収集を申請し，またはその他の方式を通じても書証の原本を取得できないとき」等である。かかる場合においては，書証の原文の提出は回避できるものの，当然ながら，複製品等では証明力が弱くなる。

② 書証の言語

　訴訟における書証の言語は，民事訴訟法73条2項に「外国語による書証を提出するときは，中国語の訳文を添付しなければならない」と定められている。

　一方，仲裁において，中国語の訳文の要否は，仲裁廷の判断に委ねられることが多い。例えば，CIETAC仲裁規則（2024年版）84条によれば，当事者が提出する各種文書および証明資料については，仲裁廷または仲裁委員会仲裁院が

必要であると認めた場合に，当事者に対し，中国語の翻訳文書またはその他の言語の翻訳文書を提供するよう要求できるとされている。また，「CIETAC証拠ガイドライン」14条によれば，その他の言語による書証を，仲裁で使用する言語に翻訳する必要があるか否かは，仲裁廷が当事者と協議の上で決定し，協議の結果，翻訳が必要である場合，訳文を原本と併せて提出しなければならないとされている。

(3) 視聴覚資料

視聴覚資料には，録音資料や録画資料等がある。人民法院は，視聴覚資料について，真偽を判別し，かつ当該事件のその他の証拠と照合して，事実認定の根拠とすることができるか否かを審査して確定する（民事訴訟法74条）。当事者が視聴覚資料を証拠として提出する場合，当該視聴覚資料を保存した原始媒体を提出しなければならない（証拠規定15条1項）。

過去には，当事者の同意を得ずに，密かに録音や録画した資料が，証拠として認められるか否かについて議論があったが，民事訴訟法司法解釈106条で，「他人の合法的権益を著しく損ない，法律の禁止規定に違反し，または公序良俗に著しく反する方法で形成され，または入手された証拠については，事件の事実を認定する根拠としてはならない」と定められた。この「他人の合法的権益を著しく損ない」という表現から，当事者の同意を得ずに行われた録音や録画でも，即座に証拠の合法性を否認されるものではなくなっている。

しかし，実務事例には，証拠と認められなかったケースがある[50]。すなわち，退職した従業員の背任行為を発見した会社が，本人在職中に支給した携帯電話に保存されていた録音データをデジタル・フォレンジックし，人民法院に証拠として提出したところ，当該従業員が，そのようなデータの取扱いについては同意していなかったと主張し，証拠と認められなかったケースがある。また，かかる不確定要素は，個人情報保護法の施行[51]に伴い，ますます慎重な判断が求められるようになる。

---

50 上海宏精医療器械有限公司による江氏のプライバシー権侵害事件（(2021)滬01民終3040号）
51 2021年11月1日施行

(4) 電子データ

電子データの証拠は，インターネットやスマートフォンの普及を受けて，民事訴訟法の2012年改正時に新たに追加された証拠である。

電子データの証拠とは，電子メール，電子的データの交換，チャット履歴，ブログ，マイクロブログ，携帯電話のショートメッセージ，電子署名，ドメインネーム等を通じて電子媒体に形成され，または保存された情報を指す（民事訴訟法司法解釈116条2項）。また，証拠規定の2019年改正時に，電子データの証拠につき，下記のとおり，より具体的な規定が設けられた。

証拠規定14条（2019年改正時に新設）
電子データには以下に掲げる情報，電子ファイルが含まれる。
① ウェブページ，ブログ，マイクロブログ等のネットワークプラットフォームで発信された情報
② 携帯電話のショートメッセージ，電子メール，インスタントメッセンジャー，通信グループ等のネットワークアプリケーションサービスにおける通信情報
③ ユーザ登録情報，身分認証情報，電子取引記録，通信記録，ログインログ等の情報
④ ドキュメント，画像，オーディオ，ビデオ，デジタル証明書，コンピュータプログラム等の電子ファイル
⑤ その他のデジタル形式で格納，処理，転送される事件事実を証明できる情報

当事者が電子データを証拠として提出する場合は，電子データの原本（生データ）を提出しなければならない。また，電子データの制作者が作成した副本で原本と一致するもの，または電子データを直接印刷したもの，もしくは電子データを表示または識別できるその他の媒体は，電子データの原本とみなされる（証拠規定15条2項）。

(5) 証人の証言

証人については，民事訴訟法75条に，事件の状況を知る組織および個人は，いずれも出頭して証言する義務を有し，関係組織の責任者は，証人が証言することを支持しなければならない。また，意思を正確に表明することができない

者は，証言をすることができないと定められている。なお，立証される事実が証人の年齢，認知力または精神健康状況に相応しい場合は，制限行為能力者または行為無力者でも証人として認められる（証拠規定67条2項）。

　また，証人は，原則として，出頭して証言しなければならない。民事訴訟法76条に基づき，「①健康上の原因により出頭できないとき，②遠距離，交通の不便により出頭できないとき，③自然災害等の不可抗力により出頭できないとき，④その他正当な理由があり出頭できないとき」といった法定の理由がある場合に限って，人民法院の許可を得て，書面による証言，視聴覚伝送技術または視聴覚資料等の方式により，証言することができる。

　なお，上記④の「その他正当な理由」は，広く解釈できるように思えるが，人民法院による審査は厳しく，実務上は簡単には認められないことに留意が必要である。

(6)　鑑定意見

　訴訟や仲裁においては，特殊な分野の専門的問題（例えば，技術面の瑕疵や品質上の問題の有無等），損害賠償の定量化等（例えば，契約違反や権利侵害により生じた経済的損失の金額等）について，鑑定を利用することが多い。これについては，民事訴訟法と仲裁法に，それぞれ明文規定がある。

① 　民事訴訟法における鑑定

　当事者は，事実を調査し明らかにする専門的問題について，人民法院に鑑定を申し立てることができる[52]。また，当事者による鑑定の申立てがなくとも，人民法院が専門的問題について鑑定の必要があると認めた場合には，資格を有する鑑定人に鑑定を委託することもできる（民事訴訟法79条）。

　当事者が鑑定意見に異議がある，または人民法院が鑑定人の出頭の必要があると認める場合には，鑑定人は出頭して証言しなければならない。なお，人民法院の通知を受けた鑑定人が出頭証言を拒否する場合は，鑑定意見を事実認定の根拠としてはならないとされている（民事訴訟法81条）。

52　当事者が鑑定を申し立てた場合には，双方当事者で協議して相応の資格を有する鑑定人を確定するとされているが，協議では調わない場合も多く，その場合は，人民法院が鑑定人を指定することになる（民事訴訟法79条1項）。

② 仲裁法における鑑定

　仲裁廷は，専門的問題について鑑定が必要と認める場合には，当事者の約定した鑑定機関に鑑定を依頼することができる。また，仲裁廷の指定する鑑定機関に鑑定を依頼することもできる（仲裁法44条1項）。

　多くの仲裁機関の仲裁規則には，鑑定に関する規定が設けられている。例えば，CIETAC仲裁規則（2024年版）44条は，「仲裁廷は，事件における専門的な問題について，専門家に諮問しまたは鑑定人を指定して鑑定させることができる。専門家および鑑定人は，中国または外国の機関または自然人とすることができる」「専門家報告および鑑定報告の副本は，当事者に転送した上で，当事者が意見を述べる機会を与えなければならない。一方の当事者が，専門家または鑑定人に対して開廷に参加することを要求する場合，専門家または鑑定人は開廷に参加しなければならず，かつ仲裁廷が必要であると認める場合には，作成した報告について説明をしなければならない」とされている。

　仲裁法および仲裁規則は，仲裁廷が鑑定機関に鑑定を依頼することができると定めているが，実務上，その鑑定費用を誰が負担するのかという問題が発生するため，仲裁廷が積極的に鑑定機関へ鑑定を依頼するケースは少ない。

(7) 検証記録

　人民法院は，必要であると判断した場合，当事者の申立てに基づき，または職権により物証もしくは現場の検証を行うことができる（民事訴訟法司法解釈124条）。人民法院が物証または現場の検証を行う場合，検証の時間，場所，検証人，立会人，検証の経過，結果を記録し，検証人および立会人は，当該記録に署名または捺印しなければならない。作成した現場図面については，作成日，位置情報，作成者の氏名，身分等の内容を注記しなければならない（証拠規定43条3項）。

3　証拠開示制度

　中国は大陸法系であるため，英米法におけるディスカバリー（Discovery）という概念はない。

(1) 民事訴訟法における証拠開示制度

　中国では，ディスカバリー制度に対応するものとして，人民法院による書証の提出命令制度がある。その法律根拠は，民事訴訟法司法解釈112条である。同条の規定は次のとおりである。

> ① 書証が相手方当事者の支配下にある場合，立証責任を負う当事者は，証拠申出期間の満了前に人民法院に対し相手方当事者に提出を命じるよう書面で申し立てることができる。
> ② 申立理由が成立する場合，人民法院は，相手方当事者に提出を命じなければならず，書証の提出により生じた費用は，申立人が負担する。
> ③ 相手方当事者が正当な理由なく提出を拒んだ場合，人民法院は，申立人が主張する書証の内容を真実であると認定することができる。

　書証を所持する当事者が，相手方当事者による使用を妨害することを目的として，関連書証を隠滅し，または書証を使用不能にするその他の行為は，人民法院が，民事訴訟法114条の規定に従い，その者に対して過料，拘留に処することができる（民事訴訟法司法解釈113条）。

(2) 仲裁法における証拠開示制度

　仲裁法には，証拠開示制度について何らの規定もない。ただし，一部の仲裁機関の仲裁規則には人民法院による証書の提出命令制度に類似する規定がある。例えば，「CIETAC証拠ガイドライン」には，一方当事者は仲裁廷に対し，相手方当事者へある特定の書証，または具体的に範囲を限定して書証を開示する命令をするよう申請できる（7条1項）と規定している。なお，仲裁廷が当該申請を許可した場合，関連当事者が正当な理由なく開示を拒否するときは，仲裁廷は開示拒否者に不利な推定をすることができる（23条）とされている。

4　立証の期限

　立証の期限（中国語では「挙証期限」という）とは，当事者が人民法院また

は仲裁廷に自らの主張や反論を裏づける証拠を提出する所定の期限を指す。

　当事者は，訴訟か仲裁かを問わず，所定の期限内に証拠を提出するのが原則である。期限を守らなければ，立証責任を負う当事者は，証拠を提出しなかったことで生じる不利な結果を負うことになる。

(1) 民事訴訟法における立証の期限

　立証の期限は，民事訴訟法68条2項および証拠規定51条に基づき，当事者で協議の上，人民法院の許可を受けることができる。また，人民法院が直接指定することも可能である。

　人民法院が立証の期限を指定する場合は，次のような期限になるとされている。

---
① 第1審の通常手続を適用して審理される事件は15日以上
② 当事者が新たな証拠を提出する第2審の事件は10日以上
③ 簡易手続を適用して審理される事件は15日以下
④ 小額訴訟事件は7日以下

　実務上では，当事者が指定の期限までは証拠収集ができず，立証の期限の延長を申し立てることがよくあるが，この場合，立証の期限が到来する前に人民法院に書面にて申し立てる必要がある。申立ての理由が成立した場合は，人民法院より許可が出され，立証の期限が適宜延長される。なお，延長された立証の期限は他方の当事者にも適用される（証拠規定54条）。

　なお，例外として，次に掲げる場合は，当事者が期限を過ぎて証拠を提出しなくとも，期限を過ぎていないものとみなされる（民事訴訟法司法解釈94条および101条2項）。

---
① 国の関連部門が証拠を保存しており，当事者およびその訴訟代理人が閲覧し，収集する権利がないもの
② 国家秘密，営業秘密または個人のプライバシーに係るもの
③ 客観的な原因により，当事者およびその訴訟代理人が自ら収集することができないその他の証拠等
---

(2) 仲裁法における立証の期限

　仲裁法には，証拠の提出期限に関する規定はない。実務上，証拠の提出期限は，適用される仲裁規則に従い，仲裁廷の判断に委ねられることになる。通常は，仲裁機関が事件を受理した後に当事者へ発信する仲裁通知に，証拠の提出期限を明記することが多い。

　CIETACを例として挙げると，その仲裁規則（2024年版）41条は，「（二）仲裁廷は，当事者の証拠提出期限を定めることができる。当事者は，所定の期限までに証拠を提出しなければならない。期限を過ぎてから提出された証拠については，仲裁廷はこれを受理しないことができる。当事者は，立証期限までに証拠資料を提出することが確かに困難である場合，期限の満了前に，立証期限の延長を申請することができる。期限を延長するか否かは，仲裁廷が決定する。（三）当事者が所定の期限までに証拠を提出することができない場合，または証拠を提出したがその主張を証明するには足りない場合，立証責任を負う当事者は，それにより生じる不利な結果を引き受ける」と定めている。

　また，「CIETAC証拠ガイドライン」5条は，証拠提出期限についてさらに具体的に定めている。同条1項によれば，仲裁廷は，当事者による証拠提出について，合理的な期限を定めるか，段階的に提出期限を設定することができる。当事者は，仲裁廷が定める期限内に証拠の提出を完了しなければならない。仲裁廷は，期限を過ぎて提出された証拠を受理しないことができる。また，同条2項によれば，証拠提出期限までに提出が困難な場合，当事者は期限満了前に書面で理由を説明し，仲裁廷に証拠提出期限の延長を申請することができる。仲裁廷は，当事者の延長申請の理由に基づき，延長を許可するかどうかを決定する。なお，仲裁廷は，一方の当事者に証拠提出期限の延長を許可する場合，同時に他方の当事者の証拠提出期限を適切に延長することも考慮しなければならない。

5　立証責任の負担

(1) 主張側の立証責任

　訴訟か仲裁かを問わず，当事者は，自らの主張について証拠を提出しなければならないのが原則である（民事訴訟法67条1項，仲裁法43条1項）。

　具体的にいうと，当事者は，その訴状または申立書，答弁状および反対請求につき，根拠となる事実について証拠を提出し，かかる事実を証明しなければならず，また，その主張，弁論および抗弁の要点につき，根拠を提出しなければならない。

　民事訴訟法司法解釈90条には，「当事者は，自らが提起した訴訟上の請求の根拠となる事実または相手方の訴訟上の請求に対する反論の根拠となる事実について，証拠を提出して証明しなければならない」「判決前に，当事者がその事実の主張を証明する証拠を提出できず，または証明するには証拠が不十分である場合，立証責任を負う当事者が不利な結果を引き受ける」との規定がある。

　なお，客観的な原因により，当事者およびその訴訟代理人が自ら収集することができない証拠は，立証期限満了前に人民法院に対して調査・収集を申請することができる（民事訴訟法司法解釈94条2項）。

(2) 立証責任の免除

　立証責任の例外は，民事訴訟法司法解釈93条1項に規定がある。

　具体的には，次の7項目について，当事者が立証する必要はないとされている。なお，証拠規定10条1項に同じ趣旨の規定がある。

① 自然界の法則および定理，不変の原理
② 公知の事実
③ 法律の規定に基づき推定する事実
④ 既知の事実および日常生活における経験則に基づき推定した別の事実
⑤ 人民法院の法的効力を生じた裁判によりすでに確認された事実

> ⑥ 仲裁機関の効力を生じた判断によりすでに確認された事実
> ⑦ 有効な公証文書によりすでに証明されている事実

　ただし，上記のうち，②～④に定める事実については，当事者に反論するに足りる反証がある場合，⑤～⑦に定める事実については，当事者に覆すに足りる反証がある場合には，依然として立証が必要になる（民事訴訟法司法解釈93条2項）。

　仲裁においても，適用される仲裁規則により立証責任が免除される事実がある。例えば，「CIETAC証拠ガイドライン」2条は，次の4項目の事実は，当事者が立証する必要はなく，仲裁廷が職権により認定することができるとしている。

> ① 双方当事者間で争いがない事実
> ② 自然界の法則および定理
> ③ 公知の事実または常識
> ④ 法律の規定，既知の事実または日常生活における経験則に基づき推定した別の事実

　ただし，上記事実について，当事者に覆すに足りる反証がある場合を除く。

(3) 立証責任の転換

　中国法では，後述の表のとおり，民法典を始め，多くの法律において，立証責任の転換に関する規定があり，かかる場合においては，本来立証責任を負うべき一方当事者から他方の当事者に立証責任が転換される。

　このうち，特に特許法および不正競争防止法における関連規定は，日本企業およびその中国現地法人が当事者となる紛争案件において，様々な形で利用されるケースが多い。

【立証責任の転換に関する法律根拠】

民法典	民事行為無能力者が，幼稚園，学校またはその他の教育機関において学習，生活するに際し，人身の損害を受けた場合，幼稚園，学校，その他の教育機関は，権利侵害責任を負わなければならない。ただし，教育，管理の職責を尽くしていたと証明できるときは，権利侵害責任を負わない（1199条）。
	環境汚染，生態の破壊により紛争が発生した場合，行為者は法律に定める責任を負わない，または責任が減軽される事由，およびその行為と損害の間に因果関係が存在しないことについて，立証責任を負わなければならない（1230条）。
	建築物，構築物またはその他の施設およびその設置物や掲示物が脱落，墜落して他人に損害を与え，所有者，管理者または使用者が，自己に過失がないことを証明できない場合は，権利侵害責任を負わなければならない（1253条）。
	建築物の中から物を投下することを禁止する。建築物の中から投下された物品または建築物から墜落した物品が他人に損害を与えた場合，権利侵害者が，法により権利侵害責任を負う。調査を経ても具体的な権利侵害者を特定することが難しいときは，自己が権利侵害者ではないことを証明できる者を除き，加害の可能性がある建築物使用者が補償を行う（1254条1項）。
	積荷が倒壊，転落または滑落して他人に損害を与え，積荷の荷積者が自己に過失がないことを証明できない場合は，権利侵害責任を負わなければならない（1255条）。
	樹木の枝折れ，倒木または果実の落下等により他人に損害を与え，樹木の所有者または管理者が自己に過失がないことを証明できない場合は，権利侵害責任を負わなければならない（1257条）。
	公共の場所または道路上で掘削し，地下施設を修繕，設置すること等により他人に損害を与え，施工者が明確に標識を設置し，安全措置を行ったことの証明ができない場合は，権利侵害責任を負わなければならない。 マンホール等の地下施設が他人に損害を与え，管理者が管理の職責を尽くしていたことを証明できない場合は，権利侵害責任を負わなければならない（1258条）。
会社法 （2023年改	株主が1名のみの会社で，株主が，会社の財産と株主自身の財産がそれぞれ独立していることを証明できないときは，会社の債務について

正）	連帯責任を負わなければならない（23条3項）。
特許法（2020年改正）	新製品の製法特許に係る特許権侵害紛争は，同様の製品を製造する組織または個人が，その製品の製法が，特許の方法と異なることの証明を提出しなければならない（66条1項）。
消費者権益保護法（2013年改正）	事業者が提供する自動車，コンピュータ，テレビ，冷蔵庫，エアコン，洗濯機等の耐久消費商品，または装飾・内装等のサービスにつき，消費者が商品受領日，またはサービスを受けた日から6カ月以内に瑕疵を発見し，紛争が発生した場合は，事業者が瑕疵に関する立証責任を負う（23条3項）。
不正競争防止法（2019年改正）	営業秘密の侵害に関する民事裁判においては，営業秘密の権利者が初歩的な証拠を提出し，自らが営業秘密と主張する事柄について，秘密保持措置を講じたことを証明し，かつ営業秘密が侵害されたことを合理的に示した場合，権利侵害の嫌疑者が，権利者が営業秘密と主張する事柄が，本法に定める営業秘密に該当しないことを証明しなければならない（32条1項）。 営業秘密の権利者が営業秘密の侵害を合理的に示す初歩的な証拠を提出し，かつ次に掲げる証拠のいずれかを提出した場合は，権利侵害の嫌疑者は，自身には営業秘密の侵害行為が存在しないことを証明しなければならない（32条2項）。 （一）権利侵害の嫌疑者に，営業秘密を取得するルートまたは機会があり，かつそれが使用した情報が当該営業秘密と実質的に同じであることを示す証拠 （二）権利侵害の嫌疑者により，営業秘密が開示，使用された，または開示，使用されるおそれがあることを示す証拠 （三）権利侵害の嫌疑者により，営業秘密が侵害されたことを示すその他の証拠
労災保険条例	従業員またはその近親者が労災事故であると主張し，使用者が労災事故ではないと判断した場合，使用者がその立証責任を負う（29条2項）。
労働争議における法律適用の問題に関する最高人民法院の解釈（一）	使用者による解雇，除名，辞退，労働契約の解除，労働報酬の減額，労働者の勤続年数の計算等の決定により発生した労働争議は，使用者がその立証責任を負う（44条）。

(4) 人民法院の裁量による立証責任の確定

かつての2019年改正前の証拠規定7条には,「法律に具体的な規定がなく,本規定およびその他の司法解釈によっても立証責任を負う者を確定できない場合,人民法院は,公平の原則および信義誠実の原則に基づいて,当事者の立証能力等の要素を総合し,立証責任を負う者を確定することができる」という規定があった。当時は実務上,裁判官が当該規定を根拠に,個別の案件において,当事者間の立証責任の分配を確定するケースが多く見受けられた。一方で,裁判官の裁量権が大きいことから,権限濫用であると,問題視されていた。

このような背景から,2015年の民事訴訟法司法解釈の改正,および2019年の証拠規定の改正時に,裁判官の裁量による立証責任の確定に関する規定は削除された。

現在は,かかる改正を受け,明文の根拠規定がなければ,裁判官の裁量による立証責任の分配の確定はできないと解されている。

6 証拠の採否

(1) 民事訴訟における証拠の採否

① 証拠の審査

民事訴訟における裁判官は,事件のすべての証拠について,各証拠と事件事実の関連の度合い,各証拠の関連性等の面から総合的に審査し判断しなければならない(証拠規定88条)。また,判決文書において,証拠の採否理由を明記しなければならない(証拠規定97条1項)。

裁判官は,単一の証拠について,次の点から審査し認定することができる(証拠規定87条)。

(a) 証拠は原本,原物か。写し,複製品は原本,原物と一致しているか。
(b) 証拠と本件の事実関係の関連性
(c) 証拠の形式,出所が法律規定に適合しているか。

| (d) | 証拠の内容は真実か。 |
| (e) | 証人または証拠の提出者と当事者間の利害関係の有無 |

ただし，次に掲げる場合は，単独で事件事実を認定する根拠としてはならない（証拠規定90条）。

(a)	当事者の陳述
(b)	民事行為無能力者または民事行為制限能力者がなしたその年齢，知力情況もしくは精神健康情況に相当しない証言
(c)	一方当事者またはその代理人と利害関係のある証人が陳述した証言
(d)	疑問点がある視聴資料，電子データ
(e)	原本，原物と照合できない写し，複製品

なお，電子データの真実性について人民法院は，次の点を総合的に判断し認定しなければならない（証拠規定93条）。

(a)	電子データの生成，格納，転送に使用するコンピュータシステムのハードウェア，ソフトウェア環境が完全で，信頼できるか。
(b)	電子データの生成，格納，転送に使用するコンピュータシステムのハードウェア環境，ソフトウェア環境が正常に動作しているか，または正常に動作していない状態で電子データの生成，格納，転送に影響があるか。
(c)	電子データの生成，格納，転送に使用するコンピュータシステムのハードウェア環境，ソフトウェア環境にエラーを防止するための効果的な監視，検証手段が備えられているか。
(d)	電子データは完全に格納，転送，抽出されたか，格納，転送，抽出された方法が信頼できるか。
(e)	電子データは正常な操作において形成され，格納されているか。
(f)	電子データを格納，転送，抽出した主体は適切か。
(g)	電子データの完全性と信頼性に影響を与えるその他の要因

また，人民法院は，証人の証言を認定する場合，証人の知力情況，人柄，知識，経験，法律意識および専門技能等を総合的に分析して判断することができる（証拠規定96条）。

② 事実認定

事実認定の基準は，民事訴訟法司法解釈108条および109条に基づくと，以下のとおりとなる。なお，証明予定事実について満たすべき証明の基準は，法律に別段の定めがある場合，その規定に従うこととなる。

> (a) 人民法院は，立証責任を負う当事者が提出した証拠について，審査の結果および関連事実を踏まえ，証明予定事実の存在について高い可能性があると確信する場合，当該事実は存在すると認定する。
> (b) 人民法院は，当事者の一方が，立証責任を負う当事者が主張した事実に反論するために提出した証拠について，審査の結果および関連事実を踏まえ，証明予定事実の真偽が不明であると判断した場合，当該事実は存在しないと認定する。
> (c) 人民法院は，当事者による詐欺，脅迫，悪意による通謀の事実の証明について，当該証明予定事実の存在の可能性について，合理的な疑いを排除できると確信する場合，当該事実は存在すると認定する。

(2) 仲裁における証拠の採否

① 証拠の審査

仲裁法に証拠の審査に関する規定がないため，各仲裁機関の仲裁規則に従い証拠の審査がされる。

CIETACを例として挙げると，仲裁廷は，「CIETAC証拠ガイドライン」18条に基づき，特定の証拠を採用すべきかどうか，および証拠の関連性，重要性，証明力を自ら決定することを，証拠審査の一般原則としている。

また，仲裁廷は，適切と認める情報開示義務の免除規則に基づき，当事者が提出した特定の証拠を採用しないことができる。例えば，弁護士とクライアント間の秘密通信や当事者間の和解交渉に関連する証拠が，これに該当する。

また，調停手続でのみ開示された証拠または情報は，仲裁手続において採用されず，仲裁裁定の根拠としない（「CIETAC証拠ガイドライン」19条）。

さらに，当事者が疑義を唱える原本のない書証について，仲裁廷は，他の証拠，当事者双方の事実に関する主張，および案件全体の事情を総合的に考慮し，採用の可否を決定する。正当な理由なく出頭せず，尋問を受けない証人の証言

は，事実を確定する根拠として単独で使用できない（「CIETAC証拠ガイドライン」20条，21条）。

② 事実認定

事実認定の基準も，各仲裁機関の仲裁規則に従うことになる。

CIETACを例として挙げると，「CIETAC証拠ガイドライン」24条に基づき，特定の事実について，双方当事者が相反する証拠を提出した場合，仲裁廷は，「証拠の優越」の原則に基づき認定する。すなわち，一方当事者の証拠の証明力が，他方当事者より高い場合，その当事者の証拠に優越性があるとし，事実を認定する。また，詐欺に関する事実について，仲裁廷は，十分な説得力のある証拠に基づいて，その事実を確定する。

7 証拠保全

中国における訴訟や仲裁の手続において，証拠が滅失し，または後からでは取得が困難になるおそれがある場合には，当事者は，人民法院または仲裁廷に証拠保全を申し立てることができる。また，訴訟においては，人民法院が自らの裁量により証拠保全措置をとることもできる（民事訴訟法84条1項，仲裁法46条および68条）。

そして，緊急性があり，証拠が滅失し，または後からでは取得が困難となるおそれのある状況の下において利害関係人[53]が訴訟を提起し，または仲裁を申し立てる前に，証拠所在地，被申立人所在地の人民法院，または事件につき管轄権を有する人民法院に対して，証拠保全を申し立てることができる（民事訴訟法84条2項）。

(1) 担保の提供

証拠保全を行うか否かの判断は，最終的には，管轄権を有する人民法院の裁量に委ねられている。人民法院は，証拠保全の目的に合致する状況において，

---

53 ここでいう「利害関係人」は，権益が侵害され，または侵害されるおそれのある，関係者との間で紛争が生じる可能性のある者を指す（訴訟手続または仲裁手続がまだ開始されていないため，訴訟や仲裁の当事者とはいえない）。

証拠保有者の利益への影響が最も小さい保全措置を選択する（証拠規定27条3項）。

人民法院は，当事者または利害関係人が保全対象物の使用，流通を制限する差押え，押収等の保全措置を申し立てるか，または保全により証拠保有者に損失を与える可能性がある場合，申立人に相応の担保の提供を命じるとされている（証拠規定26条1項）。また，担保の方式または金額は，人民法院が保全措置の証拠保有者に対する影響，保全対象物の価値，当事者または利害関係人の争議に係る訴訟物の金額等の要素に応じて総合的に確定する（証拠規定26条2項）。実務上は，保証金や不動産の他，銀行または保険会社の保証レターもよく利用されている。

(2) 仲裁機関による移送

当事者は，前述のとおり，訴訟と同様，仲裁を申し立てる前に，または仲裁手続において，証拠保全を申し立てることが可能である。ただし，中国の仲裁機関または仲裁廷は，自ら証拠保全措置をとることはできない。仲裁機関は，当事者が証拠保全を申し立てた場合に，当事者の申立てを証拠所在地の人民法院に移送し，人民法院が対応することになる（仲裁法46条および68条）。

ただし，仲裁における保全措置は，仲裁機関から移送される保全手続に慣れていない人民法院も多く，仲裁機関と人民法院の連携がスムーズにいかず，当事者の保全申立てが，書類不備等の理由により差し戻される，さらには受理されないケースもあるのが実情で，本来，迅速に行われるべき保全措置が，迅速に行われないリスクが指摘されている。

(3) 外国仲裁機関等による証拠保全

香港仲裁を利用する場合には，最高人民法院と香港特別行政区政府が2019年4月2日に締結した「内陸および香港特別行政区の裁判所間の仲裁手続の相互共助保全に関する取決め」に基づき，仲裁判断が出される前に，当事者が中国国内の中級人民法院に保全措置を申し立てることができるようになった。

他方，香港以外のその他の国や地域の仲裁機関の当事者が，中国の人民法院に保全措置を申し立てる場合については，法的根拠が存在しない。そのような

ことから、中国国外の仲裁機関が発行した保全命令に基づく、中国国内での保全措置は、原則としてとれない状況である[54]。したがって、中国国外の仲裁機関にて仲裁を行う場合には、この点に、特に留意しなければならない。

なお、ニューヨーク条約は、外国仲裁判断の承認および執行に関する条約である。保全措置はその適用対象に含まれない。

(4) 証拠保全の措置

証拠保全は、証拠によって保全措置の方法が異なる。

証拠規定27条2項によれば、人民法院は、当事者の申立ておよび具体的な状況に応じて、差押え、押収、録音、録画、複製、鑑定、現場検証等の方法で証拠を保存することができ、かつ記録を作成する。

実務上、証人の証言は、記録や録音がされる、物証は、人民法院による現場検証、作図、撮影、録画、原物の保存がされる、腐りやすい・変質しやすいものは、売却されて代金が保管され、書証および視聴覚資料は、人民法院が速やかに収集・保存する、等の方法で行われている。

8 事例紹介

以下の事件は、客観的な原因により当事者自らが証拠を収集できず、人民法院に調査・収集を申請した事件である。

当事者は、証拠の原本を自ら収集できず、その理由を人民法院に説明し、かつ人民法院に調査・収集を申請したが、2審では認められなかった。その後の再審にて最高人民法院は、「当事者は、証拠の手がかりを提出し、かつ自ら証拠の原本を収集できない理由を書面で説明し、2審人民法院に対して調査・証拠収集を申請している。2審人民法院がこれを認めなかったことは、手続違反である」とし、2審人民法院の判断を是正した。

---

54 「海事訴訟特別手続の若干問題に関する解釈」47条2項に基づき、海事仲裁の場合、一定の範囲での証拠保全が認められる。

事件名	林氏等と洪氏の民間借入紛争事件
判決書番号	1審：(2015) 厦民初896号 2審：(2016) 閩民終1008号 再審：(2018) 最高法民再28号
判決年月日	再審：2018年2月26日
人民法院	1審：福建省厦門市中級人民法院 2審：福建省高級人民法院 再審：最高人民法院
当事者	原告，被上訴人，被再審申立人：洪氏 被告1，上訴人，再審申立人：林氏 被告2：福建泛華鉱業股份有限公司（以下「A社」という） 被告3：厦門元華投資有限公司（以下「B社」という）
案件概要	✓ 2014年1月，原告，林氏，A社は，林氏とA社の不動産購入のため，原告から8,000万人民元を借り入れ，当該8,000万人民元でB社と厦門元華資産管理有限公司（以下「C社」という）を新たに設立し，B社とC社の名義でそれぞれ特定の不動産を購入することに合意した。 ✓ B社は当該借入について連帯保証責任を負うとされた。 ✓ 原告の貸付金の保証として，原告が林氏とA社の間でB社の90%の持分とC社の90%の持分を代理保有することに合意した。 ✓ B社とC社の設立後，原告は，出資金の名目で，B社に3,000万人民元，C社に5,000万人民元を送金した。 ✓ 原告は，B社の設立後，B社の公章，法定代表人章[55]および銀行口座を事実上管理していた。 ✓ その後，原告は，林氏とA社の同意を得ずに，B社に出資した3,000万人民元うち2999.49万人民元を自身の銀行口座と，自身が100%出資した会社の銀行口座（以下併せて「原告口座」という）に送金した。 ✓ それにもかかわらず，原告は，林氏とA社に対して3,000万人民元とその利息，弁護士費用の支払を求め，B社に対して連帯責任を求めた（なお，本件において，5,000万の貸付金に関する請求がなかった）。

---

55 中国の印鑑制度については，「コラム1 会社の印鑑」を参照されたい。

	✓ 1審法院は，原告の請求は法律の規定に合致しており，事実に基づいていると判断し，原告の請求を認めた。 ✓ 林氏は，1審法院の判決を不服として，上訴した。 ✓ 2審期間中に，林氏がB社の法定代表者としてB社の入出金明細を調べたところ，原告が出資金を原告口座に送金していたことが判明した。 ✓ しかし，B社の公章，法定代表人章を管理している原告が，銀行の手続に協力しなかったため，銀行から銀行業務専用印の押印がある「入出金明細」が得られなかった。 ✓ 林氏はやむを得ず，銀行の印鑑の押印がない「入出金明細」を2審法院に提出し，2審法院により銀行へ調査・証拠収集を行ってくれるよう何度も申請したが，2審法院はこれを認めなかった。 ✓ 2審判決後，林氏はB社の公章紛失届手続を行い，銀行の印鑑が押印された正式な「入出金明細」を取得し，再審で提出した。
判決要旨	2審法院は，以下のとおり判断し，上訴を棄却し，1審判決を維持した。 ✓ 林氏が提出した「入出金明細」には銀行の押印がなく，作成者の記載もないため，銀行発行の正式な「入出金明細」であると認められず，証拠として採用できない。 ✓ B社は本件の当事者であり，自社の会計書類を人民法院に提出する義務があり，また，これを提出することが可能である。 ✓ 林氏は人民法院に対し，B社の「入出金明細」を調査し，銀行から正式なものを収集するよう申請したが，これは民事訴訟法司法解釈94条に定める「客観的な原因により，当事者およびその訴訟代理人が自ら収集することができないその他の証拠等」に該当しない。 ✓ 林氏は，2審判決を不服とし，再審を申請した。 最高人民法院は，本件の入出金明細が客観的な原因により，当事者が自ら収集できない証拠であるか否かについて，以下のとおり判断し，2審判決を取り消し，債務額を調整した。 ✓ 林氏はB社の法定代表者であるから，B社の「入出金明細」を取得可能である。2審法院が林氏による調査・証拠収集の申請を認めなかったことは，一般論としては正しい。 ✓ ただし，本件においては，原告の林氏らへの貸付金を，借入人である林氏とA社が使えていない。本件貸付金は，林氏とA社が設立したB社に出資され，債権者である原告が支配している。

- ✓ 林氏はＢ社の法定代表者であるが，Ｂ社の公章，法定代人者章および銀行口座は，原告が管理している。
- ✓ これを客観的にみると，林氏は，実務上Ｂ社の印鑑を扱うことができないため，当然，正式な「入出金明細」を収集することもできないと認められる。
- ✓ また，林氏は，押印のない「入出金明細」を提出し，かつ自身が正式な「入出金明細」を収集できない理由を書面で説明し，かつ人民法院に対して調査・証拠収集を申請している。
- ✓ 人民法院にとっては，本件の貸付金の金額に関する事実を認定する際に，「入出金明細」が事実認定上必要となる証拠である。
- ✓ したがって，２審法院が調査・証拠収集の申請を認めなかったことは法定手続の違反である。
- ✓ また，Ｂ社の「入出金明細」を調査・収集せず，本件における債務の発生，消滅等の事実を確認しなかったことにより，事実の認定に間違いを生じさせた。

> **コラム❹**

自認

　訴訟における「自認」とは，当事者の一方が，法廷審理において，または訴状，答弁書，代理意見書等の書面資料において，自己に不利な事実について明確に認諾を示すことを指す。

1．自認の効果

　当事者の一方が自認した場合，他方当事者は，挙証証明を行う必要がない（民事訴訟法司法解釈92条1項，証拠規定3条）。

　また，他方当事者の主張する自己に不利な事実について承認または否認を示さず，裁判官による説明および確認を受けた後でも，承認または否認を明確に示さない場合，かかる当事者が当該事実を認諾したとみなされる（証拠規定4条）。

　なお，訴訟代理人による訴訟参加の場合は，訴訟代理人による認諾が当事者による自認とみなされる（認諾が代理人への委任範囲外とされている場合を除く）。なお，当事者がその場で訴訟代理人による認諾を，明確に否認した場合を除く（証拠規定5条）。

2．自認の適用除外

　訴訟において，「人民法院が職権により調査する，身分関係・国の利益・社会公共の利益等に係るもの」「当事者が悪意により通謀し，他人の合法的権益を損なうおそれがあるもの」および「職権による当事者の追加，訴訟の中断，訴訟の終了，回避等の手続事項に係るもの」については，前述1の当事者の自認に関する規定は適用しないとされている（民事訴訟法司法解釈92条2項，96条1項，証拠規定8条）。

3．自認の取下げ

　証拠規定9条に基づき，「相手方当事者の同意を得た場合」もしくは「脅迫され，または重大な誤解があり自認した場合」，当事者が法廷での弁論終結前に自認を取り下げることが可能であり，人民法院はこれを許可する。

1－6　紛争解決における保全措置

　中国では，勝訴の裁判判決や仲裁判断を得た後に，敗訴した当事者が債務を逃れるために財産を隠匿するケースが多い。これは「執行難」につながり，長年問題視されている。

　そのため，紛争解決の当事者は，訴訟や仲裁の手続前から，または係属中に，執行難の対策も考慮しなければならない。特に，被告または被申立人の財産に対して「保全措置」を講じることを積極的に検討することが肝要である。

1　財産保全

　財産保全に関する主な法律根拠には，民事訴訟法およびその司法解釈のほか，「人民法院による財産保全事件の処理に関する若干問題についての規定（2020年改正版）」（以下「財産保全規定」という）がある。財産保全規定は，2016年10月17日に公布，2020年12月29日に改正され，財産保全の申立て，執行および解除，ならびに担保提供等につき定めている。

(1)　財産保全の申立て

① 　財産保全の申立書

　財産保全は，申立てが必要である。申立人は，人民法院に申立書を提出し，かつ関連証拠資料を提出しなければならない。

　申立書への必要記載事項は次のとおりである（財産保全規定1条）。

- ✓　申立人と被申立人の身分，送達住所，連絡方式
- ✓　請求事項ならびにその根拠となる事実および理由
- ✓　保全請求額または係争物
- ✓　被保全財産の明確な情報または被保全財産の具体的な端緒
- ✓　財産保全のため担保として提供する財産の情報もしくは資産信用証明，または担保提供を必要としない理由

> ✓ 記載を必要とするその他の事項

　なお，申立人は人民法院に対し，被申立人の財産状況およびその所在地等について情報提供を求めることができるが，人民法院が積極的に被申立人の財産状況等を調査することは少ない。よって，実務上は，申立人が財産保全の申立て前に，被申立人の財産状況および所在地等を自ら十分に調査することが重要である。

② 財産保全の措置

　財産保全の措置は対象財産によって異なり，封印，差押え，凍結等がある。当該措置の主な法律根拠は，「人民法院の民事執行における財産の封印・差押え・凍結に関する規定」（以下「封印差押凍結規定」という）である。具体的には以下のとおりである。

> ✓ 封印（中国語では「査封」という）
> 　一般的に，移動困難な動産や不動産に対して，封印紙を貼り付ける方式である。財産権証書を有する動産または不動産に対する封印の場合，人民法院が関係管理当局に執行協力通知を発し，封印財産の移転・名義の書換手続を行わないよう要求すると同時に，被執行人に対して，財産権に関する証書を人民法院に引き渡すよう命じ，保管することができる。
> ✓ 差押え
> 　人民法院が対象動産を差し押さえ，被執行人の占有から離脱させ，任意に処分させない措置を指す。差し押さえられた財産は，人民法院が保管するか，あるいはその他の機関または個人にその保管を委託することもできる。なお，保管人は，差押財産を使用してはならない。
> ✓ 凍結
> 　人民法院が被執行人の銀行等の金融機関にある金銭を差し押さえ，その流動または変動を防ぐ措置を指す。人民法院が預金を凍結する場合，裁定を下し，かつ執行協力通知書を発する。銀行等の金融機関は，これに対処しなければならない。

③ 訴訟提起または仲裁申立て前の保全

　緊急事態に限られるものの，中国では救済措置として，訴訟提起または仲裁申立ての前に，財産保全を申し立てることが可能である。

現行の民事訴訟法（2023）104条には，「利害関係人は，緊急事態によりただちに保全の申立てをしなければ，その者の合法的な権益につき補塡することが困難な損害を受けるおそれがある場合には，訴訟提起または仲裁申立ての前に，被保全財産の所在地，被申立人の住所地または事件の管轄権を有する人民法院に対して保全措置を講じるよう申し立てることができる。申立人は担保を提供しなければならず，担保を提供しない場合には，申立てを却下する（1項）。人民法院は申立てを受理した後，48時間以内に裁定を下さなければならない。保全措置を講ずる旨の裁定を下した場合には，ただちに執行を開始しなければならない（2項）。人民法院が保全措置を講じてから30日以内に，申立人が法律に基づいて訴訟提起または仲裁申立てをしない場合には，人民法院は保全を解除しなければならない（3項）」と規定されている。

仲裁申立て前の保全制度は，2012年民事訴訟法の改正時に初めて導入されたものである。仲裁申立て前の保全は，申立人が仲裁機関を経由せずに，直接人民法院に対して保全を申し立てることが可能である。

もっとも，中国の現行法上に，仲裁申立て前の保全措置について適用条件や申立てプロセス等を具体的に定めた規定はない。そのため，実務上，地方の人民法院ごとに判断基準が異なっている。また，人民法院が仲裁申立て前の保全申立てを受理し，保全措置を講じる旨の裁定を下した事例も多くない。

④ 訴訟または仲裁の係属中の保全

民事訴訟法103条1項によれば，人民法院は，当事者の一方の行為またはその他の事由により，判決の執行が困難となる，または当事者にその他の損害を生じさせるおそれのある事件に対して，相手方当事者の申立てまたは人民法院の裁量に基づき，財産保全を命じる旨の裁定を下すことができる。

また，仲裁法28条1項には，前記の民事訴訟法103条1項と同じ旨の規定がある。同項は，「一方の当事者に，他方の当事者の行為またはその他の原因により，判断の執行が不能または困難になるおそれがある場合には，財産保全を申し立てることができる」と規定されている。ただし，仲裁申立て前の保全措置と異なり，仲裁係属中の場合は，当事者は仲裁委員会に対して申立てを行い，仲裁委員会が当該申立てを人民法院に転送するという手続になる（仲裁法28条2項）。

なお，仲裁委員会および人民法院は，実務上，「他方の当事者の行為またはその他の原因により，判断の執行が不能または困難になるおそれがある」ことに関する立証を強く求めていない。

(2) 管轄

　訴訟における保全は，事件の管轄権を有する人民法院に申し立てる。一方，仲裁の場合は，国内仲裁と渉外仲裁によってルールが異なる可能性があるので留意が必要である。

　「人民法院の執行業務における若干問題に関する規定（試行）（2020年改正版）」9条および10条に基づき，当事者による財産保全の申立ては，国内仲裁の場合，被申立人住所地または保全財産所在地の基層人民法院が裁定および執行し，渉外仲裁の場合は，被申立人住所地または保全財産所在地の中級人民法院が裁定および執行する。

　もっとも，上記の規定にかかわらず，地方によっては，いかなる財産保全（国内仲裁，渉外仲裁，仲裁申立て前の財産保全および仲裁手続中の財産保全）であるかを問わず，一律で中級人民法院が裁定し，執行することがある。

　実務上では，保全申立てを行う前に，被申立人住所地または保全財産所在地の人民法院に，管轄権に関する特別規定の有無を確認する必要がある。

(3) 担保および反担保の提供

① 担保

　当事者が訴訟または仲裁の係属中に保全措置を申し立てる場合，人民法院は，当該申立人に対して担保を提供するよう命じることができる（民事訴訟法103条）。また，利害関係人が訴訟または仲裁を提起する前に保全措置を申し立てる場合，当該申立人は担保を提供しなければならない（民事訴訟法104条）。いずれの場合においても，人民法院から担保の提供が命じられ，担保を提供しなければ，人民法院に申立てが却下される。

　なお，訴訟または仲裁の係属中の通常の民商事事件で，「事件の事実が明らかで，権利義務関係が明確であり，保全の誤りが生じる可能性が比較的低い場合」，人民法院は，担保の提供を要求しないことができるとされているが（財

産保全規定9条1項5号），実務上は，人民法院が保全措置を講じるか否かを判断する際に，申立人に対して担保提供を求めることが一般的であり，人民法院から担保不要の判断を得ることは極めて難しい。

担保の具体的な金額等は，財産保全規定5条に次のとおり定められている。

- ✓ 訴訟または仲裁の係属中の当事者による財産保全の申立ては，担保金額を担保請求金額の30％までとする。
- ✓ 訴訟または仲裁の係属中の当事者による財産保全の申立てで，保全申立ての財産が係争対象物である場合，担保金額は紛争対象物価値の30％までとする。
- ✓ 訴訟または仲裁の前に，利害関係者が財産保全を申し立てる場合，保全申請金額に相当する担保を提供しなくてはならない。
- ✓ 特別な場合，人民法院が情状を酌量できる。

もっとも，上記規定にかかわらず，実務上は，人民法院が保全申立人に対して保全申立金額に相当する担保の提供を求めることがほとんどである。なお，担保の方式も，地方によって異なる可能性が高く，申立人による金銭担保や物的担保の場合もあるし，第三者による信用担保，物的担保または金銭担保の場合もある。また，近年は，担保の提供を業とする専門会社も現れており，その利用も増加している。

② 反担保

民事訴訟法107条によれば，財産紛争事件において，被保全人が担保を提供する場合，人民法院は保全の解除を裁定しなければならないとされている。被申立人による担保提供は，「反担保」と呼ばれており，被保全人または第三者から「十分かつ有効な担保」を提供する必要がある（財産保全規定22条）。

実務上は，保全措置をとられている財産の額に相当する金銭または第三者による担保（地域によっては，銀行による信用担保）が必要となる。また，特定の目的物を保全した場合，財産保全における被保全人がその他の等価の担保財産を提供し，かつスムーズな執行のため，人民法院は，保全目的物を被保全人が提供する担保財産に変更する旨の裁定をすることもできる（民事訴訟法司法解釈167条）。

(4) 保全措置の解除

人民法院が保全措置を講じる旨の裁定をした後は、保全の裁定をした人民法院による解除、またはその上級人民法院により解除が決定された場合を除き、保全期間内においては、いかなる者も保全措置を解除してはならない（民事訴訟法司法解釈165条）。

① 人民法院が保全措置を解除する場合

人民法院は、保全措置を講じる旨の裁定をした後、次の各号に掲げる事由のいずれかに該当する場合、保全を解除する旨の裁定をしなければならない（民事訴訟法司法解釈166条）。

- ✓ 保全に誤りがあった場合
- ✓ 申立人が保全の申立てを取り下げた場合
- ✓ 申立人の訴えまたは訴訟上の請求が効力を生じた裁判により却下または棄却された場合
- ✓ 人民法院が保全を解除すべきと判断するその他の場合

なお、民事訴訟法108条によれば、申立てに誤りがあった場合、申立人は、被申立人が財産保全により受けた損害を賠償しなければならないとされているので、申立人は財産保全の申立てを行う際には、慎重に検討し、確認する必要がある。

② 申立人が保全措置の解除を申し立てる場合

人民法院が財産保全措置をとった後、次の各号に掲げる事由のいずれかに該当する場合、申立人は、遅滞なく保全解除を申し立てなければならない。申立人が遅滞なく人民法院に保全解除を申し立てなかった場合、被申立人が財産保全により被った損失を賠償しなければならない（財産保全規定23条1項）。

- ✓ 財産保全措置がとられた後30日以内に法により訴訟を提起せず、または仲裁を申し立てなかった場合
- ✓ 仲裁機関が仲裁申立てを受理せず、仲裁申立ての取下げを許可し、または仲裁申立ての取下げとして処理した場合

82　第 1 章　基礎知識

- ✓ 仲裁の申立てまたは請求が仲裁判断により却下または棄却された場合
- ✓ その他，人民法院が訴えの提起を受理せず，訴えの取下げを許可し，または訴えの取下げとして処理した場合
- ✓ 訴えの提起または訴訟請求が他の人民法院により却下または棄却の確定裁定または判決を下された場合
- ✓ 保全申立人が保全解除を申し立てなければならないその他の場合

2　行為保全

　中国では，2012年の民事訴訟法の改正時に，初めて行為保全（日本でいう仮処分に相当する）に関する規定を設けた。

　民事訴訟法（2012年改正）100条[56]に基づき，人民法院は，当事者の一方の行為またはその他の事由により，判決の執行が難しくなる，または当事者にその他の損害を生じさせるおそれがある事件に対し，相手方当事者の申立てに基づき，財産に対する保全を行うこと，または一定行為を行うこともしくは一定の行為を禁止することを命令する旨を裁定することができる。

　上記の民事訴訟法における規定は，訴訟係属中の行為保全に関するものであり，仲裁手続に適用されるか否かは不明である。この点については，仲裁法やその司法解釈にも明確な規定はない。しかしながら，実務上では，仲裁手続において行為保全を認めない理由はないと解されている。なぜなら，仲裁申立前の保全に関する民事訴訟法（2023年改正）104条に定める「保全措置」には財産保全と行為保全の両方が含まれるとして仲裁申立前の行為保全が認められているためである。

(1)　考慮要素

　前述のとおり，行為保全が中国で初めて規定されたのは，2012年民事訴訟法の改正時である。当時，知的財産権侵害等の事件において，当事者に対して一定の行為を禁止する，または当事者に一定の行為を求めることによって権利侵

56　現行民事訴訟法（2023年版）103条

害の発生を抑制し，損害拡大を防止する必要があった。行為保全はそのために設けられた制度であると言われている。

また，知的財産権分野における行為保全の利用促進のために，最高人民法院は，2018年12月12日に「知的財産権紛争の行為保全事件の審査における法律適用の若干問題に関する規定」を公布した。当該規定7条によると，人民法院は，行為保全申立てを審査するにあたり，以下の要素を総合的に考慮しなければならない。

- ✓ 申立人の請求に事実の基礎および法的根拠があるか否か（保護を求める知的財産権の効力が安定しているか否かを含む）。
- ✓ 行為保全措置を講じないことで，申立人が適法な権益を補填することが困難な損害を受けるか否か，または事件の裁決の執行が困難になる等損害が生じるか否か。
- ✓ 行為保全措置を講じないことにより申立人が受ける損害が，行為保全措置を講じることにより被申立人が受ける損害を超えるか否か。
- ✓ 行為保全措置を講じることによる，社会公共の利益への影響
- ✓ その他の考慮すべき要素

(2) 禁訴令制度

禁訴令（英語では「Anti-suit Injunction」という）とは，実質的に同一内容の紛争が複数の国の裁判所で継続する並行訴訟において，一方当事者による外国裁判所での提訴等の司法的救済を禁止するという差止命令をいう。その起源はコモンローを採用する英国であり，その後米国，カナダ，オーストラリアに拡大されている。

近年，中国では，標準必須特許（SEP）をめぐる訴訟で，他国の裁判所の禁訴令に遭遇する事例が増えており[57]，他国の裁判所の禁訴令により，中国企業が中国での訴訟を取り下げるまたは一部を取り下げざるを得なくなり，泣き寝入りするケースが頻発した。これに対抗するため，中国の人民法院は民事訴訟法にある行為保全の運用を拡大し，一適用例として，外国での訴訟の提起等を

---

57 Unwired Planet VS 華為，Conversant VS 華為およびZTE，華為VS サムスン等が挙げられる。

禁止することを認めた[58]。かかる運用は，中国における「禁訴令」であると報道され，注目を集めている。

3　大陸と香港間の保全

中国大陸と香港は法域が異なるため，大陸または香港での訴訟または仲裁の手続における保全措置は，ただちに相互に認められるわけではない。

(1)　民事訴訟における保全

民商事事件の判決の承認および執行は，2024年1月25日に「大陸および香港特別行政区の民商事事件判決の相互承認および執行に関する取決め」に基づくことになるが，当該取決めは，大陸における保全裁定，香港における禁訴令，暫定救済命令まで適用されるものではない。

民事訴訟に関する保全は，大陸と香港の間の取決めがないため，それぞれの民事訴訟手続に関する法令により判断される。なお，これまで，大陸の人民法院が，香港での訴訟に関する保全を認めた例はないが[59]，香港の法院が大陸における訴訟に関する保全を認めた例はある[60]。

(2)　仲裁における保全

大陸と香港間の仲裁保全につき最高人民法院は，2019年9月26日に「大陸および香港特別行政区の裁判所間の仲裁手続の相互共助保全に関する取決め」（以下「仲裁相互保全取決め」という）を，2020年11月26日に「大陸および香港特別行政区との仲裁判断の相互執行に関する補充取決め」（以下「仲裁相互保全補充取決め」という）を公布した[61]。当該規定に定める「保全」には，大陸における財産保全，証拠保全および行為保全が含まれており，また，香港に

58　華為 VS Conversant，小米（Xiaomi）VS Inter Digital等が挙げられる。
59　海南省高級人民法院（2019）琼財保5号の裁判例は，該当案件の「持分譲渡契約書」は管轄合意を持分取引地の香港法院とすると規定しており，当該管轄合意が排他的管轄合意であることから，訴訟前の保全の申立ては，（大陸の）法律規定に合致しないとして，訴訟前の保全の申立てを却下した。
60　HCMP 1797/2015事件，HCMP 1574/2017事件

おける差止めまたは作為命令（injunction）またはその他の暫定措置（仲裁判断が下される前の現状維持または原状回復，仲裁手続に損害が生じることを防止する措置，または損害を生じさせる措置の禁止，資産保全または証拠保全）も含まれるとされている。

① 大陸の人民法院への保全申立て

香港仲裁手続の当事者は，仲裁判断が下される前に，大陸の民事訴訟法，仲裁法等に基づき，被申立人の住所地，財産所在地または証拠所在地を管轄する大陸の中級人民法院に保全を申し立てることが可能である。また，保全申立ては仲裁申立前も可能であるが，仲裁申立前に保全申立てを行った場合，保全措置後30日以内に仲裁を申し立てた旨の証明書が提出されなければ，人民法院は保全措置を解除する（仲裁相互保全取決め3条）[62]。なお，仲裁相互保全取決めによれば，ここにいう香港仲裁手続とは，香港を仲裁地に指定し，かつ香港律政司が指定した仲裁機関での仲裁手続である必要がある[63]。

仲裁相互保全取決め4条，5条により，大陸の人民法院に保全を申し立てる場合，次に掲げる書類を提出しなければならない。

- ✓ 保全申立書
- ✓ 仲裁合意
- ✓ 身分証明書類
  （申立人が自然人である場合は，身分証明書の副本。申立人が法人または非法人組織である場合には，登録登記証書の副本および法定代表者または責任者の身分証明書の副本）
- ✓ 関連機関または常設事務所が仲裁事件を受理した後に保全を申し立てる場合，主な仲裁請求および根拠となる事実と理由を含む仲裁申立書類ならびに関連証

---

61 これらの取決めは，最高人民法院と香港律政司が締結したもので，香港においても公布，施行されている。
62 中国の裁判例に，香港仲裁の係属中における大陸の人民法院による保全申立てを認めた例はあるものの，そもそも中国大陸では仲裁前の保全が認められること自体が困難であるため，香港での仲裁を申し立てる前に中国の人民法院に保全を認められた事例は見当たらない。
63 指定仲裁機構には，香港国際仲裁センター（HKIAC），香港海事仲裁協会（HKMAG），華南（香港）国際仲裁院，一邦国際オンライン仲裁センター（EBRAM），アジアアフリカ法律協会香港区域仲裁センター（AALCOHKRAC），中国国際経済貿易仲裁委員会香港仲裁センター，国際商会国際仲裁院（ICC）がある（2024年3月18日時点）。

拠資料，当該機関または常設事務所が発行した，関連仲裁事件が受理済みであることを証明する書類
✓ 大陸の人民法院が要求するその他の書類

　また，身分証明書類が大陸以外で作成されたものである場合，大陸の関連法律規定に基づき当該書類の証明手続を行わなければならない。また，大陸の人民法院に提出する書類が中国語でない場合は，正確な中国語訳版を提出しなければならない。

保全申立書への必要記載事項は次のとおり（仲裁相互保全取決め5条）。
✓ 当事者の基本状況
　　（当事者が自然人である場合は，氏名，住所，身分証明書情報，連絡先等。当事者が法人または非法人組織である場合は，法人または非法人組織の名称，住所および法定代表者または主な責任者の氏名，職務，住所，身分証明書情報，連絡先等）
✓ 請求事項
　　（保全申立ての財産の金額，行為保全申立ての内容と期限等）
✓ 請求の根拠となる事実，理由および関連証拠
　　（緊急事態によりただちに保全を行わなければ，申立人の適法な権益につき補填することが困難な損害を受けるおそれがあること，または仲裁判断の執行が困難になるおそれがあることに関する説明等）
✓ 保全申立ての財産，証拠の明確な情報または具体的な手がかり
✓ 担保の提供に用いる大陸の財産情報または資産信用証明
✓ その他の人民法院や関連機関または常設事務所へ，本取決めが規定する申立てをしたか否か，およびその申立ての状況
✓ その他の明記必要な事項

② 香港の法院への保全申立て
　大陸の仲裁手続の当事者は，仲裁判断が下される前に，香港特別行政区の仲裁条例，高等法院条例に基づき，香港特別行政区高等法院に保全の申立てをすることができる（仲裁相互保全取決め6条）。なお，仲裁申立前に保全を申し立てることができるかについては，当該取決めに定めがない。ただし，香港仲

裁条例45条2項，高等法院条例21M(1)条によれば，仲裁申立前に保全を申し立てることが可能だと考えられる。

香港特別行政区の法院に保全を申し立てる場合，香港特別行政区の関連法規に基づき，申立書，申立ての宣誓供述書，付属する証拠物，論点綱要および法廷命令の草案[64]の提出が必要である（仲裁相互保全取決め7条）。

> 保全申立書への必要記載事項は次のとおり（仲裁相互保全取決め7条）。
> ✓ 当事者の基本情況
>   （当事者が自然人である場合には，氏名，住所等。当事者が法人または非法人組織である場合には，法人または非法人組織の名称，住所および法定代表者または主な責任者の氏名，職務，連絡先等）
> ✓ 申立事項およびその理由
> ✓ 申立対象の所在地およびその状況
> ✓ 被申立人が申立てについて行った，または行う可能性のある回答および意見
> ✓ 求められる保全を法廷が許可しない，または一方的に申し立てる場合には当該保全を許可しないことを引き起こせる事実
> ✓ 申立人による香港特別行政区の法院に対する承諾
> ✓ その他の明記必要な事項

4　事例紹介

以下は，2020年8月28日に最高人民法院が下した，知的財産権分野に関する最初の禁訴令の事例である。裁定書において，最高人民法院は，外国裁判所の判決の執行申立てを禁止する際に考慮すべき要素を示した。また，知的財産権訴訟で，はじめて「1日当たりの処罰」を適用した。

最高人民法院は，国際的な並行訴訟が頻発している中で，いかに中国の当事者の合法的な権益を保障し，中国の裁判所の管轄権を守り，紛争の早期解決を図るか積極的に示した回答であり，中国の人民法院による禁訴令の適用におい

---

[64] the application, an affidavit supporting the application, exhibit(s) thereto, a skeleton argument and a draft court order.

て重要な意義がある。

事件名	華為技術有限公司等とConversant Wireless Licensing S.à r.l. の特許権非侵害確認および標準必須特許紛争に係る行為保全申立事件
裁定書番号	(2019) 最高法知民終732，733，734号の1
裁定年月日	2020年8月28日
人民法院	最高人民法院
当事者	申立人：華為技術有限公司（以下「Huawei」という） 被申立人：Conversant Wireless Licensing S.à r.l.（以下「Conversant」という）
事件概要	✓ 2018年1月，Huaweiと同社の中国関連会社は南京市中級人民法院に訴訟を提起し，Conversantの関連特許権の非侵害確認，およびConversantが中国で保有する標準必須特許のライセンス料率の確認を求めた（以下「本件訴訟」という）。 ✓ 2018年4月，Conversantは，対抗手段として，Huaweiおよびそのドイツ関連会社を被告として，ドイツのデュッセルドルフ地方裁判所に特許権侵害訴訟を提起した（以下「ドイツ訴訟」という）。 ✓ 2019年9月，南京市中級人民法院が本件訴訟の1審判決を下した。特許権の非侵害は認めなかったが，かかる標準必須特許のライセンス料率を確認した。Conversantはこれを不服とし，最高人民法院に上訴した。 ✓ 本件訴訟の2審係属中に，2020年8月27日，デュッセルドルフ地方裁判所が特許権侵害を認め，侵害行為の差止め等を命じる1審判決を下した。また，当該判決で確認した関連製品のライセンス料率は，本件訴訟の1審判決で確認されたライセンス料率の18.3倍であった。なお，ドイツの民事訴訟法に基づき，Conversantは240万ユーロの担保を提供すれば当該判決の仮執行を申し立てることができた。 ✓ 同日，Huaweiは最高人民法院に行為保全を申請し，最高人民法院が本件訴訟の最終判決を下すまで，Conversantにデュッセルドルフ地方裁判所の上記判決の執行申立てを禁止するよう求めた。 ✓ 最高人民法院は，緊急事案として，48時間以内にHuaweiの申請を認め，Conversantに対し行為保全の裁定を下した。 ✓ 2020年9月，Conversantは最高人民法院の同裁定について再審査を請求したが，却下された。

	✓ 2020年11月，双方は和解合意に達し，本件訴訟を含む複数国での並行訴訟を終結させた。
裁定要旨	外国裁判所の判決の執行申立てを禁止する行為保全の申請については，以下の要素を総合的に考慮した。 ① 被申立人による外国裁判所の判決の執行申立てが，中国における訴訟に与える影響 ② 行為保全措置を講じる必要性 ③ 行為保全措置を講じないことにより申立人が受ける損害が，行為保全措置を講じることにより被申立人が受ける損害を超えるか否か ④ 行為保全措置を講じることによる公共の利益への影響 ⑤ 行為保全措置を講じることが国際礼譲の原則に合致するか否か 1．被申立人による外国裁判所の判決の執行申立てが中国における訴訟に与える影響 ✓ 被申立人による外国裁判所の判決の執行申立てにより，本件訴訟の審理または本件訴訟の判決の執行が困難になる場合，被申立人の当該行為に対して行為保全措置を講じることができる。 ✓ 訴訟の主体は，本件訴訟の当事者がHuaweiと同社の中国関連会社およびConversantであり，ドイツ訴訟の当事者が，Huaweiと同社のドイツ関連会社およびConversantである。両訴訟の当事者はほぼ同じである。 ✓ 審理の対象は，本件訴訟においては，Conversantが中国で保有する標準必須特許のライセンス料率である。ドイツ訴訟においては，特許権侵害訴訟であるが，裁判所の侵害行為の差止命令は，Conversantの提示したライセンス料が公正，合理的かつ非差別的であるという原則に則ることを前提としている。そのため，両訴訟の審理対象の一部は同じであるといえる。 ✓ 行為の影響としては，Conversantによるドイツ訴訟の判決執行申立てが認められた場合，本件訴訟の審理が妨害されることがある。また，本件訴訟の審理と判決の意味がなくなる可能性が高い。 ✓ したがって，Conversantによる外国裁判所の判決の執行申立ては，本件訴訟の審理および判決の執行に不利な影響を与えるため，行為保全の前提条件は満たされている。

2．行為保全措置を講じる必要性
✓ 行為保全措置を講じなければ，申立人の合法的な権益につき補塡することが困難な損害を受けるおそれがある場合，または裁定・判決の執行が困難になる場合，行為保全措置を講じることが必要である。
✓ Conversantによるドイツ訴訟の判決執行申立てが認められた場合，Huaweiと同社のドイツ関連会社は，ドイツ市場から撤退するか，Conversantが提示したライセンス料を受け入れるかの二択を迫られることになる。前者の場合，市場撤退により被る損失および喪失する取引機会は，事後的に補塡することができない。後者の場合，Huaweiと同社のドイツ関連会社は，18.3倍のライセンス料率を受け入れざるを得ないだけでなく，本件訴訟による救済を求めることも放棄せざるを得ない。そのため，いずれにしても，Huaweiは補塡することが困難な損害を受けることになる。
✓ さらに，本件訴訟の判決も事実上執行困難になることから，行為保全措置を講じることが必要である。

3．申立人と被申立人の利益のバランス
✓ 行為保全措置を講じないことにより申立人が受ける損害が，行為保全措置を講じることにより被申立人が受ける損害を超える場合，行為保全措置を講じることが合理的であるといえる。
✓ 前述のとおり，Conversantによるドイツ訴訟の判決執行申立てが認められた場合，行為保全措置を講じないと，Huaweiはドイツ市場から撤退等する必要が発生し，補塡することが困難な損害を受けることになる。それに対し，行為保全措置を講じた場合は，Conversantが被る損害はドイツ訴訟の判決執行の留保のみである。また，ドイツ訴訟の判決は最終判決ではないため，当該判決の執行の留保は，Conversantがドイツでその他の訴訟を提起する権利に影響を与えない。さらに，Conversantがドイツ訴訟を提起する目的は損害賠償であり，判決執行の留保により被った損害は限られている。
✓ したがって，行為保全措置を講じないことによりHuaweiが受ける損害は，行為保全措置を講じることによりConversantが受ける損害を明らかに超えるため，行為保全措置を講じることが合理的である。なお，Huaweiの行為保全申請については，相応の担保が提供されたため，Conversantの利益を保障することができる。

4．行為保全措置を講じることによる公共の利益への影響
- ✓ 本件訴訟およびドイツ訴訟に関わっているのは，主にHuaweiとConversantの利益である。
- ✓ また，本件訴訟において，行為保全の内容は，最高人民法院が本件訴訟の最終判決を下すまで，Conversantにデュッセルドルフ地方裁判所の判決の執行申立てを禁止することであるため，公共の利益に影響を与えない。
- ✓ したがって，本件訴訟において行為保全措置を講じることは，公共の利益を損害しない。

5．行為保全措置を講じることが国際礼譲の原則に合致するか否か
- ✓ 国際礼譲の原則を考慮するにあたっては，事件受理日の前後関係，事件管轄の適切性，外国裁判所の審理・裁判への影響等の要素を分析することができる。
- ✓ 事件受理日からみると，本件訴訟は2018年1月に受理され，ドイツ訴訟は2018年4月に受理された。よって，本件訴訟が先に受理された。
- ✓ また，本件訴訟の行為保全措置は，判決の執行を見送らせただけであり，ドイツ訴訟の審理に影響を与えず，その判決の法的効果も否定していないため，デュッセルドルフ地方裁判所の審理・裁判に重大な影響を与えていない。

以上より，最高人民法院は，以下のとおり行為保全の裁定を下した。
- ✓ Conversantは，最高人民法院が本件の終審判決を下す前に，ドイツのデュッセルドルフ地方裁判所による2020年8月27日付の1審判決の執行を申し立ててはならない。
- ✓ 本裁定に違反した場合，違反日から起算し1日当たり100万人民元の過料（法定の上限額）に処し，日数で積算する。

第2章

訴訟編

2 − 1　中国の民事訴訟制度の基礎知識
2 − 2　民事訴訟法の改正
2 − 3　民事訴訟手続のオンライン化
2 − 4　中国の「指導性案例制度」
2 − 5　中国の「公益訴訟制度」
2 − 6　生成AIをめぐる法規制と裁判例

2−1　中国の民事訴訟制度の基礎知識

　中国では，日本企業（日系現地法人を含む）が関係する民事訴訟が増加傾向にある。訴訟の原因は，従来からの契約違反や知的財産権の侵害に加え，「独占禁止法」[1]の執行強化や，「輸出管理法」（2020年12月1日施行）および「個人情報保護法」（2021年11月1日施行）等の新たに施行された法律に関する事案の増加にもある。

　しかし，多くの日本企業は中国での訴訟経験が浅い。特に，中小企業は訴訟経験が全くなく，対処方法が一切わからないというケースも多く見受けられる。そのため，対策が後手に回り，結果，莫大な損害を被るというケースが後を絶たない。そうならないためには，最新の中国の民事訴訟の基礎知識と実務対策を知ることが非常に重要である。事前に対策を検討できれば，訴訟を未然に防ぐことも，効率的に解決することも可能である。

1　法律根拠

　中国の民事訴訟制度に関する基本法規には，「憲法」「民事訴訟法」および「人民法院組織法」が挙げられる。この他，財産調査，財産保全，民事執行，立証および証拠収集に関する司法解釈が多数存在する。

(1)　民事訴訟法

　中国の民事訴訟法は，1991年に制定され，以後，2007年，2012年，2017年，2021年および2023年の5度にわたり改正が行われた。
　本書では，民事訴訟法に言及する場合，特段の断りがない限り，すべて2023年版民事訴訟法を指す。

---

[1]　2022年6月24日に，中国の全国人民代表大会常務委員会で「独占禁止法」の改正案が可決され，同年8月1日の施行が決まった。

2－1 中国の民事訴訟制度の基礎知識 95

　民事訴訟法は，4編27章，合計306条より構成され，その規定対象は広い。詳細は下表のとおりで，日本では民事手続の各法に規定されている訴訟，非訟，執行，保全等の手続について網羅的に規定している。

民事訴訟法	
第1編　総則	第1章　任務，適用範囲および基本原則 第2章　管轄 第3章　裁判組織 第4章　忌避 第5章　訴訟参加人 第6章　証拠 第7章　期間，送達 第8章　調解 第9章　保全および先行執行 第10章　民事訴訟の妨害に対する強制措置 第11章　訴訟費用
第2編　裁判手続	第12章　第一審の普通手続 第13章　簡易手続 第14章　第二審の手続 第15章　特別手続 第16章　裁判監督手続 第17章　督促手続 第18章　公示催告手続
第3編　執行手続	第19章　一般規定 第20章　執行の申立ておよび移送 第21章　執行措置 第22章　執行の中断および終結
第4編　渉外民事訴訟手続の特別規定	第23章　一般原則 第24章　管轄 第25章　送達および期間 第26章　仲裁 第27章　司法共助

(2) 司法解釈

中国では，最高人民法院が，「司法解釈」という規範文書を制定し，公布することができ（人民法院組織法18条），下級人民法院は，裁判において何らかの法的問題に直面したとき，司法解釈に従うか，最高人民法院に新たな司法解釈を求めることができる。

最高人民法院は，中国の裁判制度の頂点に位置する最高機関で，すべての下級人民法院の裁判活動に対して監督権を有する（憲法132条）。そのため，最高人民法院が公布する司法解釈は，実務において極めて重要な役割を果たしている。

日本では，上級裁判所に下級裁判所に対する監督権はないので，ここは大きく異なる点である。

(3) 指導性案例

大陸法系に属する中国法は，日本法と同様，成文法のみを法源としており，原則として判例に法的拘束力を持たせていない。しかし，大陸法系の国家においても，法的安定性の見地や同種事件との公平性に鑑み，事実上，判例が拘束力を有しているのが一般的である。この点は，日本も中国も同様である。

中国では，「最高人民法院公報」等に掲載された裁判例が，下級人民法院に対して事実上の拘束力を有している。

近年，この事実上の拘束力を拡大する動きが見られる。最高人民法院は，2010年12月9日，「案例指導業務に関する規定」を公布し，各級人民法院に対し，最高人民法院が公布する「指導性案例」（具体的には，後掲「2－4　中国の『指導性案例制度』」を参照されたい）と類似する案件を審理するときは，「指導性案例」を参照しなければならないとした。

なお，最高人民法院は，2024年12月31日までに合計229の指導性案例を公布している[2]。これらの指導性案例で示された判決基準等は，中国の民事訴訟の

2　http://gongbao.court.gov.cn/ArticleList.html?serial_no=al&eqid=c7b1e21b000253cc000000003643cbcc6

実務に大きな影響をもたらしている。

2　人民法院

人民法院は，中国の司法制度を担う裁判機関である。日本の裁判所が，簡易裁判所，地方裁判所，高等裁判所，最高裁判所の4段階に分かれていることと同様に，中国の人民法院も，基礎人民法院，中級人民法院，高級人民法院，最高人民法院の4段階である。

最高人民法院は，さらに，行政区域を跨ぐ重大な行政，民商事事件を速やかかつ公平に審理するため，複数の地方に常設，派出の機関として，巡回法廷を設定している[3]。また，基礎人民法院は，その管轄地域内の必要に応じ，「人民法廷」という出張所を設けることもできる（人民法院組織法26条）。

なお，中国には，通常の人民法院以外に，特定分野の事件のみを取り扱う専門人民法院がある。このうち，軍事法院，海事法院および鉄道運送法院は1950年代から1980年度の計画経済時代に設けられたもので，金融法院，知的財産権法院およびインターネット法院は，近年の司法改革に伴う裁判の専門化や国際化に応えるために設けられたものである。なお，これらの専門法院は特別裁判所ではなく，いずれも，通常の人民法院とともに最高人民法院の下に置かれており，裁判活動にあたっては最高人民法院の監督を受ける（憲法132条）。

3　管轄

(1)　級別管轄

民事事件の第1審がどのレベルの人民法院の管轄となるかは，事件の性質や重大さによって決められる。その原則は次頁の表のとおりである。

---

[3] 「最高人民法院の巡回法廷の案件審理の若干問題に関する規定」（2015年1月5日公布）。なお，2024年12月現在，全国第一〜第六（深圳，瀋陽，南京，鄭州，重慶，西安）まで6つの巡回法廷が設けられている。

人民法院のレベル	管轄範囲
最高人民法院	✓ 全国に重大な影響を及ぼす事件 ✓ 最高人民法院が自ら審理すべきと認定した事件
高級人民法院	✓ 当該管轄区内（省レベル）において，重大な影響を及ぼす事件
中級人民法院	✓ 重大な渉外事件 ✓ 当該管轄区内（市レベル）において重大な影響を及ぼす事件 ✓ 最高人民法院が，中級人民法院の管轄であると確定した事件
基礎人民法院	✓ 以上を除く，通常の事件

　上記区分の他，係争金額に基づくものも設けられている。原則は，高級人民法院の管轄する係争金額が50億人民元以上，中級人民法院が50億人民元未満である（法発【2019】14号通知）。基礎人民法院の管轄する係争金額の上限は各地方によって異なる。

　しかし，当事者の所在地（同じ管轄内に住所を有するか否か）や事件の性質によっては上記の原則とは異なる人民法院が管轄するケースもある。そのため，実務においてはあらかじめ確認が必要である。なお，知的財産権に関する事件，金融に関する事件，インターネットに関する事件，海事事件等の専門事件については，原則として，それぞれの事件の専門人民法院が管轄権を有する。

(2) 地域管轄

　民事事件の第1審をどの地域の人民法院が管轄するかについては，原則として，被告の住所地の人民法院が管轄権を有する（民事訴訟法22条）となっているが，紛争の類型によって例外が多数ある。例えば，契約紛争は，被告住所地または契約履行地の人民法院（民事訴訟法24条）であり，会社の設立，利益配当または解散等に係る紛争は，会社の所在地の人民法院（民事訴訟法27条）であり，権利侵害行為は，権利侵害行為地または被告の住所地の人民法院（民事訴訟法29条）である。

(3) 専属管轄

下記の各号に掲げる事件は、所定の人民法院の専属管轄である（民事訴訟法34条）。

> ① 不動産に係る紛争：当該不動産所在地の人民法院が管轄する。
> ② 港湾作業中に発生した紛争：当該港湾所在地の人民法院が管轄する。
> ③ 相続財産に係る紛争：被相続人の死亡時の住所地または主要な遺産の所在地の人民法院が管轄する。

(4) 合意による管轄の選択

契約またはその他の財産上の権益に関わる紛争の当事者は、被告の住所地、契約履行地、契約締結地、原告の住所地、目的物の所在地等、紛争と実際に関係のある場所の人民法院を管轄として選択する旨を書面で合意することができる（民事訴訟法35条）。ただし、かかる合意は、級別管轄および専属管轄に関する規定に違反してはならない。

(5) 管轄に関する異議申立て

人民法院が事件を受理した後に、当事者が管轄権について異議を有する場合には、答弁書提出期限内に異議を提出しなければならない。人民法院は、提出された異議を審査し、異議が成立する場合には管轄権を有する人民法院に事件を移送し、異議が成立しない場合には却下する（民事訴訟法130条）。

最近まで、被告側の応訴手段として正当な理由の有無を問わず、まず管轄権異議を申し立てるというのが実務策としてよく行われていたが、これは、権利の濫用、司法資源の無駄遣いであり、民事訴訟手続の妨害行為であるとして「管轄権異議濫用行為」と認定され、処罰される事例が増えているため、留意が必要である。

4　訴訟手続

(1)　2審制

　　中国の裁判は，日本の3審制とは異なり，2審制である。よって，上訴は1度しか認められない。

　　中国における民事訴訟手続の流れは，下図のとおりである[4]。

【民事訴訟手続の流れ】

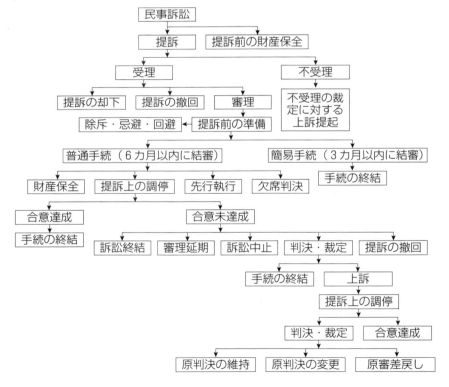

4　大連海事法院
　　https://www.dlhsfy.gov.cn/en/uploadfile/2020/0707/20200707733993.pdf

審理期間については，国内事件の第１審において，普通手続の場合，原則として事件の受理から６カ月以内（簡易手続[5]の場合，原則として３カ月以内）に審理を終結しなければならないとされている（民事訴訟法152条，164条）。なお，上訴審の審理期間は，原則として３カ月以内とされている（民事訴訟法183条）。

ただし，渉外事件[6]は，上記の審理期間に関する期限の制限を受けない（民事訴訟法287条）。そのため，審理に１年以上かかる場合も多く見受けられる。また，国境を跨ぐ知的財産権の権利侵害に関する事件や独占禁止法の違反に関する事件等は数年かかるケースも珍しくない。

(2) 「調停先行」

中国では，人民法院の負担を軽減するために，民事訴訟法の2012年改正時，「調停先行」の原則が導入され，調停・和解（中国語では「調解」という。以下「調停」という）制度の構築および利用が推奨されており，2012年版民事訴訟法122条にも，「当事者が人民法院に訴えを提起した民事紛争が調停に適する場合には，まず調停を行うものとする。ただし，当事者が調停を拒んだ場合はこの限りでない」と規定されている。

また，調停は，起訴の段階，法廷審理前の準備段階，法廷調査，法廷弁論の段階のみならず，上訴や執行の段階においても行うことが可能である。よって，中国での訴訟は紛争解決の最終手段ではなく，「和解の場」をつくるための手段の１つにすぎないという考え方もある。

調停により合意に達したときは，人民法院より調停書が作成される。調停書には，訴訟上の請求，事件に関わる事実および調停の結果が明記される。調停書は，裁判官および書記官が署名し，人民法院の印鑑を捺印し，当事者に送達されるが，法的効力は，当事者双方が署名受領した後に生じるとされている（民事訴訟法100条３項）。

なお，訴訟の準備時間を稼ぐ，または単なる嫌がらせを目的として，いった

---

[5] 基礎人民法院およびその派出法廷が，事実および権利義務関係が明確であり，争いの規模が大きくなく簡単な民事事件であると判断した場合は，簡易手続が適用される。
[6] 「１－３『訴訟』と『仲裁』のどちらを選ぶか」の１(1)を参照されたい。

んは調停手続に応じて合意するものの，その後に調停書の受取を拒否するケースがしばしば見受けられる。人民法院は，このような悪意ある受取拒否を防ぐため，実務においては，法廷のその場で，両当事者に送達することが多い。

(3) 再審

再審とは，すでに法的効力を生じた判決，裁定，調停書に誤りがあると認められた場合に，当事者の申立てにより，または人民法院の判断により，当該事件を再審査する裁判監督手続である。

中国では，下記①〜⑬が再審事由とされている（民事訴訟法211条）。日本では再審事由とされていない事由も再審事由とされているため，実務上でも相当数の再審の申立てが行われている[7]。

① 原判決，裁定を覆すに足りる新たな証拠がある場合
② 原判決，裁定で認定された基本事実が証拠による証明を欠く場合
③ 原判決，裁定の事実認定における主たる証拠が偽造されたものである場合
④ 原判決，裁定の事実認定における主たる証拠が証拠調べを経ていない場合
⑤ 当事者が客観的な理由により事件の審理に必要な主な証拠を自ら収集することができず，人民法院に対しその調査と収集を書面で申し立てた場合において，人民法院がその調査と収集を行わなかった場合
⑥ 原判決，裁定の法律適用に明らかな誤りがある場合
⑦ 裁判組織の構成が不適法であるとき，または法に基づき回避すべき裁判官が回避をしなかった場合
⑧ 訴訟行為無能力者が法定代理人による訴訟代理を受けていないとき，または訴訟に参加すべき当事者が本人もしくはその訴訟代理人の責めに帰さない事由によって訴訟に参加できなかった場合
⑨ 法律の規定に違反して，当事者の弁論権を奪った場合
⑩ 召喚状による召喚を経ずに，欠席判決を行った場合
⑪ 原判決，裁定に訴訟請求の遺脱があったとき，または原判決，裁定が訴訟請求を越えるものであった場合
⑫ 原判決，裁定の基礎となった法律文書が取り消され，または変更された場合

---

7 最高人民法院の統計によると，2023年全国人民法院は，52,576件の民事再審案件を受理している。http://gongbao.court.gov.cn/Details/a3e86176b272dc94a05d9cb012c2d5.html

⑬ 当該事件の審理時に，裁判官に汚職・収賄行為，私利を図る不正行為または法を曲げて裁判を行う行為があった場合

　上記の他，当事者がすでに法的効力を生じた調停書について，調停が自由意思の原則に違反し，または調停合意の内容が法律に違反することを証明する証拠を提出する場合には，再審を申し立てることも可能である（民事訴訟法212条）。

(4) 裁判手続のIT化

　中国では，案件の提訴から執行までの裁判プロセス（受理，送達，法廷審理および判決等を含む）を，オンラインで完結させるインターネット法院が，2017年に杭州市に開設されたのをはじめとして，2018年には北京市および広州市にも開設され，試験運用が開始された。その後，新型コロナウイルスの流行により正常な裁判手続が困難となったこともあり，最高人民法院は，2020年2月に「新型コロナウイルス性肺炎防疫期間におけるオンライン訴訟業務の強化および規範に関する通知」を公布し，全国各級の人民法院に裁判手続のオンライン化導入を推奨したため，全国各級の人民法院で一気にオンラインでの訴訟手続の導入が加速した。具体的には，後掲「2－3　民事訴訟手続のオンライン化」を参照されたい。

5　訴訟時効

　中国には，日本の消滅時効に相当するものとして，訴訟時効が存在する。これは裁判上で権利救済を求めることができる期限を指す。

(1) 訴訟時効の変更

　民法典188条は，民事権利の保護を人民法院に請求する訴訟時効の期間を，3年と定めている（法律に別段の定めのある場合には，当該定めによる）。
　過去の訴訟時効は原則2年であり，身体的傷害に対する賠償請求等，特殊な場合に限って，1年とされていた（民法通則135条，136条）。しかしこの期間

は短すぎるという指摘を受け，債権者の利益を保護する観点から，2017年の民法総則の制定時に，訴訟時効を原則3年に延長した。この点は，2021年1月1日施行の民法典にも引き継がれている。

(2) 訴訟時効の中断

訴訟時効は，日本の消滅時効と同様，一定の事由が生じた場合に中断する。中断の場合，すでに経過した期間が無効となり，かかる事由が生じたときから改めて時効を計算する。

訴訟時効の中断事由としては，①権利者から義務者への履行請求の提出，②義務者による義務の履行の同意，③権利者による訴訟提起，または仲裁申立て，および④訴訟の提起または仲裁の申立てと同等の効力を有するその他の事由が挙げられる（民法典195条）。

実務における訴訟時効の中断方法には，権利者から債務者へ履行を請求（「催告書」を送付する等）する方法が多い。日本では，内容証明郵便で「催告書」を送ることで法的効力を持たせられるが，中国には内容証明の制度はない。そのため，「催告書」の送付を証明するため，書留等の郵便記録に加え，「催告書」のコピーを電子メールおよび／またはファックスで再度送信する等の方法を取っている。また，裁判や仲裁になる可能性が高い場合は，証拠力を考慮し，公証役場にて「催告書」の内容およびその郵送につき公証を行う方法もある。

6　訴訟費用

民事訴訟の訴訟費用は訴訟費用納付規則6条に定められており，訴訟費用には下記の費用が含まれる。

① 事件受理費：訴えの受理にかかる費用
② 申請費：執行や保全措置の申立てにかかる費用
③ 証人，鑑定人，通訳等が出廷するための交通費，宿泊費，生活費および休業補償

上記のうち，財産事件に関する事件受理費は，次頁の表のとおり，係争金額

に応じて算出される。余談であるが，多くの人民法院はウェブサイト上で事件受理費が計算できるようにしており，係争金額を記入すると，事件受理費が自動的に算出されるので便利である。

係争金額（人民元）	事件受理費（人民元）
10,000以下	50
10,001～100,000	左記部分の2.5%
100,001～200,000	左記部分の2％
200,001～500,000	左記部分の1.5%
500,001～1,000,000	左記部分の1％
1,000,001～2,000,000	左記部分の0.9%
2,000,001～5,000,000	左記部分の0.8%
5,000,001～10,000,000	左記部分の0.7%
10,000,001～20,000,000	左記部分の0.6%
20,000,001～	左記部分の0.5%

なお，知的財産権の民事事件で，係争金額を算定できない場合，事件受理費は500～1,000人民元である。労働紛争事件の受理費は，10人民元である。

紛争にかかる費用には，上記の事件受理費に加え，弁護士費用がある。近年は，賠償額が高額化し，勝訴すれば多額の損害賠償金を得られるケースもあるが，それにかかる弁護士費用も欧米や日本並みに高額化している。弁護士費用については，当事者間が契約等で敗訴側が負担すると合意していないと，原則として，敗訴側による負担が認められない。したがって，訴訟の提起を検討する際には，弁護士費用を含めた訴訟費用を検討し，訴訟がもたらす損得のバランスを慎重に検討する必要がある。

7　執行難

中国では，勝訴はしても強制執行がなかなか奏功しないことを「執行難」といい，従来から批判を浴びている。その原因は，地方保護主義や人民法院の執

行に係る設備や人員の質の問題等，様々であるが，主な理由は日本と同様，債務者の財産が見つけがたいことである。

この問題を解決するために，最高人民法院は，多くの対策を打ち出している。以下はその一部である。

> ① 2003年，「中国法院網における民事事件被執行人名簿の公開に関する通知」を公布。被執行人が判決で下された義務を履行完了するまで，その名称（氏名，企業名，法定代表者氏名等）をインターネットで公開する。
> ② 2010年，「被執行者の高額消費の制限に関する若干規定」を公布。「高額消費制限令」により，被執行者の「航空機の乗用や列車・船の高級席の利用」「不動産の購入」「子女の高級私立学校の就学」等を制限する（2015年改正）。
> ③ 2013年，「信用失墜被執行人名簿情報の公開に関する若干規定」を公布。信用失墜者名簿（ブラックリスト）を作成し，公開する（2017年改正）。
> ④ 2014年，「人民法院および銀行業金融機関によるオンライン執行調査および共同信用懲戒業務の展開に関する意見」を公布。ネットワーク執行調査監視システム[8]を構築し，インターネットにより短時間で被執行人が所有する全国の預金，自動車等の主要財産を調査・監視することができるようになっている。
> ⑤ 2016年，「人民法院のオンライン司法競売の若干問題に関する規定」を公布。被執行人の財産を競売する，オンライン競売システムを構築した。
> ⑥ 多くの地方では，「調査令」制度を実施している[9]。

また，最高人民法院は，2016年に公布した「『執行難問題についての数年以内での基本的解決』の具体化に関する作業要綱」により，執行における法整備等を進めてきた。この間に公布された規定には，2018年2月22日公布の「執行和解の若干問題に関する規定」および「執行担保の若干問題に関する規定」，2017年1月25日公布の「民事執行における財産調査に関する若干問題についての規定」，2020年公布のこれらの規定の改定版等がある。特に，後者に挙げた

---

[8] 2014年11月25日に正式に使用が開始されたもので，最高人民法院は，中国人民銀行，国家市場監督管理総局（旧国家工商行政管理総局），証券監督管理委員会，国家組織機構コードセンター，公安部公民身分証明書調査センターと協定を結び，これらの団体が保持する財産情報に人民法院もアクセスできるようになった。

[9] 具体的には，「コラム2　調査令制度」を参照されたい。

規定は，実践経験を踏まえ，民事執行の段階における被執行人財産の調査ルートとして，執行申立人による被執行人財産の手がかりの提供，被執行人による財産の報告，人民法院による調査という，3ルートを設けている。強制執行は，これらの司法解釈の公布により，さらに機能的に進むことが期待される。

2019年3月12日の，最高人民法院院長の作業報告書によると，「執行難」の問題はほぼ解決済みとされている。その後，2019年6月13日に，最高人民法院は，2019年～2023年の執行業務の要綱を発表し，「『執行難』の問題はほぼ解決済み」として成果を示すとともに，「執行難」の問題解決を長期間持続させるための体制を整備すること等を目標に掲げた。「執行難の問題はほぼ解決済み」であるとの見解に頭を縦に振る人は少ないが，財産調査，保全措置および強制執行等は，過去に比べ，大幅に改善されたと言える。

8 事例紹介

以下は，典型的な管轄権異議の濫用事件である。本件人民法院は被告に対し，管轄権を有する根拠および管轄権異議の濫用に対する罰則を説明しており，被告の主張が支持されがたいことは明白である。にもかかわらず，被告が管轄権異議申立てを取り下げなかったのは，その意図が不明確で，少々違和感を覚える。

事件名	中国華陽経貿集団有限公司による管轄権異議の濫用事件
決定書番号	(2020) 京0105司懲2号
決定年月日	2020年7月3日
人民法院	北京市朝陽区人民法院（以下「本件人民法院」という）
処罰対象者	中国華陽経貿集団有限公司（以下「A社」という）
案件概要	✓ 新韓銀行（中国）有限公司北京支店を原告とし，A社と中国華陽投資控股有限公司を被告とする借入契約紛争（以下「本件」という）が本件人民法院に係属している答弁期間中に，A社が本件について管轄権異議を申し立てた。異議の内容は，A社は所在地が北京市東城区であるから，本件は北京市東城区人民法院が管轄すべきであるというものであった。

	✓ A社は，過去にも「（2019）京0105民初58911号」判決書，および「（2019）京0105民初22336号」判決書に係る事件において，自社の所在地が北京市朝陽区にあるとして，それぞれ管轄権異議を申し立てたことがある。これらの事件を審理する人民法院は，A社の所在地が北京市朝陽区にあることを確認し，それぞれの事件を本件人民法院に移送した。 ✓ A社はこのほか，本件人民法院が審理した「（2019）京0105民初11045号」判決書を含む4件の判決書[10]に係る事件において，自社の所在地は北京市東城区であるとして，それぞれ管轄権異議を申し立てたことがあるが，いずれも却下されている。 ✓ 本件人民法院は，上記事実を踏まえ，A社の本件に対する管轄権異議申立てを却下するとともに，A社は管轄権異議権を濫用したと判断し，過料を科した。 ✓ A社は当該処罰決定について再審査を申請したが，当該処罰決定は維持された。
決定要旨	✓ 民事訴訟法35条は，「契約またはその他の財産権益に関する紛争の当事者は，書面による合意により，被告の住所地，契約の履行地，契約の締結地，原告の住所地，目的物の所在地等，紛争と実質的な関連のある場所の人民法院を管轄法院に選択することができる。ただし，本法の級別管轄および専属管轄に関する規定に違反してはならない」と定めている。 ✓ 本件当事者は，紛争が生じた場合は貸付人である原告所在地の人民法院を管轄法院とすると約定しており，当該約定は民事訴訟法の規定に合致する。 ✓ 本件の原告所在地は北京市朝陽区であるため，本件人民法院は本件について管轄権を有する。よって，A社の管轄権異議は認めない。 ✓ また，A社は，複数の事件において，その所在地が北京市朝陽区にあることが人民法院により確認されている。それら事件で自らもこれを認めたにもかかわらず，本件でまたも自社の所在地は北京市東城区にあるとして，管轄権異議を申し立てた。 ✓ 本件人民法院は，本件人民法院が管轄権を有する根拠，および管轄権異議の濫用に対する罰則を説明したが，A社はなおも管轄権異議申立てを取り下げなかった。

---

10 （2019）京0105民初11045号，（2019）京0105民初23031号，（2019）京0105民初23075号，（2019）京0105民初81368号

| | ✓ A社の当該行為は，管轄権異議権の濫用に該当し，かつ濫用の意図が明らかであり，その情状は特に重く，民事訴訟に対する悪意のある妨害である。
✓ 当該行為は，信義則に対する重大な違反であり，司法資源を無駄遣いし，訴訟の秩序を妨害した。
✓ したがって，A社に対して，10万人民元の過料を科する。 |

2−2　民事訴訟法の改正

2023年9月1日に全国人民代表大会常務委員会は，「『中華人民共和国民事訴訟法』の改正に関する決定」を公布し，民事訴訟法の一部条文を改正した。改正後の民事訴訟法（以下「2023年改正版」という）は，2024年1月1日より施行された。

今回の民事訴訟法の改正は，26カ所に及ぶ。そのうちの19カ所は，渉外民事訴訟手続に関する改正である。これは，1991年の民事訴訟法制定以後，渉外民事訴訟手続に関する初の実質的かつ大幅な改正である。かかる改正は，過去の裁判実務における重要論点を法律にレベルアップしたものの他，民事紛争解決の国際的潮流に歩調を合わせるためのものもある。

以下は，中国企業と外国企業間の国境を跨ぐ民事紛争の解決にもたらす影響を主軸に，渉外民事訴訟手続の改正箇所を解説する。

1　人民法院の管轄権の拡大

人民法院の管轄権に関する改正の条文は，以下のとおりである。

民事訴訟法（2021年改正）	民事訴訟法（2023年改正）
第272条（財産紛争の管轄）[11] 　契約紛争またはその他の財産権益に係る紛争により，中華人民共和国の領域内に住所を有しない被告に対して提起される訴訟で，契約が中華人民共和国の領域内において締結または履行され，または訴訟の目的物が中華人民共和国の領域内にあり，または被告が中華人民共和国の領域内に差押えに供することのできる財	第276条（民事紛争の管轄） 　渉外民事紛争により，中華人民共和国の領域内に住所を有しない被告に対して提起される身分関係以外の訴訟で，契約締結地，契約履行地，訴訟の目的物の所在地，差押えに供することのできる財産の所在地，権利侵害行為地，代表機構の住所地が中華人民共和国の領域内にある場合は，契約締結地，契約履行地，訴訟

---

[11]　条文のタイトルは参考用。法令の原文にはないことに留意されたい。

産を有し，または被告が中華人民共和国の領域内に代表機構を設置している場合は，契約締結地，契約履行地，訴訟の目的物の所在地，差押えに供することのできる財産の所在地，権利侵害行為地または代表機構の住所地の人民法院が管轄することができる。	の目的物の所在地，差押えに供することのできる財産の所在地，権利侵害行為地，代表機構の住所地の人民法院が管轄することができる。 　前項の規定を除き，渉外民事紛争が中華人民共和国とその他の適切な連結点を有する場合は，人民法院が管轄することができる。
規定なし	第277条（明示的合意管轄） 　渉外民事紛争の当事者が書面による合意で人民法院による管轄を選択した場合は，人民法院が管轄することができる。
規定なし	第278条（黙示的合意管轄） 　当事者が管轄異議を提出せず，かつ応訴答弁を行った，または反訴を提出した場合は，人民法院が管轄権を有するとみなす。
第273条（専属管轄） 　中華人民共和国における中外合弁経営企業契約，中外合作経営企業契約，中外合作自然資源探査開発契約の履行に起因して発生した紛争により提起される訴訟は，中華人民共和国の人民法院が管轄する。	第279条（専属管轄） 　下記民事事件については，人民法院が専属的に管轄する。 （一）中華人民共和国の領域内に設立された法人またはその他の組織の設立，解散，清算，および当該法人またはその他の組織が行った決議の効力等に係る紛争により提起される訴訟 （二）中華人民共和国の領域内で審査し授権された知的財産権の有効性に係る紛争により提起される訴訟 （三）中華人民共和国の領域内における中外合弁経営企業契約，中外合作経営企業契約，中外合作自然資源探査開発契約の履行に起因して発生した紛争により提起される訴訟

112　第 2 章　訴訟編

(1)　管轄の連結点

　民事訴訟法（2021年改正）272条では，人民法院が管轄権を有する事件は，「契約締結地，契約履行地，訴訟の目的物の所在地，差押えに供することのできる財産の所在地，権利侵害行為地，代表機構の住所地」の 6 点が中国と連結点のあるものに限られていた。逆に言うと，中国とかかる連結点がなければ，人民法院が管轄権を有することを裏づける法律上の根拠がなかった。このことから，民事訴訟法（2021年改正）で「契約紛争またはその他の財産権益に係る紛争」としていた対象事件を，2023年改正版で身分関係以外の「渉外民事紛争」へ拡大し，さらに，キャッチオール的に「その他の適切な連結点を有する場合」においても，人民法院が管轄することができるとし，管轄権を広げる形となった。

　なお，「その他の適切な連結点」とは何かは，人民法院の裁量に委ねられることになるが，国境を跨ぐ訴訟では，中国企業が「地の利」を得るため，積極的に人民法院に提訴することで，法的根拠を供することになると考える。

(2)　管轄に係る明示的合意と黙示的合意

　2023年改正版では，当事者の意向を尊重する観点から，新たに277条と278条が加えられ，明示的合意管轄と黙示的合意管轄（日本でいう「応訴管轄」）が追加された。

　そのうち，277条は，改正草案にあった「紛争と実際に関係のある地点が中華人民共和国の領域内にない場合」の一文が削除された。もって，合意管轄は，紛争と実際に関係のある地点（すなわち，契約締結地，契約履行地，訴訟の目的物の所在地，差押えに供することのできる財産の所在地，権利侵害行為地，代表機構の住所地）が中国国内にあることが前提とされていると解される。

(3)　専属管轄事由

　人民法院の専属管轄となる事件の類型については，諸外国の立法例を参照し，民事訴訟法（2021年改正）273条を改正し，新たな項目を追加した。具体的な追加内容は，「中華人民共和国の領域内に設立された法人またはその他の組織

の設立，解散，清算，および当該法人またはその他の組織が行った決議の効力等に係る紛争により提起される訴訟」「中華人民共和国の領域内で審査し授権された知的財産権の有効性に係る紛争により提起される訴訟」である。

これは，近年増加傾向にある中外合弁企業の解散や清算をめぐる紛争，および中国で授権された特許権の有効性をめぐる紛争について，人民法院の専属管轄を明確にしたものと考える。

2　並行訴訟に関する規制の整備

近年，中国企業と外国企業との間で，特許（とりわけ，標準必須特許）の権利侵害をめぐって，中国企業と外国企業のそれぞれが，中国を含む複数の国または地域において同時期に提訴する，並行訴訟の問題が頻発している。なお，これに関係する，人民法院による禁訴令の運用も注目を集めているが，これについては，「1－6　紛争解決における保全措置」の2(2)と4を参照されたい。

並行訴訟については，中国の民事訴訟法（2021年改正）に明文の規定がなく，「『民事訴訟法』の適用に関する解釈」（法釈［2022］11号，以下「民事訴訟法司法解釈」という）[12]に一応の規定がある程度であった。そこで2023年改正版は，280条，281条として，従来の民事訴訟法司法解釈における関連規定を改正，補足した。

かかる訴訟等の取扱いについては，人民法院が「受理することができる」「受理しないことを裁定することができる」「訴訟の中止を裁定することができる」となっており，人民法院にかなりの裁量権があることに留意が必要である。

なお，改正，補足の具体的内容は下表のとおりである。

民事訴訟法司法解釈	民事訴訟法（2023年改正）
第531条（並行訴訟の管轄） 　中華人民共和国の法院と外国の裁判所が共に管轄権を有する事件にお	第280条（並行訴訟の管轄） 　当事者間の同一の紛争について，一方の当事者が外国の裁判所に提訴し，他方の当事者

---

[12]　2014年12月18日制定，2020年12月23日と2022年3月22日に2回の改正を経ており，2023年民事訴訟法の改正を受けて，再度改正されると思われる。

いて，一方の当事者が外国の裁判所に提訴し，他方の当事者が中華人民共和国の法院に提訴した場合，人民法院は受理することができる。判決後，外国の裁判所が当該事件に対して行った判決，裁定を人民法院に承認執行するよう外国の裁判所が申し立て，または当事者が請求する場合，これを許可しない。ただし，双方が共同で締結し，または加盟する国際条約に別段の定めがある場合を除く。

外国の裁判所の判決，裁定がすでに人民法院に承認されている場合に，当事者が同一の争いにつき人民法院に提訴したとき，人民法院は，これを受理しない。

が人民法院に提訴した場合，または一方の当事者が外国の裁判所に提訴するとともに人民法院にも提訴した場合で，人民法院が，本法に従い管轄権を有する場合，これを受理することができる。当事者が排他的管轄合意を締結し，外国の裁判所による管轄を選択し，かつ本法における専属管轄に関する規定に違反せず，中華人民共和国の主権，安全または社会公共の利益にかかわらない場合，人民法院は，受理しないことを裁定することができる。すでに受理した場合は，提訴の却下を裁定する。

第281条（並行訴訟の中止）

人民法院が前条の規定に従い事件を受理した後，当事者が外国の裁判所がすでに人民法院より先に受理したことを理由に，人民法院による訴訟中止を書面にて申請する場合，人民法院は，訴訟の中止を裁定することができる。ただし，次に掲げる事由のいずれかがある場合を除く。

（一）当事者間の合意により人民法院による管轄を選択し，または紛争が人民法院による専属管轄に属す場合

（二）人民法院による審理がより便利である場合

外国の裁判所が事件の審理に必要な措置を講じず，または合理的な期間内に結審しなかった場合，人民法院は，当事者の書面申請により，訴訟を再開するものとする。

外国の裁判所が出した，法的な効力が生じた判決，裁定について，人民法院により全部または一部が承認された場合であって，当事者がすでに承認された部分について，再度人民法院に提訴した場合，人民法院は受理しないことを裁定し，すでに受理した場合，提訴の却下を裁定する。

3　不便宜法廷地の原則の適用条件の緩和

「不便宜法廷地の原則（Doctrine of Forum Non Conveniens）」は，訴訟の提起を受けた，管轄権を有する裁判所が，当事者の便宜や正義の実現のためには，他の法域の管轄権を有する裁判所が審理するほうが妥当であると考えた場合に，同裁判所が，裁量により管轄権を行使しないとし，訴訟を却下できる法理をいう。

不便宜法廷地の原則は，並行訴訟と同様，過去には民事訴訟法司法解釈のほか，最高人民法院が2005年12月26日に公布した「第二次全国渉外民商事海事審判業務会議紀要」に関連規定が散見された。だが，民事訴訟法そのものには，2023年改正版まで，明文の規定はなかった。

民事訴訟法司法解釈	民事訴訟法（2023年改正）
第530条（不便宜法廷地の原則） 　渉外民事事件において，同時に以下の状況に合致する場合，人民法院は原告の提訴を却下する裁定をし，原告に対し，より利便性のある外国の裁判所に訴えを提起するよう告知することができる。 （一）被告が，事件にとってより利便性のある外国の裁判所が管轄すべきであると申し立てた，または管轄権の異議を提出した場合 （二）当事者間に，中華人民共和国の法院による管轄を選択する合意がない場合 （三）事件が，中華人民共和国の法院の専属管轄に該当しない場合 （四）事件が，中華人民共和国の国家，公民，法人またはその他の組織の利益に関わらない場合 （五）事件に係る紛争の主な事実が中華人民共和国の国内で発生したものでなく，かつ事件に中華人民共和国の	第282条（不便宜法廷地の原則） 　人民法院が受理する渉外民事事件において，被告が管轄権の異議を提出し，同時に以下の状況にも合致する場合，提訴を却下する裁定をし，原告に対し，より利便性のある外国の裁判所に訴えを提起するよう告知することができる。 （一）事件に係る紛争の基本的な事実が中華人民共和国の国内で発生したものでなく，人民法院による事件の審理も当事者による訴訟参加も明らかに不便である場合 （二）当事者間に，人民法院による管轄を選択する合意がない場合 （三）事件が中華人民共和国の法院の専属管轄に該当しない場合 （四）事件が中華人民共和国の主権，安全または社会公共の利益に関わらない場合 （五）外国の裁判所による事件の審理がより便利である場合

法律が適用されず，人民法院が事件を審理する際に事実認定および法律適用において重大な困難が存在する場合 （六）外国の裁判所が事件の管轄権を有し，かつ当該事件を審理することがより便利である場合	提訴却下の裁定をした後，外国の裁判所が紛争について管轄権の行使を拒否し，事件の審理に必要な措置を講じず，または合理的な期間内に結審しなかった場合であって，当事者が再度人民法院に提訴した場合，人民法院は受理しなければならない。

2023年改正版の282条は，民事訴訟法司法解釈の530条に対して，次に掲げるポイントを改正している。これにより，中国の裁判実務における不便宜法廷地の原則の積極的な利用につながることが期待できる。

① 不便宜法廷地の原則の発動事由が「被告による管轄権の異議申立て」に限定された。民事訴訟法司法解釈530条1項1号にある「被告による申立て」[13]が削除された。
② 民事訴訟法司法解釈530条1項4号（すなわち，「事件が，中華人民共和国の国家，公民，法人またはその他の組織の利益に関わらない場合」）が削除された。これまでの中国における裁判実務では，多くの中国企業が，意図的に中国との連結点をつくり出し，この条項を利用して，不便宜法廷地の原則の適用を否定し，不便宜法廷地の原則の適用に高いハードルをもたらしていた。
③ 中国法が適用されないことが考慮要素から削除された。なお，渉外民事関係の準拠法については，当事者間の合意により外国法を選択することが可能である。近年，特に渉外事件の担当裁判官の資質は著しく向上しており，また，外国法の調査や翻訳等が効率的に実現可能となった等の状況から，中国法が適用されないことは人民法院にとっての「不便宜」ではなくなっていると言える。
④ 2023年改正版282条2項に，「外国の裁判所が紛争について管轄権の行使を拒否し，事件の審理に必要な措置を講じず，または合理的な期間内に結審しなかった場合」の救済措置として，当事者が再度人民法院に提訴することが可能であり，人民法院はそれを受理しなければならないことを明記した。

---

13 被告が，事件にとってより利便性のある外国の裁判所が管轄すべきであると申し立てる。

4 「送達難」問題の解決への試み

　送達は，国境を跨ぐ民事訴訟において特に重要である。訴訟文書の送達に瑕疵があると，訴訟手続期間の計算，訴訟の進捗，ならびに判決等の承認および執行に影響するおそれがある。

　これまでの渉外民事訴訟における送達には，時間がかかる，効率が悪い，および中国国外の当事者が消極的な態度を取ることが多い等の問題が多く存在した。

　2023年改正版は，これらの問題の解決を試みている。これにかかる具体的な改正ポイントは，以下のとおりである。

① 訴訟代理人の授権に関する記載を削除した。これまでは，中国国外の訴訟当事者が訴訟文書の送達に支障を設けるために，訴訟代理人への授権委任状に，意図的に「送達を受ける権利」を記載しないケースが多く見受けられた。この問題を解消するため，2023年改正版で，訴訟代理人への授権委任状に記載されているか否かにかかわらず，訴訟代理人への訴訟文書の送達が認められるようになった。

② 分支機構への送達も，上記同様，「送達を受ける権利」に関する制限が削除され，分支機構も送達を受けることが可能になった。これにより，中国国外の当事者の中国における分支機構への送達も認められるようになった。

③ また，2023年改正版には，新たに下記3点の送達方法が追加された。

　(a) 受送達者が外国人，無国籍者であり，中国国内に設立された法人またはその他の組織の法定代表者または主な責任者[14]である場合であって，かつ当該法人またはその他の組織とともに被告となった場合，当該法人またはその他の組織に送達することは，かかる外国人，無国籍者への送達ともみなされる。

　(b) 受送達者が外国の法人またはその他の組織であり，その法定代表者または主な責任者が中国国内にいる場合で，その法定代表者または主な責任者に送達することは，かかる外国の法人またはその他の組織への送達とみなさ

14　当該法人，組織の董事，監事，高級管理職等が含まれる（民事訴訟法司法解釈533条2項）。

(c) キャッチオール的な規定であるが，受送達者の所在国の法律により禁止されていなければ，受送達者が同意するその他の方法で送達することも可能である。
④ 公告送達の所要期間が3カ月から60日に短縮された。

民事訴訟法（2021年改正）	民事訴訟法（2023年改正）
第274条（送達） 　人民法院は，中華人民共和国の領域内に住所を有しない当事者に対し，次に掲げる方法で訴訟文書を送達することができる。 （一）受送達者の所在国と中華人民共和国が締結し，または共同で加盟する国際条約に定める方法で送達する。 （二）外交ルートにより送達する。 （三）中華人民共和国の国籍を有する受送達者に対し，受送達者の所在国における中華人民共和国の大使館・領事館に送達を委託することができる。 （四）受送達者の委託を受け，受送達者に代わり送達を受ける権利を有する訴訟代理人に送達する。 （五）受送達者が中華人民共和国の領域内に設立した代表機構，または送達を受ける権利を有する分支機構，業務代行者に送達する。 （六）受送達者の所在国の法律により郵送による送達が認められる場合，郵送で送達することができる。郵送日から3カ月が経過しても，送達証明が返送されない場合で，各種状況により送達済みと認定するに足りるときは，期間満了日に送達したとみなす。	第283条（送達） 　人民法院は，中華人民共和国の領域内に住所を有しない当事者に対し，次に掲げる方法で訴訟文書を送達することができる。 （一）受送達者の所在国と中華人民共和国が締結し，または共同で加盟する国際条約に定める方法で送達する。 （二）外交ルートにより送達する。 （三）中華人民共和国の国籍を有する受送達者に対し，受送達者の所在国における中華人民共和国の大使館・領事館に送達を委託することができる。 （四）本件において受送達者の委託を受けた訴訟代理人に送達する。 （五）受送達者が中華人民共和国の領域内に設立した独資企業，代表機構，分支機構，または送達を受ける権利を有する業務代行者に送達する。 （六）受送達者が外国人，無国籍者であり，中華人民共和国の領域内に設立された法人またはその他の組織の法定代表者または主な責任者である場合であって，当該法人またはその他の組織とともに被告となった場合，当該法人またはその他の組織に送達する。 （七）受送達者が外国の法人またはその

（七）ファックス，電子メールなど，受送達者が受領したことを確認できる方法で送達する。 （八）上記方法で送達できない場合，公告送達を行う。公告日から3カ月が経過した日に送達したとみなす。	他の組織であり，その法定代表者または主な責任者が中華人民共和国の領域内にいる場合，その法定代表者または主な責任者に送達する。 （八）受送達者の所在国の法律により郵送による送達が認められる場合，郵送で送達することができる。郵送日から3カ月が経過しても，送達証明が返送されない場合で，各種状況により送達済みを認定するに足りるときは，期間満了日に送達したとみなす。 （九）受送達者が受領したことを確認できる電子による方法で送達する。ただし，受送達者の所在国の法律により禁止されている場合を除く。 （十）受送達者が同意するその他の方法で送達する。ただし，受送達者の所在国の法律により禁止されている場合を除く。 上記方法で送達できない場合，公告送達を行う。公告を行う日から60日が経過した日に送達したとみなす。

5　国外での証拠集めに関する規定の新設

　民事訴訟における証拠集めに関する司法共助について，人民法院は，2023年改正版まで，主に中国が締結または加盟した国際条約（「民事または商事に関する外国における証拠の収集に関する条約」，いわゆる「ハーグ証拠収集条約」）に基づき，または互恵の原則に従って，域外調査および証拠収集を行ってきた。しかし，かかる手続は非常に煩雑で時間がかかるため，あまり利用されてこなかったのが実情である。

　2023年改正版の284条は，従来の手段を維持しつつ，さらに証拠所在国の法律で禁止されていないことを前提とした上で，人民法院は，当事者または証人

所在国の中国大使館または領事館に証拠収集を委託することができ，または当事者の同意があれば，チャットツールまたはその他の手段を通じて証拠を集めることができるとされている。

今回の改正で，渉外民事訴訟における柔軟な証拠集めの対応が進むことが期待できる。

民事訴訟法（2021年改正）	民事訴訟法（2023年改正）
第283条（国外での証拠収集等） 　人民法院と外国の裁判所は，中華人民共和国が締結もしくは加盟する国際条約，または互恵の原則に従い，文書送達，調査・証拠収集，およびその他の訴訟上の行為の代行を相互に要請することができる。	第284条（国外での証拠収集） 　当事者が人民法院に調査・収集を申請する証拠が中華人民共和国の領域外にある場合，人民法院は，証拠所在国と中華人民共和国が締結もしくは共同で加盟する国際条約に定める方法，または外交ルートにより調査・収集することができる。 （一）中華人民共和国の国籍を有する当事者，証人に対し，当事者，証人の所在国における中華人民共和国の大使館・領事館に証拠収集を委託することができる。 （二）双方当事者の同意を得た上で，インスタントメッセンジャーにより証拠を収集する。 （三）双方当事者が同意するその他の方法により証拠を収集する。

6　外国での判決等や仲裁判断の承認および執行に関する規制の整備

2023年改正版の300条ないし304条は，外国の裁判所による判決や裁定，および中国国外での仲裁機関による仲裁判断の承認および執行に対して，大幅な改正を行った。

(1) 外国の裁判所の判決等の承認および執行の拒絶

外国の裁判所の判決等の承認および執行の拒絶事由は、民事訴訟法（2021年改正）では、289条後段で、「中華人民共和国の法律の基本原則または国家主権、安全、社会公共の利益に反する場合」と定めるのみであったが、2023年改正版は、新たに300条および301条を追記し、複数の拒絶事由を明記した。

なお、300条の内容は、2021年12月31日に最高人民法院より公布された「全国法院渉外商事海事審判業務座談会会議紀要」46条にすでに同じ旨の規定があり、2023年改正版で、かかる規定を法律にレベルアップしたものである。

民事訴訟法（2021年改正）	民事訴訟法（2023年改正）
第289条（外国の判決・裁定の承認および執行） 　人民法院は、承認および執行を申請または請求する外国裁判所が出した法的効力の生じた判決、裁定について、中華人民共和国の締結もしくは加盟する国際条約により、または互恵の原則に従って審査した後、中華人民共和国の法律の基本原則もしくは国家主権、安全、社会公共の利益に反していないと認める場合には、その効力を承認する旨を裁定し、執行が必要な場合には、執行命令を発し、本法の関連規定に従い執行する。中華人民共和国の法律の基本原則または国家主権、安全、社会公共の利益に反する場合には、承認および執行を行わない。	第299条（外国の判決等の承認および執行） 　人民法院は、承認および執行を申請または請求する外国裁判所が出した法的効力の生じた判決、裁定について、中華人民共和国の締結もしくは加盟する国際条約により、または互恵の原則に従って審査した後、中華人民共和国の法律の基本原則に反せず、かつ国家主権、安全、社会公共の利益を損なっていないと認める場合には、その効力を承認する旨を裁定し、執行が必要な場合には、執行命令を発し、本法の関連規定に従い執行する。 第300条（外国の判決等の承認および執行の拒絶事由） 　承認および執行を申請または請求する、外国の裁判所により出された法的効力を生じた判決、裁定に対し、人民法院は審査した上、次に掲げる事由のいずれかに該当する場合、不承認と不執行の裁定をする。 　（一）本法301条の規定に基づき、外国の裁判所が事件の管轄権を有しない

	場合 （二）被申請者が合法的に召喚されていない，または合法的に召喚されていたが，合理的に陳述，弁論する機会が与えられなかった，または訴訟行為能力を有しない当事者が適切な代理を受けていない場合 （三）判決，裁定が詐欺により得たものである場合 （四）人民法院が同一の紛争について判決，裁定をすでに出している，または第三国の裁判所が同一の紛争について出した判決，裁定をすでに承認している場合 （五）中華人民共和国の法律の基本原則に違反し，または国家の主権，安全，社会公共の利益を損なう場合 第301条（外国の裁判所が管轄権を有しない事由） 　次に掲げる事由のいずれかに該当する場合，人民法院は当該外国の裁判所が事件の管轄権を有しないと認定しなければならない。 （一）外国の裁判所がその法律に従い管轄権を有しない場合，またはその法律に従い管轄権を有するが，事件に係る紛争と適切な連結点がない場合 （二）本法における専属管轄に関する規定に違反する場合 （三）裁判所による管轄を排他的に選択する当事者間の合意に違反する場合

(2) 承認および執行時の並行訴訟の取扱い

　2023年改正版の302条および303条は，民事訴訟法（2021年改正）にはなかった規定である。当該規定により，当事者が人民法院に対して外国の裁判所の判

決等の承認および執行を申し立てるに際して，人民法院は，中国で審理中の並行訴訟の中止を裁定することができ，その後，承認および執行の審査結果により，並行訴訟を再開するか，却下するかを確定するという，人民法院の並行訴訟の取扱いルールを明確にした。

また，民事訴訟法司法解釈546条3項に基づき，人民法院の承認および執行の審査結果に関する裁定は，かかる当事者に送達されたことによりただちに法的効力を生じることになる。当該裁定の法的効力を阻止するものではないが，2023年改正版の303条は，当事者は不服がある場合，裁定の送達日から10日以内に1級上の人民法院に再審査を申し立てることができるという救済措置を新たに設けた。

> **民事訴訟法（2023年改正）**
>
> 第302条（訴訟の中止）
> 　当事者が，人民法院に対して承認および執行を申請する外国の裁判所により出された判決，裁定について，当該判決，裁定に係る紛争と人民法院が審理中の紛争と同一である場合，人民法院は訴訟の中止を裁定することができる。
> 　外国の裁判所により出された判決，裁定が，本法に定める承認の条件を満たさない場合，人民法院は不承認と不執行を裁定し，かつすでに中止した訴訟を再開する。本法に定める承認の条件を満たす場合，人民法院はその効力を承認する旨の裁定をし，執行が必要な場合は，執行命令を発し，本法の関連規定に従い執行する。すでに中止した訴訟は提訴を却下する裁定をする。
>
> 第303条（不服申立て）
> 　当事者は承認および執行の裁定，または不承認と不執行の裁定に不服がある場合，裁定の送達日から10日以内に1級上の人民法院に再審査を申し立てることができる。

(3) 仲裁判断の承認および執行に対する改正

仲裁判断の承認および執行に対する改正点は，下記条文のとおり，2点ある。

民事訴訟法（2021年改正）	民事訴訟法（2023年改正）
第290条（仲裁判断の承認および執行の申請） 　外国の仲裁機関による仲裁判断につい	第304条（仲裁判断の承認および執行の申請） 　中華人民共和国の領域外で出された，

て，中華人民共和国の人民法院の承認および執行を必要とするものは，当事者は直接被執行人の住所地またはその財産の所在地の中級人民法院に申請しなければならず，人民法院は，中華人民共和国の締結もしくは加盟する国際条約または互恵の原則に従って処理しなければならない。	法的効力を生じた仲裁判断について，人民法院の承認および執行を必要とするものは，当事者が直接被執行人の住所地またはその財産の所在地の中級人民法院に申請することができる。被執行人の住所地またはその財産の所在地が中華人民共和国の領域内でない場合，当事者は申立人の住所地または仲裁判断に係る紛争と適切な連結点のある地点の中級人民法院に申請することができる。人民法院は，中華人民共和国の締結もしくは加盟する国際条約，または互恵の原則に従って処理しなければならない。

　仲裁判断の承認および執行については，その対象が，「外国の仲裁機関の仲裁判断」から「中華人民共和国の領域外で出された，法的効力を生じた仲裁判断」へと変更された。かかる改正は，近年の中国における仲裁実務が反映されたものである。これまでの仲裁実務においては，外国の仲裁機関（例えば，日本のJCAA）が中国国内で出された仲裁判断を，または中国の仲裁機関（例えば，CIETAC）が中国国外で出された仲裁判断を，ニューヨーク条約に基づき承認および執行の対象とするか否かという，「仲裁判断の国籍」の問題が存在していた。

　この問題についての人民法院の見解は，これまで一貫したものはなかった。2023年改正版は，仲裁機関の国籍と関係なく，中国の領域外で出された仲裁判断は，総じて承認および執行の対象とするとして法律のレベルで明記した。逆に言うと，外国の仲裁機関が中国国内で出した仲裁判断は，中国の仲裁機関が中国国内で出した仲裁判断と同様，承認の手続を経ることなく，直接執行することができることになる。

　また，今回の改正は，人民法院の管轄権を拡大した。民事訴訟法（2021年改正）290条に基づくと，当事者は，「被執行人の住所地またはその財産の所在地の中級人民法院」に仲裁判断の承認および執行を申し立てなければならなかったが，2023年改正版では，「被執行人の住所地またはその財産の所在地が中華

人民共和国の領域内でない場合,当事者は申立人の住所地または仲裁判断に係る紛争と適切な連結点のある地点の中級人民法院」となっており,被執行人の住所地またはその財産の所在地が中国国外である場合でも,仲裁判断の承認および執行を中級人民法院に申し立てることができるようになった。人民法院は仲裁判断の承認または執行の申立てを受理した後,中国が締結もしくは加盟する国際条約,または互恵の原則に従って,外国の裁判所に対して協力を求めることになると思われる。

2−3　民事訴訟手続のオンライン化

　コロナ禍によって，訴訟手続のオンライン化が凄まじいスピードで中国全土に浸透した。新型コロナウイルスの流行が落ち着くにつれ，社会生活は元の状態に戻りつつあるが，最高人民法院をはじめ，各地方の人民法院が引き続き訴訟手続のオンライン化の推進に力を入れていることは間違いない。

　訴訟手続のオンライン化はたしかに，訴訟や調停等の紛争解決の効率化を高めることに重要な役割を果たしている。一方で，技術面の制限（例えば，証拠の信憑性の検証や，公開審理と証人隔離の矛盾の問題）や，地域別の発展格差の問題等，課題は山積している。しかしながら，企業は，紛争解決の規模や性質によっては，積極的にオンライン訴訟を利用することで，業務を合理化することも可能と考える。

1　主な法律根拠

　民事訴訟手続のオンライン化については，人民法院における実務が先行し，後追いでかかる実務を裏づける立法が行われている。

　2018年以来，最高人民法院は，「インターネット法院による事件処理の若干問題に関する規定」「民事訴訟プロセスの煩雑・簡易化の分流改革テストの実施弁法」「新型コロナウイルス感染肺炎疫病防止期間におけるオンライン訴訟の強化，規範に関する通知」等の司法解釈や司法意見を公布し，実施したが，これらは特定の人民法院，時期および訴訟プロセスに関するものであり，全国範囲の訴訟の全プロセスに関するハイレベルな法律規定ではなかった。

　2021年に入り，最高人民法院は，オンライン訴訟手続の促進および規範化，オンライン訴訟や調停のルールの整備，ならびに訴訟当事者およびその他参加者の合法的な権益の保護のために，「人民法院オンライン訴訟規則」（2021年8月1日施行）および「人民法院オンライン調停規則」（2022年1月1日施行）を公布した。

また，2021年12月24日公布の民事訴訟法（2021年改正）では，オンライン訴訟につき，法律のレベルで「民事訴訟活動は，当事者の同意を経て，情報ネットワークプラットフォームを通じてオンラインにて行うことが可能である（16条１項）。民事訴訟活動が情報ネットワークプラットフォームを通じてオンラインにて行われる場合は，オフラインの訴訟活動と同等の法的効力を有する（同条２項）」といった文言が明記された[15]。さらに，その直後の2022年１月26日に，最高人民法院は，オンライン手続の規範化，オンライン審判作業の品質と効率向上のため，全国の人民法院向けの「人民法院オンライン運用規則」を公布した。

　前述の「人民法院オンライン訴訟規則」「人民法院オンライン調停規則」および「人民法院オンライン運用規則」は，現在の中国におけるオンライン訴訟手続の指針となっており，重要な役割を果たしている。

2　関連する概念

　民事訴訟手続のオンライン化を理解するためには，中国の「知恵法院」と「インターネット法院」の概念を理解し，かつかかる概念と民事訴訟手続のオンライン化との関係性と相違点を把握することが重要である。

(1)　知恵法院

①　知恵法院の概念

　中国は，2016年の「国家情報化発展戦略要綱」および「『十三五』国家情報化計画」において，知恵法院の構築を国家レベルの発展戦略計画に明記した。それらの戦略要綱等を具現化するため，最高人民法院は，2017年に「最高人民法院による知恵法院の建設加速に関する意見（法発〔2017〕12号）」を公表・施行した。

　同意見によると，「知恵法院」とは，人民法院が先進的な情報化システムを利用し，全業務のオンライン処理，全プロセスの公開，全方位インテリジェン

15　なお，民事訴訟法は2023年９月１日に再度改正されたが，オンライン訴訟に関する改正はない。

トサービスを支援し，公正な司法，民衆のための司法を実現できる組織，構築および運用の形態を指す。すなわち，知恵法院とは，後述するインターネット法院のような特定類型の人民法院を指すのではなく，あくまでも，人民法院がインターネットを活用する新たな業務の形態（「人民法院のIT化」とも呼ばれる）を表す代名詞である。

　知恵法院の運用は，下表に示すとおり，訴訟サービス，審判，執行，データ利用等の面において，人民法院の業務形態に新しい風を吹き込んだと言える。

運用分野	運用例
訴訟サービス	✓ 調停，立件，証拠交換，開廷，書類の閲覧，送達等のオンライン化 ✓ 開廷審理ライブ配信 ✓ 裁判文書のネット上での公開
審判	✓ 訴訟書類の電子化，専用訴訟プラットフォームへのアップロード ✓ 法律文書の作成支援（法律条文の提案，類似事件の提供，法律文書のチェック等） ✓ 音声認識を利用した高精度な裁判記録
執行	✓ 各レベルの人民法院間，および人民法院と金融，交通，経済等の部門との情報共有に基づく業務提携 ✓ 競売，差押え・凍結，執行プロセスの管理，執行の指揮等のオンライン化 ✓ 執行情報のネット上での公開
データ管理・利用	✓ 訴訟書類のデジタルアーカイブ化 ✓ ビッグデータに基づく司法統計，人事管理，審判状況の分析等

② 知恵法院の沿革

　中国の人民法院のIT化は1996年5月に遡り，同月に開催された「全国法院通信およびコンピュータ業務会議」において，全国の人民法院におけるコンピュータネットワークの構築を目指し，北京等の8つの高級人民法院において試験運用が開始された。2002年〜2012年に，人民法院のIT化が全国に広がり，2013年〜2015年には，最高人民法院が全国人民法院のIT化業務会議を毎年開催し，人民法院のIT化の要綱と任務を明らかにしていた。そして，2015年ま

でには，IT化のインフラ構築がほぼ完了した[16]。

2016年からは，知恵法院の構築を中心に，人民法院のIT化がさらに加速した。その沿革は下表のとおりである。

時期	概要
2016年	✓ 最高人民法院が１月に「情報化構築作業部会」の全体会議において，「知恵法院」の構築を提唱した。 ✓ 同年７月と12月に，「国家情報化発展戦略要綱」および「『十三五』国家情報化計画」において，知恵法院の構築が明確にされた。
2017年	✓ 最高人民法院が４月に「知恵法院の構築の加速に関する意見」を公表し，知恵法院の構築に関する目標と要求を具体化した。 ✓ 同年８月に，「杭州インターネット法院」を設立した。 ✓ 同年末から，「全国知恵法院構築評価作業」を始めた。
2018年	✓ 最高人民法院が４月に「知恵法院構築評価報告」を公表し，知恵法院が全国レベルで初歩的に構築されたと評価している。 ✓ 同年９月に，北京と広州にインターネット法院を設立した。
2019年	✓ 最高人民法院が２月に「人民法院の第５回５カ年改革要綱（2019〜2023）」を公布し，中国の特色ある社会主義現代化の知恵法院の応用制度を構築することを明確にした。 ✓ 同年８月に，最高人民法院が「ワンストップ式の多元的な紛争解決と訴訟サービスセンターの構築に関する意見」を公布し，「スマートな訴訟サービスを構築し，訴訟サービスの全プロセスのオンライン化を実現する」ことを唱えた。
2020年	✓ 最高人民法院が４月に「全国法院知恵審判システム構築参考」を公布し，各レベルの人民法院が知恵法院を構築する際の指針を提供した。
2021年	✓ 最高人民法院は３月に，ワンストップ式の多元的な紛争解決と訴訟サービス制度の構築がほぼ完了したと発表した[17]。 ✓ 同年６月と12月，最高人民法院がそれぞれ「人民法院オンライン訴訟規則」および「人民法院オンライン調停規則」を公布した。
	✓ 最高人民法院が１月に「人民法院オンライン運用規則」を公布した。これに伴い，「人民法院オンラインサービスプラットフォーム」の使

---

16 https://www.gdzf.org.cn/index/shjj/content/post_25628.html
17 https://www.chinacourt.org/article/subjectdetail/id/MzAwNMhLNIABAA.shtml

2022年	用を開始した。 ✓ 5月に「司法におけるブロックチェーンの適用の強化に関する意見」，12月に「司法におけるAIの適用の規範化と強化に関する意見」が公表された。
2023年	✓ 3月7日付「最高人民法院業務報告」[18]によれば，コロナ禍の全国の人民法院にてオンラインで行われた業務と件数は次のとおり。 ① 立件した事件：2,996万件 ② 開廷：504万回 ③ 証拠交換：819万件 ④ 地域を跨ぐ執行：593万件

(2) インターネット法院

① インターネット法院の設立

　知恵法院の構築の一環として，最高人民法院は，2017年8月に全国初のインターネット法院として「杭州インターネット法院」を設立し，続く2018年9月に北京と広州にもインターネット法院を設立した。

　最高人民法院が2018年9月6日に公布した「インターネット法院による事件審理の若干問題に関する規定」によれば，インターネット法院は，オンラインで事件を審理し，事件の受理，送達，調停，証拠交換，開廷前の準備，開廷審理，判決の言渡し等の訴訟手続を，原則としてオンラインで行うとされている。また，北京，広州，杭州のインターネット法院は，各市で発生した，ECプラットフォームを通じて締結または履行するオンライン売買契約により生じた紛争等，11種類のインターネット関連の事件の1審をそれぞれ集中的に管轄している。

② インターネット法院の役割

　インターネット法院の位置づけとしては，まず，オンライン訴訟のルールを模索することである。例えば，杭州インターネット法院が制定した「オンライン訴訟規程」「訴訟プラットフォーム審理規定」等のオンライン訴訟ガイドラ

18　http://gongbao.court.gov.cn/Details/0cf2ab48a3d2a9cd604af4991aa7d7.html?eqid=832d314300005eaa00000006645896ca

インは，最高人民法院が人民法院のオンライン訴訟，オンライン調停，オンライン運用に関する規則を制定する際の重要な参考となった[19]。

そして，インターネット法院は，NFT作品の著作権侵害事件，生成AIによる著作権侵害事件，音声合成AIによる権利侵害事件等，技術の発展に伴う新しいタイプの事件を審理し，これら事件の審理規則の確立に重要な役割を果たしている。

さらに，インターネット法院は，法曹界の先駆者として先端技術を積極的に導入し，司法と技術の融合を推進した。例えば，杭州インターネット法院は，2018年9月に全国初の司法ブロックチェーンの運用を開始した[20]。ブロックチェーンは改ざんできないという特徴があるため，デジタル証拠の真実性の信頼度を高めることができ，証拠保全に活用されている。その後，北京インターネット法院と広州インターネット法院も，2018年12月と2019年3月に，それぞれ司法ブロックチェーンを運用し始めた[21]。

3　オンライン訴訟のルール

以下に，「人民法院オンライン訴訟規則」（以下「オンライン訴訟規則」という）に基づき，オンライン民事訴訟の基本的なルールを整理する。なお，特段の説明がなければ，条文番号はオンライン訴訟規則の条文番号である。

(1) オンライン訴訟の原則

オンライン訴訟を実施する際は，次に掲げる原則を遵守しなければならない（2条）。

19　http://www.pazjw.gov.cn/duiwujianshe/duiwudongtai/202306/t20230626_25901325.shtml
20　http://gswwpeace.gov.cn/other1/13246.html
21　https://tpl.bjinternetcourt.gov.cn/tpl/
　　https://ols.gzinternetcourt.gov.cn/#lassen/guangzhou/executionPlatform

遵守すべき原則	説明
公正と効率化の原則	厳格に法に従いオンライン訴訟活動を実施し，審判プロセスを整備し，作業構造を健全化し，技術面の保障を強化し，司法の効率を向上させ，かつ司法の公正を確保する。
合法かつ自由意思の原則	当事者およびその他の訴訟参加人の訴訟方式に対する選択権を尊重，保障し，人民法院は，当事者およびその他の訴訟参加人の同意を経ずに，強制的または形を変えて強制的にオンライン訴訟を適用してはならない。
権利保障の原則	当事者の各種訴訟上の権利を十分に保障し，提示，説明および告知の義務を強化し，恣意的に訴訟手続を省略し，または当事者の訴訟上の権益を毀損してはならない。
民衆の便宜と利益を図る原則	オンライン訴訟サービスを最善化し，訴訟プラットフォームの機能を整備し，IT技術の応用を強化し，当事者の訴訟コストを軽減し，紛争解決の効率を高める。様々な当事者の異なるニーズを考慮し，未成年者，高齢者および障害者等の特別な配慮を要する者への訴訟に関するガイダンスを強化し，関連する司法上の便宜を提供する。
安全と信頼の原則	法により国の安全を維持し，国家機密，営業秘密，個人のプライバシーと個人情報を保護し，オンライン訴訟におけるデータ情報の安全性を効果的に保障する。技術の応用を規範化し，技術およびプラットフォームの中立性を確保する。

(2) オンライン訴訟の適用範囲

　人民法院は，事件の事情，当事者の意思および技術的条件等の要素を総合的に考慮した上で，下記の事件に対して，オンライン訴訟を実施することができる（3条）。

① 民事訴訟，行政訴訟の事件
② 刑事即決裁判手続[22]，減刑，仮釈放に関わる事件，およびその他の特殊な原因によりオフライン審理に相応しくない刑事事件

22　2018年の刑事訴訟法改正で新設された手続である。一定の条件を満たす事件は適用することができ，一般的に法定調査や弁論を行わず，原則的に受理後10日以内に結審する。

③　民事特別手続，督促手続，破産手続および非訟執行手続の審査に関わる事件
④　民事，行政執行および刑事事件の附帯民事訴訟の執行に関わる事件
⑤　その他のオンライン審理に適合する事件

(3) オンライン訴訟の適用要件

①　当事者による同意

　前述(1)で述べたオンライン訴訟の原則のうち，最も重要なのは「自由意思の原則」で，これがオンライン訴訟手続の前提条件であると言える。なぜならオンライン訴訟規則にある多くの条文の適用が，当事者の同意を得ることを前提にしているからである。

　人民法院がオンライン訴訟を行う場合には，まず，当事者の同意を得なければならず，オンライン訴訟を適用する具体的な手続，適用する際の主な形式，権利義務，法的効果および操作方法等を告知しなければならない（4条1項）。また，人民検察院が関与する事件でオンライン訴訟を適用する場合，人民検察院の同意も得なければならない（4条3項）。

　人民法院は，当事者のオンライン訴訟に対する意思表示に即し，下表のとおり取り扱わなければならない（4条2項）。

当事者の意思表示	人民法院の取扱方法
自発的にオンライン訴訟の適用を選択する。	別途同意を求める必要はなく，かかる訴訟手続は直接オンラインで行うことができる。
全員がオンライン訴訟の適用に同意する。	かかる訴訟手続はオンラインで行うことができる。
一部の当事者のみがオンライン訴訟の適用に同意し，他方当事者が同意しない。	かかる訴訟手続は，同意する当事者がオンラインで行い，同意しない当事者がオフラインで行うことができる。
当事者が一部の訴訟手続のみについてオンライン訴訟の適用を自発的に選択し，またはその適用に同意する。	当事者がその他の訴訟手続についてもオンライン訴訟の適用に同意したと推定してはならない。

また、当事者がオンライン訴訟の適用に同意したにもかかわらず、正当な理由なく、オンライン訴訟に参加せず、または相応の訴訟行為を行わない場合であって、かつ、合理的な期限内にオフライン訴訟に切り替える旨の申立ても行わない場合には、法律および司法解釈の関連規定に基づき、相応の法的責任[23]を負わなければならない（6条）。

② オンライン審理の適用事件

　人民法院は、事件の性質、特徴、証拠の種類、社会の関心度等の要素を総合的に判断する必要がある。また、訴訟手続のすべてがオンライン審理に適しないか、一部のみオンライン審理に適しないかを区別すべきである。例えば、国家安全、国家秘密に係る事件等については、事件はすべてオフラインで審理しなければならない（21条）。他方で、当事者が多数、事件が複雑、証拠が多い、審理に時間がかかる等の事件は、一般的にオフラインで審理しなければならないが、このような事件の立件、調停、送達等の手続はオンラインで行うことができる。

③ 技術能力と条件の具備

　オンライン訴訟は、人民法院が技術条件を備え、当事者が技術的対応力を備えていることを前提とする。実務において、人民法院は当事者の年齢、職業、身体の状況、知識、所在の地域、インターネットの接続条件、通信設備、操作能力等の要素を総合的に考慮し、当事者がオンライン訴訟に参加する能力と条件を備えているか否かを判断することになる。

(4) オンライン訴訟の主な手続

① 本人確認手続

　オンライン訴訟に参加する訴訟主体は、事前にオンライン訴訟プラットフォーム（以下「訴訟プラットフォーム」という）[24]において実名登録をしなければならない。人民法院は、証明書、許可証のオンライン照合、または身分認証プラットフォームでの認証等の方法を通じて、訴訟主体の実名登録済みの

23　訴えの取下げとみなされることや欠席審理を行うこと等が考えられる。
24　目下、全国統一的な訴訟プラットフォームはない。各地方の人民法院が地方ごとに専用のプラットフォームを構築して運用している。

携帯電話番号，住民身分証明書番号，パスポート番号，統一社会信用コード等の情報を確認し，訴訟主体の身分の真実性を確認しなければならない（7条1項）。訴訟主体は，オンラインで本人確認を完了した後に，訴訟プラットフォームにログインするための専用アカウントを取得する。

人民法院は，オンラインで調停，証拠交換，審理等の訴訟活動を行う際に，再度訴訟主体の本人確認を行わなければならず，かつ必要に応じて，オフラインでさらに身分確認を行うことも可能である（7条3項）。

なお，訴訟プラットフォームの運用初期には，各地方の人民法院が本人確認に慎重になり，オンラインとオフラインで重複して本人確認を求める例が少なからずあり，訴訟当事者に不便を強いたという批判的意見も散見された。

② 文書のオンライン提出

当事者は，訴状，答弁書，反訴状，代理意見書等の訴訟文書を，訴訟プラットフォームに直接入力することができる（11条1項）。

また，当事者は，スキャン，撮影，転写等の方法を通じて，オフラインの訴訟文書または証拠資料を電子化し，訴訟プラットフォームにアップロードすることができる。他方で，訴訟資料が電子データで，かつ訴訟プラットフォームが当該電子データを保存するプラットフォームと連携している場合には，当事者は，電子データを訴訟プラットフォームに直接提出することができる（11条2項）。なお，当事者が，電子化した資料を提出することがたしかに困難である場合，人民法院は，当事者をサポートし，オフラインの文書を電子化し，訴訟プラットフォームにアップロードさせることもある（11条3項）。

このように，訴訟資料や証拠資料は，すべて電子化して提出することが可能であり，これらの資料が要件を満たす場合，人民法院は別途紙の資料の提出を求めることはできないとされている（9条2項）。

③ 文書の電子送達

人民法院は，受送達者の同意を得て，送達プラットフォームを通じて，受送達者のメールアドレス，インスタントメッセンジャーアカウント，訴訟プラットフォーム専用アカウント等の電子アドレスに対し，法律および司法解釈の関連規定に従い，訴訟文書および証拠資料を送達できる（29条1項）。なお，過去には判決書，裁定書および調停書の電子送達が認められなかったが，民事訴

訟法の2021年改正を受けて，かかる制限は廃止された。

人民法院が受送達者より提供または確認された電子アドレスに送達する場合には，送達する情報が受送達者の電子アドレスに属するシステムに到着した時点で，これを送達したこととする（31条1項）。一方，受送達者が有効な電子送達のアドレスを提供または確認しなかった場合には，人民法院が受送達者本人のものと認定できる電子アドレスに送達したときに，次に掲げる事情を踏まえて，送達したか否かを判断することになる（31条2項）。

> (a) 受送達者が受信済みと返答し，または送達の内容に従って関連の訴訟活動を行った場合には，送達が有効に行われたこととする。
> (b) 受送達者の電子アドレスが属するシステムにより，受送達者が閲覧済みであると確認した場合，または受送達者の受領済みが証明できるその他の証拠を有する場合には，送達が有効に行われたと推定することができる。ただし，受送達者が，システムエラーが存在したこと，もしくは送達の住所が本人のものでないこと，または本人以外の者が閲覧したこと等，送達の内容を受領していないことを証明できる場合は，この限りでない。

また，人民法院は，電子送達を適用する事件において，ショートメッセージ，インスタントメッセンジャーまたは訴訟プラットフォームにおける通知等の方法を複数利用して，受送達者に関連資料の閲覧，受領，ダウンロードを通知できるとされており（32条），実際，かかる運用が一般的である。

④ 電子化資料の利用

当事者が提出した電子化資料は，人民法院の審査に合格した後，訴訟において直接使用できる。ただし，次に掲げる場合は，原本または原物を提出しなければならない（12条）。

> (a) 相手方当事者が，当該電子化資料が原本または原物に一致しないとし，かつ合理的な理由および根拠を提出した場合
> (b) 電子化資料に欠陥がある，内容が不明である，書式に不備がある場合
> (c) 人民法院の公文書，ファイル管理の関連規定に基づき，原本または原物の提出が求められる場合
> (d) 人民法院が，原本または原物の提出が必要であると認めた場合

また，当事者が提出した電子化資料が次に掲げる状況のいずれかに該当する場合には，人民法院は，原本または原物の形式的な要件を満たすと認定することができる（13条）。

(a) 相手方当事者が，電子化資料がその原本または原物と一致することについて異議を申し立てなかった場合
(b) 電子化資料の形成過程が公証機関により公証されている場合
(c) 電子化資料が従前の訴訟手続で提出され，かつ人民法院により確認された場合
(d) 電子化資料が，オンラインまたはオフラインで，原本または原物と照合され，一致が認められた場合
(e) 電子化資料が原本または原物と一致することを証明するその他の証拠がある場合

⑤ 証拠の取調べ

人民法院は，当事者の選択と事件の状況により，当事者にオンラインで証拠を交換させることができ，また同時並行または期間を定めて，オンラインで事実確認と証拠調べを行うことができる（14条1項）。

また，当事者は，下表のとおり，オンラインで証拠の取調べを行うことになる（14条2項～4項）。

当事者の意思表示	当事者がとるべき行動
オンラインで同時に証拠を交換する。	人民法院の指定日時に訴訟プラットフォームにログインし，オンラインビデオ通話またはその他の方法により，訴訟プラットフォームにアップロードされた証拠資料，またはオフラインで送達した証拠資料の写しについて，証拠に対する意見を述べる。
指定期間内にオンラインで証拠を交換する。	人民法院が定めた合理的な期間内に，各自訴訟プラットフォームにログインし，訴訟プラットフォームにアップロードされた証拠資料を閲覧し，証拠に対する意見を述べる。

オンラインでの証拠交換に同意するが，同時か指定期間内とするかについて合意できない。	オンラインで同時に証拠を交換する。

⑥ 開廷審理

　オンラインでの開廷審理の手続は，基本的にオフラインでの開廷審理と同じである。また，人民法院は，各当事者の同意を得た後，当事者に対し，一定の期間内に訴訟プラットフォームにログインし，非同期で各々に調停，証拠交換，取調べ，尋問および開廷審理等の訴訟活動を行わせることができる（20条1項）。

　また，少額訴訟手続または民事簡易手続，行政簡易手続に適用する事件が，次に掲げる状況のすべてに該当する場合には，人民法院および当事者は，指定期限内の開廷審理手続の段階ごとに，非同期で各々の開廷審理への参加を録画し，訴訟プラットフォームにアップロードすることにより，開廷審理を行うことができる（20条2項）。

(a) 各当事者が同時に開廷審理に参加することがたしかに困難である場合
(b) 一方当事者が書面で申請を提出し，各当事者がこれに同意する場合
(c) オンラインによる証拠交換または証拠調べ，尋問を経て，各当事者が事件の主な事実および証拠について異議を申し出ない場合

　そして，証人もオンライン方式で出廷できる。その場合，人民法院は，そのオンライン出廷の場所を指定したり独自のオンライン・チャットルームを設定したりする等の方式により，証人が法廷審理を傍聴せず，また他人の干渉を受けないことを保障しなければならない（26条1項前段）。また，当事者が証人のオンライン出廷に対して合理的な理由をもって異議を申し立てた場合，または人民法院がたしかに必要であると認める場合には，証人にオフラインで証言するよう求めなければならない（26条1項後段）。

> **コラム❺**
>
> ### インターネット＋司法
>
> 　近年のオンライン決算サービスの急速な普及やシェアリングエコノミーの成功，デリバリーサービスの充実等は，人々の生活スタイルを大きく変化させた。
> 　2015年3月の全国人民代表大会の政府活動報告で当時の李克強首相は，「インターネット＋行動計画」[25]を提唱し，それを受けた司法関係者に，「インターネット＋司法」という概念が生まれ，最高人民法院に，「情報化建設作業部会」が創設された。2016年1月，当時の最高人民法院の周強院長が同作業部会の全体会議にて「知恵法院」の構築を提唱した。これが中国における民事訴訟手続のオンライン化のスタートと言える。
> 　その後，各レベルの人民法院は，それぞれのハード面やソフト面の環境を踏まえて，モバイルインターネットやクラウドコンピューティング等の最新技術を民事訴訟の各段階（立件，調停，証拠交換，尋問，法廷審理および送達等）に組み込む試みを始めた。また，2017年8月から，杭州，北京，広州でインターネット法院を相次いで設立した。
> 　そして，2019年2月，最高人民法院が「人民法院の第5回5カ年改革要綱（2019〜2023）」を公布し，「インターネット時代の要求を満たす新たな形の管轄権規則または訴訟規則を模索し，裁判方式または訴訟制度とインターネット技術との深い融合を推進する」ことを，重要な改革任務の1つとして位置づけた。
> 　民事訴訟手続のオンライン化の起爆剤となったのは，2019年末に発生した新型コロナウイルスの蔓延およびそれに伴う移動制限である。未曾有の疫病により生活は急速にオンライン化し，司法制度においてもインターネット法院はもちろんのこと，従来の人民法院にも，証拠の電子化およびオンライン提出，ならびに事件のオンライン審理が加速し，一時期は，四方八方でオンラインでの開廷に参加する関係者や，オンライン開廷を傍聴することが話題になった。

25　インターネット技術（モバイルインターネット，クラウドコンピューティング等）と他の様々な産業を結合・連携させ，「インターネット＋医療」，「インターネット＋教育」，「インターネット＋物流」，「インターネット＋金融」等とすることで，既存産業の新たな発展を推進する，というものである。

2－4　中国の「指導性案例制度」

　指導性案例制度は正式導入から10年以上経っている。最高人民法院と最高人民検察院が2024年7月までに公布した446号の指導性案例は，会社法，知的財産法，刑法，国家賠償法，労働法（労働契約，就業促進，労災，競業避止等），民法典（契約，物権等），環境保護法等，各方面を幅広くカバーしている。かかる指導性案例は，裁判実務における判断基準の統一化，裁判結果の予見可能性につながっており，裁判の効率性や透明性を高める役割を持っていることから，類似案件検索制度の実施と強化はこれらの効果をさらに顕在化させることが期待できる。

　また，類似案件の検索は，前掲「1－2　中国のビジネスパートナーを知ること」の4で紹介した「中国裁判文書ネット」等の構築や運用により，格段に容易になっている。企業は，中国での訴訟や仲裁において，これら検索システムの利用や弁護士等の専門家との連携により類似案件を収集することで，より効果的な理論武装が可能であることを事前に知っておくべきである。

1　指導性案例制度

　中国の指導性案例制度は，最高人民検察院と最高人民法院が2010年7月30日と同年11月26日にそれぞれ公布した「案例指導業務に関する規定」[26]により，正式に発足した制度である。かかる規定に基づくと，「検察機関の指導性案例は，全国検察機関の業務を指導する方法の1つとして，最高人民検察院がこれを公布する」および「全国の人民法院における裁判および執行業務に対して指導的役割を有する指導性案例は，最高人民法院が確定し，かつ統一的に公表する」とされている。

26　「最高人民検察院の案例指導業務に関する規定」は2015年12月30日，2019年4月4日に改正された。

以下では，最高人民法院より公布される各級人民法院に対する指導性案例にフォーカスして紹介し，最高人民検察院より公布される各級検察院に対する指導性案例は割愛する。

(1) 法律根拠

　前述のとおり，最高人民法院が公布した指導性案例に関する最初の根拠は，2010年11月26日付の「案例指導業務に関する規定」（以下「規定」という）である。ただし，当該規定は最高人民法院が公布した規範性文書にすぎず，法律上の根拠とは言いがたい。その冒頭部分には，「裁判経験を総括し，法律適用を統一し，裁判の質を高め，司法の公正を維持保護するため，『中華人民共和国人民法院組織法』等の法律に基づき，案例指導業務の展開に基づき，本規定を制定する」と記しているが，2010年時点の「人民法院組織法」には指導性案例に関する明文の規定はなかった。もっとも，中国の憲法132条および人民法院組織法10条に基づくと，最高人民法院は，中国の裁判制度の頂点に位置する最高機関であり，すべての下級人民法院の裁判活動に対して監督権を有することから，規定は規範性文書ではあるが，その意味は小さくない。

　その後，指導性案例制度を推進するために，2015年5月13日，最高人民法院は，「『案例指導業務に関する規定』実施細則」（以下「実施細則」という）を公布し，指導性案例の選定や引用等のルールをより明確にした。さらに，2018年10月の人民法院組織法の改正時には，これを法的に裏づけるため，「最高人民法院は指導性案例を公布することができる」（18条2項）と初めて明記し，指導性案例制度を法律レベルで明文化した。

(2) 導入の目的

　指導性案例制度の導入目的は，規定によれば，「裁判経験を総括し，法律適用を統一し，裁判の質を高め，司法の公正を維持保護する」ためとされているが，実質的には，中国の裁判実務における「同案不同判」（直訳すると，「同様の事件につき異なる判決がなされる」）問題を解決するためであると言われている。

　「同案不同判」とは，同様または類似する紛争事件にもかかわらず，人民法

院の別，同人民法院内の裁判官別，または同裁判官の審理の時期別により，異なる判決が下される問題を指す。裁判官の過剰な自由裁量によるこれらの問題は，司法の統一性を欠くこと，またそれにより中国における紛争解決の予見可能性が得られないことの要因として，中国国内外から批判を受けていた。

かかる問題の解決策としては，新たな立法や法改正の他，従来の最高人民法院による司法解釈（解釈，規定，規則，回答，決定）[27]の公布が考えられるが，すべての問題を網羅的にカバーすることは現実的ではなく，社会環境の急激な変化がもたらす問題に対応しきれない。そこで新たに模索されたのが，2000年以降に鄭州，成都および天津等の各地での案例指導制度の試験的実施である。最高人民法院はこれを経て，2005年に「人民法院第2回5カ年改革要綱」において，初めて「案例指導制度の確立と整備」という目標を明らかにした。

なお，同様の事件について異なる判決がなされる原因は，ルールの欠如のみならず，ルールからの逸脱によるものもある。人民法院の体制腐敗の問題や，司法権の健全な行使を制約するその他の構造的要因を克服しなければ，「同案不同判」の根本的解決には至らず，指導性案例制度への過度な期待は楽観的すぎるという指摘もある[28]。

(3) 指導性案例の選定

指導性案例の審査，選定等を担当するのは，最高人民法院内に設置される案例指導業務事務室であるが，案例の候補は各地方の人民法院から募集している。

指導性案例は，まず専門家・学者，弁護士等による，指導性案例の条件に合致する案例の判決を下した原審人民法院への推薦があり，次に地方の中級人民法院および基礎人民法院による，高級人民法院への推薦があり，最終的に最高人民法院による指導性案例の決定となる。もちろん，外部の専門家・学者や弁

---

[27] 審判活動においてある法律をいかにして具体的に適用するか，またはある種の事案，ある種の問題について法律をいかにして適用するかを制定する司法解釈は，「解釈」の形式を採用する。立法精神に基づく審判活動における要求を制定する規範または意見等の司法解釈は，「規定」の形式を採用する。人民法院による審判・執行活動等を規範化する司法解釈は，「規則」の形式を採用する。高級人民法院または解放軍軍事法院の審判活動における具体的な法律適用の問題についての伺いを制定する司法解釈は，「回答」の形式を採用する。司法解釈の修正または廃止は，「決定」の形式を採用する。

[28] 陳興良（金光旭訳）「中国における案例指導制度」（アジア太平洋研究No.37，2012年11月）69頁

護士等からの推薦がなくても，人民法院が自らの裁量で指導制案例の候補を選定し，順次最高人民法院まで推薦することもできる。

指導性案例の条件は抽象的なものであるが，次に掲げることが求められている（規定2条）。

① 社会が広く注目しているもの
② 法律の定めが比較的原則的なもの
③ 典型性を有しているもの
④ 判断が難しく複雑なものまたは新しい類型のもの
⑤ 指導的役割を有するその他のもの

上記に加え，指導性案例は，その判決が法的効力を生じているものでなければならず，かつ，「事実認定が明確で，法律適用が正確で，裁判における理由の説明が十分で，法的効果および社会的効果が良好で，類似事件の審理に対して普遍的な指導的意義を有する」ものでなければならない（実施細則2条）。

なお，2024年12月31日現在，最高人民法院は，合計229号の指導性案例を公布している[29]。

(4) 指導的役割の喪失

前述(3)のとおり，2024年12月31日現在，最高人民法院は，合計229号の指導性案例を公布しているが，かかる指導性案例がずっと指導的役割を有するわけではない。実施細則12条によれば，①新たな法律，行政法規または司法解釈に抵触するとき，②新たな指導性案例に代替されたとき，指導性案例は指導的役割を失う。

例えば，指導性案例9号（売買契約に関する紛争）および20号（特許権に関する紛争）は，民法典等の施行に伴い，2021年1月1日から参照しないとされており（法［2020］343号），その指導的役割を失っている。

---

[29] https://www.chinacourt.org/article/detail/2024/05/id/7965191.shtml

2　類似案件検索制度

　法律の適用を統一し，司法の社会的信頼性を向上させるために，最高人民法院は，2020年7月27日に「法律適用統一化のための類似案件検索を強化する指導的意見」（2020年7月31日施行）（以下「指導意見」という）を，2021年11月13日に「統一的法律適用業務実施弁法」（2021年12月1日施行）（以下「実施弁法」という）をそれぞれ公布した。

　この類似案件検索制度は，人民法院における類似案件の取扱いに整合性を持たせる（「同案不同判」問題の改善や解決）ための仕組みづくりの一環として発出されたものである。

(1)　類似案件

　指導意見における類似案件とは，判決待ちの案件と基本事実，争点，法律適用問題等について，類似性のある確定判決が下された案件を指す（指導意見1条）。

(2)　人民法院が検索すべき案件

　事件が以下のいずれかに該当する場合は，人民法院が自ら類似案件を検索すべきとされている（指導意見2条および実施弁法6条）。また，案件の担当裁判官は，類似案件を検索する担当者となり，検索結果の真実性，正確性に対して責任を持つ（指導意見3条）。

① 専門裁判官会議・裁判長会議または審判委員会にて審議される事件
② 明確な裁定規則が存在しない事件または統一的な裁定規則が形成されていない事件
③ 重大・判断が困難なもの・複雑・センシティブな事件
④ 集団的な紛争事件，または社会の広範的な注目を集め，社会安定に影響するおそれのある事件
⑤ 最高人民法院の類似案件と矛盾するおそれのある事件
⑥ 関連単位または個人が裁判官は法に反して審理を行ったことがあると主張した

事件
⑦ 最高人民検察院が告訴した事件
⑧ 審理において，公訴機関，案件当事者およびその弁護人，訴訟代理人等が指導性案例または最高人民法院の確定判決を訴訟理由（抗弁理由）として提出した事件
⑨ 人民法院院長または裁判長が審判監督管理権限に基づき類似案件調査を行うよう求めた事件
⑩ その他検索する必要のある事件

(3) 検索範囲と優先性

指導意見4条は，案件検索を行う際には，下記4段階に分けて，①から順に類似案件の有無を確認するよう求めているが[30]，その後に公布された実施弁法6条2項に基づくと，最高人民法院が公布した指導性案例および最高人民法院の判決が確定した案例のみを検索することができるとされている。

① 最高人民法院が公布した指導性案例
② 最高人民法院が公布した典型的案例および判決が確定した案例
③ 高級人民法院が公布した参考性案例および判決が確定した案例
④ 上級人民法院および当該人民法院において判決が確定した案例

(4) 検索の結果

検索の結果，類似案件と認定された案例が指導性案例であった場合，裁判官は前述1の(1)にある規定およびその実施細則に従い，これを参照した上で判断を下さなければならない。一方で，類似案件と認定された案例が指導性案例には該当しないもの（典型的案例や参考性案例等）であった場合，裁判官は裁判の参考とすることができる（指導意見9条）。

また，公訴機関，案件当事者およびその弁護人，訴訟代理人等が指導性案例を訴訟理由（抗弁理由）として主張する場合，人民法院は，判決において回答

---

30 なお，指導性案例以外のものについては，直近3年以内のものを優先的に検索する。

し，類似案件の観点を採用するか否かに関し理由を述べなければならないが，指導性案例以外の案例を主張する場合，釈明等の形で回答することができる（指導意見10条）。

なお，指導性案例や最高人民法院の確定判決と異なる判決を出す場合，または新しい法律適用基準を示す判決を出す場合は，担当裁判官（合議廷）[31]は専門裁判官会議または裁判委員会[32]の検討に提出するよう提案しなければならない（実施弁法10条）。

3 事例紹介

指導性案例の内容は，標題，キーワード，裁判要旨，関連条文，事案の概要，裁判結果，裁判理由および効力を生じた裁判の裁判人員の氏名を含む注記等により構成される（実施細則3条）。その中で特に注目に値するのは，裁判要旨と裁判理由の部分である。裁判要旨は，指導性案例によって示された規範であり，裁判理由は，その規範が拠って立つ根拠だからである。

以下に，指導性案例184号を例として，指導性案例の構成を紹介する。

標題	馬氏[33]による北京捜狐新動力信息技術有限公司に対する競業避止紛争事件
キーワード	民事／競業避止／期限／約定無効
裁判要旨	使用者と従業員の間の競業避止契約において，競業避止の義務履行に関して紛争が生じた際には，その仲裁申立てや訴訟提起の期間は競業避止の期間に算入しないと約定するものは，労働契約法26条1項2号に定める「使用者が自らの法定責任を免れ，労働者の権利を排除した

---

31 人民法院の事件審理は，原則として，裁判官と陪審員共同，または裁判官のみで構成する合議廷により行われる。
32 秘密保持等の理由により専門裁判官会議での検討が適切でない場合に利用される。なお，中国の各級人民法院は，裁判委員会を設け，民主集中制を実施している。裁判委員会の任務は，裁判の経験を総括し，重大事件または難事件およびその他の裁判活動に係る問題を検討することである（人民法院組織法10条1項）。
33 本表には氏名の明記を避けたが，開示された指導性案例には当事者や裁判官の氏名が明記されている。

	場合」に該当し，無効と認定すべきである。
関連条文	労働契約法23条2項[34]，24条[35]，26条[36]1項
事案の概要[37]	✓ 馬氏と北京捜狐新動力信息技術有限公司（以下「雇用主」という）が締結した競業避止契約は，①競業避止の期間は，馬氏の離職時から計算し，12カ月を超えない，②ただし，競業避止契約の履行に関して紛争が生じた際には，仲裁申立てや訴訟提起の期間は上記12カ月の競業避止の期間に算入しない（すなわち，競業避止期間＝離職後12カ月＋仲裁や訴訟の期間），と規定されていた。 ✓ 2017年2月28日に，労働契約の期間が満了し，双方の雇用関係が終了した。 ✓ 2017年3月中旬，馬氏は，雇用主の競業他社と提携開始。 ✓ 2017年3月24日，雇用主は，馬氏にレターを送付し，競業避止義務の履行を求めた。 ✓ 2017年4月末，馬氏は，雇用主の競業他社を離職した。 ✓ 雇用主は，馬氏が競業避止義務に違反して競業他社に転職したとして，競業避止義務違反に基づく賠償金等の支払および残存競業避止義務期間における義務の履行を求めて，労働仲裁を起こした。 ✓ 馬氏は，労働仲裁で敗訴し，北京市海淀区人民法院に訴訟を提起した。
裁判結果	✓ 北京市海淀区人民法院は，雇用主の金銭請求の一部のみ（2017年3月と4月の経済補償金の2倍）[38]認めたが，馬氏が引き続き競業避止義務を履行する必要はないと判断した。 ✓ 雇用主は1審判決を不服とし，北京市第一中級人民法院に上訴したが，棄却された。
	✓ 競業避止期間に関する約定は，馬氏の職業選択の自由を一定期間制約し，その期間も予測できない。

---

34 秘密保持および競業避止に関する規定
35 競業避止の対象者および期間に関する規定
36 労働契約の全部または一部無効に関する規定
37 紙面の制限により，事案の概要，裁判結果および裁判理由は，中文の日本語訳ではなく，筆者によるサマリーである。
38 中国の労働契約法およびその司法解釈（四）に基づくと，労働契約終了後に労働者に競業避止義務を負わせる場合，使用者は，労働者に対して経済補償金を支払わなければならない。なお，経済補償金の金額基準は，全国統一のルールがなく，地方によって異なる。実務上は，競業避止契約において，労働者が違約時に受領した経済補償の2倍を雇用主に支払うと定めるケースが多く見受けられる。本件もそれに該当すると推測される。

裁判理由	✓ 一方，当該競業避止期間に関する約定に基づくと，雇用主は，自らの判断により仲裁や訴訟を起こすことで，馬氏の競業避止期間を一方的に延長できるが，当該延長された競業避止期間について，馬氏へ経済補償を支払う責任は負わない。すなわち，雇用主は仲裁や訴訟の期間において競業避止により秘密が保持されるという利益を享受するにもかかわらず，相応の法定の経済補償を馬氏へ支払わないことから，その法定責任をある程度不当に免除したといえる。 ✓ よって，競業避止期間については，競業避止契約に明記されている離職後12カ月間のみと認め，仲裁や訴訟の期間は当該12カ月に含まないという約定は無効とすべきである。
裁判人員	趙氏，王氏，何氏

コラム❻

指導性案例と判例・典型的案例・参考性案例との比較

1．判例との区別

コモンロー法系の米国や英国等では、判例は法的拘束力があるのは当然のことである。これに対して、大陸法系に属する中国では、人民法院による判決は法令に基づくものでなければならず、案例に対して法的な拘束力を持たせていない。一方、大陸法系の国でも、日本のように、法的安定性の見地および同種事件との公平性に鑑み、最高裁判所の判例が事実上の拘束力を有するとするのが一般的な考えもある。この点は、中国も同様である。

指導性案例制度を導入するにあたっては、中国で、指導性案例に法的な拘束力を認めるべきか否かをめぐって活発な議論が行われた。結果として、最高人民法院が公表した指導性案例についての最初の規定は、「各級人民法院が類似事例を裁判するときに参照[39]しなければならない」（7条）との内容にとどめたが、その後の実施細則では、さらに一歩踏み込んで、「関連する指導性案例の裁判要旨を参照して判断をくださなければならず」、また「指導性案例を裁判理由として引用しなければならない」と明記した（9条と10条）。しかしながら、ここで留意すべきなのは、指導性案例を「裁判理由」として引用しなければならないとしつつ、「裁判根拠」として引用することはしない点である。すなわち、指導性案例は、法源として認められていない。

中国における指導性案例は、いわゆる、中国の特色のある制度である。指導性案例は司法解釈と異なり、法的な拘束力があるとは認められていないが、基本的な法論理や法原則を下級審に提供するものとして、コモンロー国の判例の性格を有すると評価できる。

2．典型的案例や参考性案例との違い

中国では、指導性案例のほか、典型的案例や参考性案例といった裁判例も多く見受けられる。

最高人民法院は、公式ウェブサイトにて、不定期的に大量の典型的案例を公表している[40]。これらの案例は、指導性案例がもつ「典型性」を有し、一定の参考価値があるが、下級人民法院を指導するためというより法令の周知が目的で、案例の典型性を利用し、かかる法令遵守に関する注意喚起をするためであ

---

[39] 「参照」の意味について、最高人民法院研究室の胡雲騰主任は、「参照とは、参考にして遵守するという意味である。すなわち、裁判官は裁判活動において、もし当該事件に類似した案例があれば、その案例の示す基準に従って裁判を進めなければならない」としている。

[40] https://www.chinacourt.org/article/subjectdetail/type/more/id/MzAwNEiqNDAwMgADAA.shtml

る[41]。なお，典型性案例は，指導性案例として選定される可能性もある。

　一方，参考性案例は，各地方の高級人民法院がその管轄範囲内の中級人民法院および基礎人民法院の裁判実務を指導するために，公表するものである。そのため，法律上の根拠はないものの，各地方の中級人民法院や基礎人民法院に対して事実上の拘束力があると思われる。なお，最高人民法院が管理する「中国審判プロセス情報公開網」（China Judicial Process Information Online）[42]では，網羅的ではないものの，各地方の高級人民法院により公表された参考性案例が検索できる。

41　李勇「三つの傾向を重要視し，案例の指導性を強化する」（2021年9月13日検察日報）
42　https://splcgk.court.gov.cn/gzfwww/

2−5　中国の「公益訴訟制度」

　近年，中国人の環境保全意識や消費者の権利意識等の高まりに伴い，これらに関係する民事公益訴訟が増えている。また，今後は，個人情報の権利侵害や独占行為に関係する公益訴訟も増えていくことが予想される。

　民事公益訴訟に巻き込まれてしまうと，高額な損害賠償や懲罰的な損害賠償を命じられる可能性が高い。事実，数十億円に及ぶ損害賠償が命じられた事件も少なからず見受けられ，日系現地法人が民事公益訴訟の被告となったケースも散見される。

　日本企業，特に日系現地法人にとって中国の公益訴訟は，決して無関係な遠い存在ではない。いざ当事者となってしまっても，慌てふためくことがないように，普段から中国の公益訴訟制度に関する情報を収集し，基本的な理解を深めておく必要がある。

1　公益訴訟制度とは

　公益訴訟制度とは，中国の特色ある訴訟制度であり，社会公共の利益を損なう行為につき，特定の公的機関または社会組織等が原告となって，人民法院に訴訟を提起する制度を指す。1990年代に地方から運用が開始され，段階的に法律が整備され，確立したものである[43]。また，公益訴訟は，民事公益訴訟と行政公益訴訟の2種類に大別される。

　中国の現行訴訟手続法に，公益訴訟についての明確な定義はない。公益訴訟とは，一般論として，環境汚染や多数の消費者の権利侵害等の社会公共の利益を損なう行為について，特定の政府機関または関連組織等が原告となり，人民

---

[43] 公益訴訟の「第1号案件」は，1996年に福建省の邱建東氏が電話局を訴えた，電話料金の不当請求に関する事件である。また，報道によると，検察機関が提訴側となった初の事件は，1997年に河南省南陽市方城県の検察院が，現地工商局を提訴した事件で，これは，国有資産の不当廉売を阻止するための公益訴訟であるとされている。

法院に訴訟を提起する制度を指す。

　なお，地方性法規であるが，「深圳経済特区生態環境公益訴訟規定」2条は，①生態環境民事公益訴訟とは，社会公共の利益を保護するために，環境汚染や生態破壊により実際に損害がもたらされ，または重大な損害のリスクが存在する行為につき，人民検察院，関連行政機関および社会組織が，人民法院に提起する民事訴訟を指し，②生態環境行政公益訴訟とは，生態環境および資源保護等の分野において，監督管理責任を負う行政機関の職権違法行使または不作為により，国家利益または社会公共の利益が損害を受けた行為につき，人民検察院が，人民法院に提起する行政訴訟を指す，と定めている。

　かかる制度はこれまで，主に環境汚染事件や消費者権益侵害事件において利用されていたが，個人情報保護法の施行後は，個人情報侵害事件における利用が多く見受けられるようになった。

　最高人民検察院の発表によれば，2021年に検察機関が取り扱った個人情報保護に関する公益訴訟案件は2,000件程度とされている[44]。また，今後は独占行為をめぐる公益訴訟も増加すると予想されている。

2　公益訴訟制度に関する立法

(1)　特定の組織による公益訴訟

　公益訴訟制度を最初に明記した法律は，2012年8月31日に公布された民事訴訟法（2012年改正）（2013年1月1日施行）である。同法55条によれば，「環境を汚染すること，または多くの消費者の合法的権益を侵害すること等の社会公共の利益を損なう行為について，法律に定める機関および関連組織は，人民法院に訴訟を提起することができる」としている。さらに2013年に改正された消費者権益保護法および2014年に改正された環境保護法に，公益訴訟に関する規定がそれぞれ明記された。具体的には，次頁の表のとおりである。

44　https://www.spp.gov.cn/spp/xwfbh/wsfbh/202202/t20220227_545967.shtml

消費者権益保護法（2013年改正）47条	多くの消費者の適法な権益を侵害する行為については，中国消費者協会および省，自治区，直轄市に設立される消費者協会が，人民法院に訴訟を提起することができる。
環境保護法（2014年改正）58条	環境汚染および生態破壊，社会公共の利益を損なう行為については，次に掲げる条件に合致する社会組織が，人民法院に訴訟を提起することができる。 (1) 区を設ける市レベル以上の人民政府の民政部門へ登記していること (2) 環境保護公益活動に連続5年以上専従し，かつ違法記録がないこと 前項の規定に合致する社会組織が人民法院に訴訟を提起した場合，人民法院は法に従い受理しなければならない。 訴訟を提起する社会組織は，訴訟を通じて経済的利益をむさぼってはならない。

　上記でわかるのは，公益訴訟を提起できる「組織」が明記されたことである。しかし，民事訴訟法（2012年改正）55条に定める公益訴訟を提起できる「（政府）機関」については，不明確なままであった。この点について，かかる法改正と同時並行で展開されたのが，検察機関が公益訴訟を提起できるか否かという議論であった。

(2) 検察機関による公益訴訟

　2015年7月1日，全国人民代表大会常務委員会は「最高人民検察院の一部地域における公益訴訟に関する試験作業の実施に関する決定」を公布し，最高人民検察院に対し，北京，内モンゴル，吉林省，江蘇省，安徽省，福建省，山東省，湖北省，広東省，貴州省，雲南省，陝西省，甘粛省の13地域における，生態環境および資源保護，国有資産保護，国有土地使用権の払下げおよび食品薬品安全等について，試験的に公益訴訟を実施することにつき授権した。

　かかる授権を受けた最高人民検察院は，検察機関による公益訴訟制度の試験的導入のため，2015年12月24日に「人民検察院による公益訴訟提起の試験活動実施弁法」を公布し，2016年2月25日に最高人民法院が「人民法院が人民検察院による公益訴訟提起事件を審理することについての試験活動実施弁法」を公

布した。なお，試験期間は，2015年7月1日から2年間とされていた。

　前述の試験的運用を経て，2017年6月27日に公布された民事訴訟法（2017年改正）（2017年7月1日施行）[45]は，同法55条に新たに2項を加え，「人民検察院が職責履行の過程で，生態環境および資源の保護に対する破壊，食品薬品の安全の分野における多くの消費者の合法的権益に対する侵害等の社会公共の利益を損なう行為を発見した場合において，前項に定める機関および組織がなく，または前項に定める機関および組織が訴訟を提起しないときは，人民検察院が人民法院に訴訟を提起することができる。前項に定める機関または組織が訴訟を提起したときは，人民検察院がその訴訟の提起を支持することができる」と追記した（民事公益訴訟）。

　また，同時期に改正・施行された行政訴訟法（2017年改正）は，同法25条に新たに4項を加え，「人民検察院は，職責履行の過程で，生態環境および資源の保護，食品薬品の安全，国有財産の保護，国有土地使用権の払下げ等において監督管理職責を負う行政機関に違法な職権行使または不作為があり，それにより国の利益または社会公共の利益が侵害を受けたことを発見した場合には，行政機関に検察建議を提出し，当該機関に対し法に従い職責を履行するよう督促しなければならない。行政機関が法に従って職責を履行しない場合は，人民検察院が法に従い人民法院に訴訟を提起する」と定めた（行政公益訴訟）。

　これらの法改正は，検察機関が公益訴訟を提起できることを，法律レベルで初めて明確にし，検察機関による公益訴訟制度を正式に確立したものとなった。

(3) その他関連立法

　最高人民法院，最高人民検察院等は，前述のほかにも各方面の公益訴訟のルールに関する司法解釈等を多数公布している。次頁の表はその一例である。

45　中国民事訴訟法は，その後，2021年と2023年に2回改正された。公益訴訟に関する条項は，現在58条となっているが，規定自体は改正されていない。

公布時期	公布機関	名称
2014年12月26日	最高人民法院，民政部，環境保護部	環境民事公益訴訟制度の徹底的実施に関する通知
2015年1月6日（2020年12月29日改正）	最高人民法院	環境民事公益訴訟案件の審理に適用する法律の若干問題に関する解釈
2016年4月24日（2020年12月29日改正）	最高人民法院	消費民事公益訴訟案件の審理に適用する法律の若干問題に関する解釈
2017年12月27日	最高人民検察院，国土資源部	行政公益訴訟の推進に関する協力を強化し，法治国土建設を促進することに関する意見
2018年3月1日（2020年12月29日改正）	最高人民法院，最高人民検察院	検察公益訴訟案件に適用する法律の若干問題に関する解釈
2021年6月29日	最高人民検察院	公益訴訟案件取扱規則
2022年5月10日	最高人民法院，最高人民検察院	海洋自然資源および生態環境公益訴訟案件の取扱いの若干問題に関する規定
2023年8月15日	最高人民検察院，国家林業および草原局	森林草原行政法律執行および検察公益訴訟協力メカニズムの構築および健全に関する意見

　また，各地方の立法機関が公布した，同地方内に適用する公益訴訟に関する方針やルール等に関する規定も多い。一例としては，前述の深圳市の「深圳経済特区生態環境公益訴訟規定」の他，重慶市，珠海市，雲南省，青海省，海南省および黒竜江省等の地方の人民代表大会常務委員会が公布した「検察機関による公益訴訟の強化に関する決定」が挙げられる。

3　検察機関による公益訴訟のルール

　公益訴訟の適格な原告が「誰か」は，適用される法律によって異なる。前述1と2で紹介したとおり，「個人情報保護法」「独占禁止法」「消費者権益保護法」および「環境保護法」には，それぞれ公益訴訟を提起できる組織または機関が定められている。

社会公共の利益を損なう行為について，企業や消費者が単独で訴訟を行う際には，様々な問題（立証が困難，高額な訴訟費用の負担，賠償金額が少ない等）に直面するため，訴訟を断念することも多い。しかし，検察機関が原告となって公益訴訟を提起するとなれば，かかる問題の解決が期待される。そのようなことから，検察機関による公益訴訟制度が確立されてからは，公益訴訟は検察機関によるものが主流となり，人民法院が受理する公益訴訟案件の約9割を占めるようになった[46]。

最高人民検察院の公益訴訟検察業務白書[47]によれば，2023年に全国の検察機関が立件した公益訴訟案件は約18.9万件で，うち，民事案件が約2万件（全体の12％），行政案件が約16.8万件（全体の約88％）である。なお，かかる案件のうち，生態環境および資源保護に関する案件が約8.4万件，食品薬品の安全に関する案件が約2.4万件，国有土地使用権払下げに関する案件が1,468件，国有財産保護に関する案件が8,268件で，案件総数の61.8％を占めている。その他，安全生産，個人情報保護，女性権益保護，バリアフリー環境建設といった新しい法定分野の公益案件も増加している。

以下に，「公益訴訟案件取扱規則」（以下「取扱規則」という）に基づき，検察機関による公益訴訟の重要なポイントを紹介する。

(1) 立案に至るまでのルート

取扱規則24条によれば，検察機関が公益訴訟案件として取り扱うまでのルートには，次に掲げるものがあるとされている。

① 自然人，法人および非法人組織による検察機関への告発や通報
② 検察機関が案件対応中に発見したもの
③ 行政機関との情報共有によるもの
④ 国家機関や社会団体等による案件の移譲
⑤ メディアや世論等によるもの
⑥ その他，検察機関が職務履行中に発見したもの

46　https://www.spp.gov.cn/spp/llyj/202202/t20220205_543518.shtml
47　https://www.spp.gov.cn/xwfbh/wsfbh/202403/t20240309_648329.shtml

分野によって多少異なるが，前述のうち，事件発覚のルートとして最も多いのは，従業員，消費者または競業他社等の事情を知る第三者からの通報である。

(2) 検察機関による調査

公益訴訟の証拠の調査や収集は，検察機関による公益訴訟のほうが，その他組織による公益訴訟よりも優位である。

検察機関は取扱規則35条に基づき，公益訴訟において，次に掲げる方法で調査を行い，証拠収集をすることができる。

---
① 法執行や訴訟に関連するファイル等の閲覧，取得，複製
② 行政機関の担当官，違法行為の行為者および行政行為の対象者，利害関係者，証人等に対するヒアリング
③ 関連組織および個人に対して，証拠書類，物証，視聴資料，電子データ等の証拠の提出を求めること
④ 専門家，関連政府機関または業種団体等の専門意見を確認すること
⑤ 鑑定，評価，監査，検査，測定，翻訳の委託
⑥ 物証や現場の確認
⑦ その他，必要な方法
---

(3) 管轄

民事公益訴訟案件の管轄は，違法行為の発生地，損害結果の発生地または違法行為者の住所地の基礎人民検察院である（取扱規則14条1項）。一方，行政公益訴訟案件の管轄は，かかる行政機関と同じレベルの人民検察院である（取扱規則13条1項）。

また，区を設ける市レベル以上の人民検察院は，当該管轄地域内の重大かつ複雑な公益訴訟案件を管轄する。損害の範囲が2つ以上の行政区域に跨る公益訴訟案件は，かかる地域を統括する上級人民検察院が管轄する（取扱規則15条）。

なお，いずれかの案件の立件を管轄する人民検察院が，同案件の訴訟を管轄する人民法院とレベルまたは管轄地域が一致しない場合，当該人民検察院は，案件の管轄権を有する人民法院と同レベルの人民検察院へ案件を移譲しなければならない（取扱規則16条）。例えば，ある公益訴訟案件で，検察院は上海市

人民検察院が管轄で，人民法院は北京市高級人民法院が管轄，といった場合は，上海市人民検察院が北京市人民検察院に管轄権を移譲する必要がある。

(4) 公益訴訟の流れ

公益訴訟の流れは，民事公益訴訟と行政公益訴訟で若干異なるが，概ね下表のとおりである。

	手続	民事公益訴訟	行政公益訴訟
①	案件発覚（評価および初歩的な調査）	あり	あり
②	立案	あり	あり
③	調査（証拠収集）	あり	あり
④	公告	あり（後述(5)を参照）	適用なし
⑤	検察建議	適用なし	あり（後述(5)を参照）
⑥	フォローアップ調査	あり	あり
⑦	訴訟提起	侵害停止，妨害排除，危険除去，原状回復，損害賠償等を求める。	行政行為の違法または無効の確認，違法行政行為の全部または一部の取消し，法に従う職責の履行，行政行為の変更等を求める。
⑧	訴えの取下げ	人民法院主導の下，調停により問題を解決した後，検察機関が訴えを取り下げる。	行政機関が職務履行等により問題を解決した後，検察機関が訴えを取り下げる。
⑨	判決	2審制[48]	2審制

---

[48] なお，最高人民検察院は各級の人民法院に対し，上級人民検察院は下級人民法院に対し，すでに法的効力が生じた公益訴訟の判決・裁定に錯誤があり，国の利益または社会公共の利益を害することを発見した場合，法に従い該当人民法院に控訴を提起し，再審を求めることが可能である（取扱規則64条）。

(5) 訴訟提起の前置手続

　司法資源の浪費を避け，効率的な問題解決を促すために，民事公益訴訟と行政公益訴訟では，それぞれ訴訟提起の前置手続が設けられている。

① 民事公益訴訟における公告手続

　検察機関が，調査の結果，社会公共の利益が損害を受けた違法行為があると認めた事件は，全国的に影響力のある新聞媒体にて，次に掲げる内容の公告を公布しなければならない（取扱規則91条）。なお，公告期間は30日である。

- ✓ 社会公共の利益が損害を受けた事実
- ✓ 適格な提訴主体に対し，人民法院に対して訴訟を提起できることを告知する。生態環境損害賠償手続の条件を満たす案件は，賠償権者に対し，生態環境損害賠償手続を行うことを告知する。
- ✓ 公告の期間
- ✓ 連絡担当者，電話番号
- ✓ 公告者，日付

　公告期間中に，その他の適格な提訴主体（例えば，環境保護団体や消費者協会等）が民事公益訴訟を提起した場合，検察機関は，法律問題についての回答や，人民法院に提訴支持意見書を提出する，証拠収集に協力する，出廷する等の方法で訴訟をサポートすることが可能である（取扱規則101条）。

　一方，その他の適格な提訴主体がなく，また，その他の適格な提訴主体が公告期間満了後に提訴しなかった場合，検察機関は，原則として，公告期間満了日から起算して3カ月以内に，民事公益訴訟を提起しなければならない（取扱規則47条2項）。なお，提訴期限は，検察長または上級検察機関の許可により，延長可能である。

② 行政公益訴訟における検察建議手続

　検察機関が，調査の結果，行政機関が職責を履行せず，国の利益または社会公共の利益を侵害したと認めた場合には，検察長に報告し，検察長の決定を経て，行政機関に検察建議を提出する（取扱規則75条1項）。

　検察機関の「検察建議書」には次に掲げる内容を含むものとし，建議の内容

は、提起予定の行政公益訴訟の請求内容と整合していなければならない（取扱規則75条2項）。

- ✓ 行政機関の名称
- ✓ 案件発覚のルート
- ✓ 国の利益または社会公共の利益が侵害を受けた事実
- ✓ 行政機関が職責を履行していないと認められる事実および理由
- ✓ 検察建議を提出する法律根拠
- ✓ 建議の具体的な内容
- ✓ 行政機関に与える是正期間
- ✓ その他の説明が必要な事項

　行政機関が検察建議書の受領前にかかる行為を是正し、または検察建議書の受領後に検察機関の建議内容に従い、かかる行為を是正した場合、検察機関は、案件の終了を決定することができる。なお、行政機関は通常、行政訴訟を回避するため、検察建議書に従って速やかに是正措置をとる。

　一方、検察機関が、行政機関が検察建議書による是正に応じない、または対応が不十分であると認める場合、検察機関は、原則、検察建議書に定める是正期間[49]の満了日から起算して1カ月以内に、行政公益訴訟を提起する（取扱規則47条1項）。なお、提訴期限は、検察長または上級検察機関の許可により延長可能である。

4　事例紹介

　以下の事件は、最高人民検察院が2024年3月15日の世界消費者権利デーに合わせて交付した消費者権益保護検察公益訴訟の典型事件のうちの1例である。
　本件では、中国国内のスーパーが海外市販薬を輸入日用品として販売したことについて、医薬品販売を管轄する市場監督管理局は、日用品として販売した

49　通常、2カ月以内とされている（「検察公益訴訟案件に適用する法律の若干問題に関する解釈」21条2項）。

行為は違法ではないと判断した。だが，検察院が調査し，医薬品管理法の違反と判断し，市場監督管理局に検察建議書を送付した。市場監督管理局は同建議書を受け入れ，該当業者に輸入市販薬の販売行為として是正させた。

事件名	広西チワン族自治区桂林市象山区人民検察院による，スーパーの輸入海外医薬品の違法販売の是正に関する行政公益訴訟事件
要旨	検察機関は，スーパーが，輸入海外医薬品を日用品として販売する行為は違法であり，行政機関に対し違法行為を規制するよう促した。本件をきっかけにして全国的に取締りが強化され，薬品市場が規範化され，国民の薬品購入と使用の安全につながった。
関連条文	取扱規則75条1項，医薬品管理法2条2項
事案の概要[50]	✓ 広西チワン族自治区桂林市象山区人民検察院（以下「象山検察院」という）は，管轄地域内にある某貿易会社傘下のスーパーが日本，フランス，スイス等の国から，30種類あまりの海外市販薬を購買し，販売していることを発見。初歩的調査を経て2024年4月13日に立件した。 ✓ 象山検察院は，調査により，本件で販売されている海外市販薬のいずれも中国輸入医薬品許可を取得しておらず，違法販売であると認定し，象山区市場監督管理局（以下「象山市監局」という）に対して協議を求めた。 ✓ しかし，象山市監局は，かかる海外市販薬は中国医薬品管理目録に記載されておらず，保税区も通関していることから，日用品として管理すべきであり，スーパーの販売行為は違反ではないと認定した。 ✓ 象山検察院は，かかる海外市販薬は医薬品管理法における医薬品であると認定し，販売行為は違法であると判断したことから，象山市監局に検察建議書を送付した。
検察建議の理由	✓ 本件の海外市販薬の包装には，外国語で薬効薬理，成分含有量，用法用量，使用上の注意事項および禁忌が記載されていることから医薬品管理法2条2項に定義する医薬品に該当し，医薬品として管理すべきである。

---

50 紙面の制限により，事案の概要，裁判結果および裁判理由は，中文の日本語訳ではなく，筆者によるサマリーである。

	✓ 本件商品を販売したスーパーは「医薬品経営許可証明書」[51]を取得しておらず，かつ販売時に法に基づく薬剤師，薬学の専門員の配置もしておらず，かかる医薬品の輸入医薬品許可番号も取得していなかった。
事案の結果	✓ 象山市監局は，象山検察院からの検察建議書を受け入れ，当該スーパーに，対象市販薬の没収や罰金を科す等の行政処罰に処した。 ✓ さらに，本件にかかる貿易会社の所在地の市場監督管理局に協力を求め，当該貿易会社の傘下の11軒のスーパーに対し，海外市販薬の販売停止を命じた。 ✓ 象山検察院は，前述の事実から公益を損害する事実の是正を確認したため，公益訴訟は提起されていない。

---

51 医薬品経営許可証明書とは，医薬品を販売するための行政許可の証書である。

コラム❼

公益訴訟事件の範囲

　中国における公益訴訟は，関連法の立法に伴い，徐々に対象事件が拡大されている。

　最高人民検察院による記者会見[52]では，「4＋N」という言葉を用いて，公益訴訟事件の範囲を表した。「4＋N」とは，公益訴訟事件の主な範囲である，「生態環境および資源の保護」「食品・薬品の安全」「国有財産の保護」および「国有土地使用権の払下げ」の4分野に追加していく分を「＋N」で表したもので，現在，「＋N」として「英雄・烈士の保護」「未成年者の保護」「生産の安全」「軍人の地位および権益の保障」「個人情報の保護」「独占禁止」「電信・インターネット詐欺の防止」「農産品の品質安全」「女性権益の保障」の9分野が加えられている。

　「＋N」は，今後，さらなる拡大も考えられる。

---

[52] https://www.spp.gov.cn/spp/c107228chdfgmcggeqcnpgbshkfhvbehkvkggbtrdknsecdkvppnbsmfrmq/202302/t20230227_604297.shtml

2−6　生成AIをめぐる法規制と裁判例

　2022年11月に米OpenAIがリリースしたChatGPTは，世界中に生成AIのブームを巻き起こしている。そのユーザー数は，リリースからわずか2カ月で1億人に到達したとされ，関連ビジネス業界に大きな衝撃を与えた。その後，各国で生成AIを活かした新ビジネス等が続々と生まれている。

　一方，その悪用による詐欺，第三者の権利侵害，偽情報や誤情報，バイアス等の問題も噴出し，生成AIに係るガバナンスについて，企業，各国政府ともに問題視しており，国際ルールの作成や国内の立法等が活発に議論，推進されている[53]。

1　生成AIとは

　生成AI（中国語は「生成式人工知能」といい，英語の「Generative Artificial Intelligence」の訳語である）は，一般的に深層学習（deep learning）や機械学習（machine learning）の手法を通じて様々なデータを学習し，かかるデータをもとに，テキストや画像，音声，ビデオ等の新しいコンテンツを自動的に生成するAI技術のことを指す。

　ChatGPTに代表される生成AIを活用した製品やサービスの基礎にはGPT-3.5，GPT-4という「大規模言語モデル」（LLM：Large Language Model）[54]が用いられ，かかる大規模言語モデルは「基盤モデル」（foundation model）と呼ばれている。なお，本節でいう「生成AI」とは，基盤モデルを基礎として提供される，生成AI製品やサービスで用いられている学習済みモデルとする。

---

[53]　2023年5月，G7広島サミットの首脳声明で，ChatGPTに代表される生成AIについて，年内に国際ルールを取りまとめるとの目標を定めた。その結果を受けて，G7の関係閣僚が中心となり，生成AIに関する国際的なルールの検討を行うため，「広島AIプロセス」を立ち上げた。

[54]　大量のテキストデータを用いて学習され，数百万から数千億という多数のパラメータを持った深層学習モデルであり，汎用性の高い自然言語解析モデルの総称である。

現在，文章生成型AI，画像生成型AIと音声生成型AIが主流であり，それぞれ人間の指示に基づき，自動的に文章，画像，音声の生成作業を実行する。生成AIによる音楽や詩の作成，判決文の作成等は世界中の注目を集め，人々に生成AIが秘める無限の可能性を感じさせている。

(1) 生成AIを活かしたビジネス

生成AIは，すでに様々なビジネス分野において応用されており，これからますます定着し浸透していくと思われる。

身近な例としては，マーケティングでの広告コピーやデザインの自動生成，カスタマーサポートでの自然な言語によるチャットボット応答等である。また，医療分野での医療データの作成，合成画像の診断支援，症例報告の自動生成等の活用も期待されている。コンテンツ（エンターテインメント・メディア・教育等）産業では，映画，オーディオブックやビデオゲームのシナリオ生成が挙げられる。さらに，ｅコマースでは，パーソナライズされた商品推薦やレビューの生成にも活用されている。

これらの分野における生成AIの利用は，コスト削減，生産性や利便性の向上，顧客体験の改善等につながっており，さらなるレベルアップが期待されている。

(2) 生成AIに関するリスク

生成AIの利活用は，良いことばかりではなく，様々なリスクも孕んでいる。生成AIによりもたらされているマイナス影響はすでに軽視できない状況にある。そのリスクは関係者の立場によって異なり，国，企業，個人の視点に分けて検討する必要がある。

国の視点では，生成AIがサイバー攻撃やフェイクニュースの拡散に悪用されるリスクがある。現に日本や中国を含む各国で発生しており，2024年7月の東京都知事選にもフェイクニュースが出回っていた。これは，国家安全保障や社会の混乱に影響を及ぼすおそれがある。しかし，目下，ほとんどの国においては，生成AIの開発や利用に関する法規制が追いついておらず，不正使用に対応するための枠組みが不十分である。

企業の視点では，生成AIの開発や利用が他者の権利（知的財産権および人

格権等）侵害を惹起するおそれがあり，各国でかかる法的トラブルがすでに多発している。また，生成AIにより生成されたコンテンツの品質が低いと，誤情報や不適切なコンテンツが生成され，ブランドの信頼性が損なわれる可能性もある。企業は，不用意に加害者になることもあるし，被害者になるおそれもある。

個人の視点では，生成AIによる個人情報の無断使用によって，個人情報の流失やプライバシーの侵害等につながるリスクがある。ディープフェイクや偽情報が生成され，個人がそれに騙されるリスクが高まり，名誉毀損や詐欺に利用される可能性もある。また，生成AIの導入により，特定の職業が自動化され，雇用が脅かされることも問題視されている。

なお，試験段階ではあるが，2024年6月に中国の武漢市で1,000台の生成AI技術を満載した無人タクシーが投入され[55]，現地のタクシー運転手による激しい抗議が起きた。生成AIの急速な発展が雇用にも深刻な影響を与えている。

2　急成長する中国の生成AI

(1)　ビジネスモデル

中国では，生成AIビジネスに，大手テック企業4社（BATH：バイドゥ，アリババ，テンセント，ファーウェイ）をはじめとして，ベンチャー企業，大学・研究機関まで，幅広い組織が参入している。その背景には，政府の後押し，人材面の強みに加えて，アメリカとの競争や対立の激化も一因であると思われる。

各社はそれぞれの強みを生かして，業界に特化した生成AIモデル（例えば，科大迅飛の「星火認知」）から，業界横断的なエコシステムとなるAIモデル（例えば，アリババの「通義千問」「通義万相」とバイドゥの「文心一言」）などをリリースし，さらに社会インフラになるAIモデル（例えば，北京智源人工知能研究院の「悟道」）まで，開発から普及までを急スピードで進めている。

55　世界最大規模の無人タクシーのテストであると報道されている。

(2) 法的問題

　一方，生成AIがもたらす法的問題も顕在化してきている。かかる問題は，ビジネスにとどまらず，人々の生活から国家安全まで社会全般に影響する様々なリスクが考えられ，早急な対処が求められている。

　まずは，後述する知的財産権に対する侵害である。関連するトラブルは，2015年のテンセントが開発したDreamwriter[56]というAIによる新聞記事の著作権が認められた判決まで遡ることができる。次に，生成AIによる肖像権，肖声権および個人情報に対する侵害である。かかる裁判例も続々と現れている。さらに，生成AIによるディープフェイク技術は，偽の映像や音声の作成による詐欺情報やデマの拡散を可能とさせ，中国だけでなく，日本を含む多くの国で犯罪につながると問題になっている。また，直近では，生成AIによる死者復活（一般人から著名人まで）の問題も，賛否両論を巻き起こしている。

　このような背景から，生成AIについて政府が主導し，立法を通じてかかる問題を解決するよう求める声が次第に高まってきている。

3　生成AIに関する中国の立法等

(1) 生成AIに関する政府の取組み

　中国では，生成AIの活用や規制等について，中央から地方まで，また，行政や司法の機関から大手テック各社をはじめとする企業や研究機関まで，様々な動きが活発に進んでいる。また，ChatGPTのリリースはかかる動きの起爆剤となっている。

　政府としては，社会の安定や国家の安全保障に影響を及ぼすリスクに懸念を示し，規制をしながら，特に経済成長に欠かせない存在である認識をもっており，欧米との競争に負けないよう，促進計画や方案等を作成し実施している。

56　テンセント社が開発した中国初の新聞記事を作成するロボットであると報道されていた。

① 中央政府

まず、中央政府は、生成AIの発展を促進するため、多くの政策とガイドラインを策定している。

2017年7月8日に、国務院は、各地方政府宛に「新世代人工知能発展計画」を公布し、AIと経済・社会・国防との融合を深めるよう指示すると同時に、資金面のサポート、パイオニア基地（研究室や試験室等）の創設および国内外の人材の誘致等を提唱した。

また、その保障措置として、抽象的な規定にとどまってはいるが、AIの発展を促進するための法律法規と倫理規範の作成、重点政策の整備、標準と知財システムの制定、監督管理と評価システムの構築も定めている。

当該発展計画に基づく動きは、下記時系列のとおりである。そのうちの多くは、政府のポリシー、技術文書または業界標準であり、法的な拘束力はない。

時期	AI発展の保障措置
2017年12月	「新世代人工知能産業発展3年行動計画（2018-2020年）」
2018年11月	「新世代人工知能産業イノベーション重点任務掲示業務方案」
2019年6月	「新世代人工知能ガバナンス原則――責任ある人工知能の発展」
2020年7月	「国家新世代人工知能標準体系構築ガイドライン」
2021年12月	「インターネット情報サービスアルゴリズム推薦管理規定」
2022年11月	「インターネット情報サービス深層合成管理規定」
2023年7月	「生成AIサービス管理暫定弁法」
2024年1月	「未来産業イノベーションの発展を推進するための実施意見」
2024年2月	「生成AIサービス安全基本要求」（技術文書）
2024年4月	「生成AIデータ応用コンプライアンスガイドライン」（業界標準）
2024年6月	「国家人工知能産業総合標準化体系構築ガイドライン」

現況で最も重要なのは、後述する「生成AIサービス管理暫定弁法」である。しかし、中国では、ビジネスの発展を優先し、関連立法が遅れて行われることはよくある。これまでのシェアリングエコノミーや個人情報に関する立法は、その典型例である。また、ビジネスの発展が一定レベルに達し、関連当局にも

ある程度立法や取締りに関する知見が蓄積できた段階で、全国統一の法律を作成する可能性も否定できない。

② 地方政府

ChatGPTのリリースを契機として、2023年には、上海、北京、深圳、成都等、中国の主要都市が、相次いでAI支援政策を打ち出している。

北京市では、2023年5月、「汎用人工知能産業革新パートナー計画」「汎用人工知能革新発展を促進するための若干措置」「グローバルに影響力のある人工知能革新拠点を加速的に建設する実施方案（2023-2025年）」の3つの人工知能関連文書を相次いで発表した。深圳は同年6月に「人工知能の高品質な発展と高レベルな応用を加速する行動方案（2023-2024年）」を発表し、上海は同年11月に「人工知能大規模モデルの革新発展を推進する若干の措置（2023-2025年）」を発表した。成都は2024年1月に「成都市人工知能産業の高品質な発展をさらに促進するための若干の政策措置」を発表した。それぞれ、現地における生成AIの開発および利用に対するプロジェクトの誘致、支援策や促進策、ガバナンス等を定めている。

③ その他

政府の行動計画、ガイドラインおよび行動方案等を裏づける動きとして、前述する各企業の新しいビジネスモデルの他、司法システムや行政システム等におけるAIの利活用がある。例えば、中国では、2016年から「知恵法院」[57]の構築と運用を開始しており、裁判におけるAI技術の利用を促進している。直近では、人民法院や人民検察院がアリババ等の大手テック企業と提携し、案件の受理、文書の管理等の補助業務だけではなく、裁判文書の作成をはじめとする案件審理作業においても生成AIを利活用することを試みている[58]。

(2) 生成AIに関する立法

目下、中国では、EU（欧州）のようなAIに関する包括的な法律は制定されておらず、「サイバーセキュリティ法」「データセキュリティ法」「個人情報保

---

57 「2－3　民事訴訟手続のオンライン化」の2(1)を参照されたい。
58 https://tongyi.aliyun.com/farui/home

護法」といった既存法規を活用しながら，AI特有の問題については，部門通達または業界標準等において規制を制定している。

現行の部門通達には，「インターネット情報サービス深層合成管理規定」（以下「深層合成規定」という）と，「生成AIサービス管理暫定弁法」（以下「生成AI弁法」という）があり，特に生成AI弁法は，専ら生成AIの利活用および規範化に関するもので，中国では，世界初の生成AIに関する立法であると，大きく報道された。

以下では，生成AI弁法の内容を紹介する。なお，以下の分析においては，特段の記載がない限り，条文番号は生成AI弁法のものである。

① 主管当局

生成AI弁法の立法機関には，国家インターネット情報弁公室，国家発展改革委員会，教育部，科学技術部，工業情報化部，公安部および国家広報テレビ総局が含まれる。そのうち，国家インターネット情報弁公室が主導し，その他の部署がそれぞれの管轄分野における生成AIの利活用の監督管理を行うこととなっている。

かかる主管当局の構成から，生成AIの影響の範囲の広さおよび当局の重視の程度がうかがえる。

② 適用範囲

生成AI弁法22条に基づく生成AIに関する定義は，次のとおりである。生成AI技術とは，「テキスト，画像，音声，ビデオ等のコンテンツを生成する能力を有するモデルおよび関連技術をいう」とし，生成AIサービスプロバイダー（以下「プロバイダー」という）とは，「生成AI技術を利用し，生成AIサービス（プログラムの作成に支援を与える等の生成AIサービスを含む）を提供する組織，個人をいう」とし，生成AIサービス利用者とは，「生成AIサービスを利用し，コンテンツを生成する組織，個人をいう」とする。

生成AI弁法は，生成AI技術を利用し，中国国内の公衆に対してテキスト，画像，音声，動画等のコンテンツの生成サービスを提供する行為に適用されることになる（2条1項）。なお，企業や研究機関等が研究開発や応用に際し，中国国内の公衆に対して生成AIサービスを提供しないのであれば，生成AI弁法は適用されない（2条3項）。

③ 基本原則

生成AIサービスの提供および利用においては，次に掲げる原則を守らなければならない（4条）。

> ✓ 国家利益優先：社会主義の中核的価値観を堅持し，政権転覆や国家分裂等の国家安全や国家の利益を害すること，差別や暴力等の違法行為を禁止すること
> ✓ 差別禁止：アルゴリズムの設計や訓練データの選択，モデルの生成と改善，サービスの提供等において，民族，信仰，国別，地域，性別，年齢，職業および健康等の面における差別を防止すること
> ✓ 知的財産権保護：知的財産権，商業倫理を尊重し，営業秘密を保護すること
> ✓ 人格権等の尊重：他人の合法的な権益を尊重し，その心身健康，肖像権，名誉権，プライバシーおよび個人情報を害してはならないこと
> ✓ 透明性と正確性：サービスの特徴を踏まえて，有効な措置をとり，生成AIの透明性，生成内容の正確性および信頼性を高めること

④ プロバイダーに対する規制

生成AI弁法は，抽象的な内容が多いが，技術発展とガバナンスおよびサービス提供の規範化の角度から，プロバイダーに対する一応の規制を明記している。

まず，技術の発展とガバナンスについて，イノベーションと国際間の交流と提携を促進すると同時に，データや基礎モデルの適法性，知的財産権の侵害禁止，個人情報利用時の個人の同意取得，訓練用データの真実性・正確性・客観性・多様性等を求めている（5条ないし7条）。

サービスの提供については，コンテンツ制作の責任はプロバイダーが負うと明記し，具体的な義務として，次に掲げるものを定めている（9条ないし15条）。

> ✓ サービスの適用対象者，適用場面，用途を公開すること
> ✓ 未成年の利用者の過度な依存を防止すること
> ✓ 個人情報を法に従い保護すること
> ✓ 画像やビデオ等に生成内容であることの標識を付けること
> ✓ 安全・安定・持続的なサービスを保障すること
> ✓ 違法事項発見時に対処措置をとり，主管当局へ報告すること

✓ クレーム対応システムを構築すること

⑤ 当局による監督管理

前述のとおり，各主管当局は，それぞれの管轄分野における生成AIのサービス提供および利用を管理する。世論的性質や社会動員の能力を有する生成AIサービスの提供は，安全評価を行った上，当局へアルゴリズムの届出等の手続を行う必要がある（17条）。

また，利用者は，サービスの利用において法律，行政法規および生成AI弁法に反することを発見した場合，主管当局に通報できる（18条）。かかる通報を受けた場合，当然のことであるが，主管当局は日常的にその職責の履行過程でプロバイダーに調査を実施できる（19条）。

⑥ 罰則

生成AI弁法には，具体的な違反行為およびそれに対する罰則は明記されていないが，21条に基づくと，生成AI弁法に反する場合，主管当局は，「サイバーセキュリティ法」「データセキュリティ法」「個人情報保護法」「科学技術進歩法」等の法律や行政法規に従い処罰することが可能である。

また，具体的な罰則として，「警告，通報批判（公表），指定期限内の是正，サービスの停止」等の行政処罰から，刑事罰まで挙げられている。

4　生成AIをめぐる紛争回避

企業の生成AIをめぐる紛争の回避策は，自社の業務内容（プラットフォーマーやAPP運営者等は，より慎重な対策が必要であろう）や，事業規模，生成AIの自社における用途等によってケースバイケースで異なる。

後述5の事例は生成AIの利用に係るトラブルであるが，生成AIの開発においても同じくトラブルが生じる可能性がある。

当然ながら，大手プロバイダーは，数多くのデータを収集すること，生成AIに学習させること，多くの利用者に関連サービスを提供することにおいて，関連紛争の当事者になるリスクが高くなる。一方，中小企業であっても，企業自身またはその従業員が生成AIを利用するときに，不用意に他人の知的財産

権を侵害する，クライアントの情報漏えいをしてしまう等，不要なトラブルに巻き込まれる可能性も否定できない。

(1) 政府の動きを注視する

中国における生成AIの関連立法はまだ初期段階にあり，新しいビジネスモデル等については，明確な法律規定がなく，当局も明確に判断できない可能性がある。これに対しては，主管当局の意見を確認しながら，幅広く情報を収集し，最新の立法動向等をスピーディーにキャッチすることが重要である。

また，既存の法律の枠組み内においても，同じ法規制に対して，行政当局や人民法院，地域や時期によって，異なる見解が示されるおそれがある。例えば，AI生成コンテンツの著作権については，著作権を有するとの解釈がある一方で，否定的な意見を持つ人民法院も散見される。これらの不確定要素を回避し，またはかかるリスクを減らすためには，生成AIの誘致や支援策等を明確にしている地方にて，生成AIを利活用することが望まれる。

(2) 社内の規則制度を作成する

生成AIをめぐるトラブルに巻き込まれないよう，既存の法規制に基づくコンプライアンスガイドライン等の社内規則制度を作成し，徹底することが望まれる。明確な法律根拠がない現況では，当然ながら，社内規則制度を作成するのは簡単ではない。一方，後述のとおりかかる裁判例がすでに多数公布されていることから，同様の問題はさらに増える可能性が高い。まずは類似する問題を回避するために，かかる裁判例を踏まえたシンプルな規則制度を作成し，徐々に肉付けしていくことが考えられる。

なお，強制力のない団体標準であるが，中国電子商会と標準化作業委員会より2024年4月16日に公布された「生成式人工知能データ応用コンプライアンスガイドライン」は，データの収集やAIによる学習から生成サービスの利用まで，幅広い範囲において，ガイドラインを示しており，社内の規則制度を作成する際に，重要な参考材料になる。

(3) 関連する契約等を見直す

　生成AIの開発や利用において，多数の当事者との間で契約関係が生じることが推測される。生成AIによるリスク等を回避するために，関連する契約書において，当事者間の役割分担とそれに伴うリスク分担を明記する必要がある。また，個人情報の収集や利用等の取扱いについて見直し，生成AIに係る内容を，従来のプライバシーポリシーに盛り込む必要がある。

　なお，生成AI特有の問題ではないが，当事者間で契約を交わすとき，またはその前に，情報漏えいの防止や秘密保持に関する書面を結ぶことが望まれる。

5　事例紹介

　生成AIが現にもたらすトラブル事例や犯罪行為等は，日本で報道されている問題に類似するものが，中国でも発生している。

　以下に，直近に注目を集めた裁判例等を紹介する。なお，かかる判決には中国国内でも賛否両論あるが，結果として，知的財産権の行使を促進し，中国国内での知的財産権の権利侵害を抑止することが期待できる。

(1) 生成AIと著作権

著作権	AI生成コンテンツ（AIGC）の著作権	事件：北京インターネット法院（2023）京0491民初11279号 原告：李氏 被告：劉氏 概要： ✓ 原告は，オープンソースアプリを利用し，プロンプトを入力し，画像を自動生成した。 ✓ 被告は，原告の同意を得ずに，被告が公表した文書に係る画像を利用した。 判決のポイント： ✓ 本件画像は，著作権法上の「作品」に該当する。 　創作過程で一定の知的投入を行っている。これにより，本件画像は原告の知的投入を反映しており，「知的成果」の要件を満たしている[59]。 ✓ 原告は本件画像の作者である。

の有無	最初の画像を生成後，さらにプロンプトを追加し，パラメータを修正し続け，最終的に当該画像を得た。この調整と修正の過程は，原告の美的選択と個性的な判断を反映している。 ✓ なお，著作権法上の作者は自然人，法人または非法人組織に限定されており，AIはその中に含まれない。
AI生成コンテンツによる著作権侵害	事件：広州インターネット法院（2024）粤0192民初113号 原告：上海新創華文化発展有限公司 被告：生成AIサービス会社[60] 概要： ✓ 原告は，中国において「ウルトラマン」のイメージに関する複製権と翻案権を有する。 ✓ 被告が運営する生成AIサービスで「ウルトラマン」の画像をリクエストした場合，本物のウルトラマンの画像と実質的に同じ画像ができる。 ✓ 原告は，被告がAIの学習に本物の「ウルトラマン」の画像を無断で使用し，利用者による課金等から不当に利益を得たと主張し，損害賠償を求めた。 判決のポイント： ✓ 被告が生成AIサービスを利用し生成した複数の画像の特徴は，ウルトラマンの形象と非常に高い類似性を有しており，実質的な類似を構成している。 ✓ 被告は無断で「ウルトラマン」の画像を複製したことが推定でき[61]，原告の「ウルトラマン」作品の複製権と改編権を侵害した。 ✓ 被告は生成AIサービスの提供者として損害賠償責任を負うべきである。

---

59 著作権法3条に定める文学，芸術および科学の分野において独創性を持ち，一定の形式で表現できる知的成果に該当する。
60 2024年7月7日現在，被告の社名が未公開
61 被告が反証を提出できなかった。

(2) 生成AIと人格権

肖像権	生成AIによりつくられたキャラクターは個人の肖像権を侵害するか	事件：北京インターネット法院（2020）京0491民初9526号 原告：何氏（アナウンサー，監督，歌手および俳優）。 被告：上海自古紅藍人工知能科技有限公司 概要： ✓ 被告は，自身が運営するソフトウェアに原告の肖像を用い，ユーザーに提供した。ユーザーは，原告の肖像によるバーチャルキャラクターとバーチャルで会話等ができる。 判決のポイント： ✓ 被告とそのユーザーは，共同で原告の肖像権を侵害することになる。 ✓ 他人の肖像を名前や特定の身分関係と結びつけて「伴侶」として「調教」する行為は，学習，芸術鑑賞，科学研究に使用する行為には該当しない。 ✓ また，「営利目的であること」は肖像権の侵害要件を構成しない。
肖声権	生成AIによりつくられた音声は，個人の声の権利侵害になる	事件：北京インターネット法院2024年4月23日判決[62] 原告：殷氏（声優） 被告：ソフトウェア関連企業全5社（AIテキスト音声変換製品の開発者およびプラットフォーマー等） 概要： ✓ 原告は被告のうちの1社に対し音声を提供した。 ✓ 被告は当該音声を用いて音声製品（以下「本件製品」という）を製造した。なお，当該被告は本件製品の著作権者である。 ✓ 被告らは，本件製品を生成AIに学習させ，音声の生成AIサービスを提供した。 判決のポイント： 被告らが原告の授権を経ずに，本件製品に基づき生成AI製品を開発し，かかるサービスを提供することは，原告個人の音声権益を侵害する行為である。 ✓ 原告の音声は人格権の保護対象である。 民法典1023条2項に基づくと，自然人の声に対する保護は肖像権の保護を参照して適用される。 ✓ 原告の音声権益は，本件係争のAI音声に及ぶ。 ✓ 被告らは，本件製品に関する著作権を有するが，それには原告の音

---

[62] 2024年7月7日現在，事件番号と被告の社名が未公開

	のか	声のAI化使用の許諾は含まれない。 ✓ 生成AIを利用して合成された音声につき，一般社会公衆または関連分野の公衆が，その音色，イントネーションおよび発音方法から，当該自然人と関連づけることができれば，識別性があると認定できる。

(3) 生成AIと個人情報

| 個人情報 | AIGC作成の過程で人間の「顔」を加工して使用した場合，どのような権利侵害に当たるか | 事件：北京インターネット法院2024年6月20日公開の2件の事案
「AIフェイススワップ」ソフトウェアによる侵害事件[63]
原告：呉氏，廖氏（いずれも動画配信者）
被告：アプリの開発会社
概要：
✓ 被告は，第三者開発のAI技術を用いて原告の動画を加工し，原告の顔（以下「本件の顔」という）の部分を切り抜き，本件の顔のない形態のテンプレート（以下「本件AIGC」という）にし，被告が運営するアプリのユーザーに，有料で提供した。
✓ ユーザーは，本件AIGCを使うと，原告の身体の写真に自分の顔をはめ込んだAIGCをつくることができる（いわゆる，「顔合成」「フェイススワップ」）。
✓ 原告は，被告の行為が原告の肖像権および個人情報の権益を侵害するものとして訴えた。
判決のポイント：
✓ 被告は，本件AIGCの元データが何かにつき証拠を提出しなかったが，本件AIGCと原告公開の動画を照合すると，その特徴から，本件AIGCは原告の動画によると特定できる。
✓ ユーザーが顔合成したAIGCは，本件の顔の情報が削除されており，原告に関する識別性を有さないため，肖像権の侵害には当たらない。
✓ 原告は，自身のSNSにて「無断商用禁止」と明記しており，被告が原告に無断で本件AIGCを作成し，販売した行為は，個人情報の取扱行為に該当し，原告の個人情報に係る利益に損害を与えた。 |

---

[63] 2024年7月7日現在，事件番号と被告の社名が未公開

(4) 生成AIと特許権

　生成AIによる発明等に対し，特許法の保護を受けられるのか，生成AIは発明者になれるのかも問題になっている。

　世界知的所有権機関（WIPO）が2024年7月3日に発表した報告書によると，2014年から2023年にかけ，中国の生成AIに関する特許出願件数は3万8,000件以上で世界一となった。これは2位の米国の6倍の件数である[64]。当然，生成AIによる発明が特許として認められるか否かが中国においても活発に議論されており，現在の論調は，概ね以下のとおりである。なお，現在，特許権に係る公開された裁判例はない。

---

① 発明者の適格性：欧米同様，発明者となれるのは自然人のみである。したがって，生成AIは特許法上の発明者にはなれない。
② 特許権の付与の可否：中国の現行法上，AIによる発明や発明における貢献度を区別して特許出願の審査を行う規定はない。生成AIを利用して完成した発明は，自然人が特許権者となって，特許権が付与される可能性がある。

---

(5) 生成AIと犯罪

　中国では，生成AIによる犯罪は，大きく5つに分類される。そのうち被害が一番大きいのは，やはり詐欺である。中国でも，音声合成による「オレオレ詐欺」の他，「ディープフェイク」による詐欺犯罪が横行している。

　詐欺の他，生成AIを悪用する，コンピュータシステムの破壊（サイバー攻撃），ポルノコンテンツの制作や販売，個人情報の濫用を含む人格権侵害，知的財産権の侵害に関する犯罪も頻発しており，政府が問題視している。

64　https://www.sz.gov.cn/jp_szgov/business/news/content/post_11407756.html

# 第3章
仲裁編

3－1　中国の商事仲裁制度の基礎知識
3－2　CIETAC仲裁規則の改正
3－3　仲裁合意と仲裁条項の書き方
3－4　仲裁人とその選任
3－5　中国国外の仲裁機関による中国国内での仲裁
3－6　仲裁判断に対する司法審査

3－1　中国の商事仲裁制度の基礎知識

　仲裁は，商取引における紛争解決の手段として中国で広く受け入れられている。中国国内の中国企業同士の契約でも，仲裁を紛争解決の方法として規定するケースが多く見受けられる。また，中国国際経済貿易仲裁委員会（CIETAC：China International Economic and Trade Arbitration Commission）だけでなく，北京や上海等の大都市の仲裁委員会も積極的に海外の先進的な制度や取組み等を導入しており，そのレピュテーションは世界的に高まりつつあり，外国投資家の評価も高い。

　ビジネスにおいて中国に全くかかわらない日本企業は今や少数であろうと思われる。中国の商事仲裁制度の基礎知識を得れば，中国企業との契約交渉において，中国での仲裁をおそれる必要もなくなり，適切な対応が可能になる。さらに，契約交渉において，中国側に中国での仲裁を認める代わりに，ビジネス上でより優位な条件を勝ち取る，といったことも期待できる。

1　中国法上の仲裁

　中国では，商事仲裁の他に，労働仲裁，スポーツ仲裁および農村土地請負経営仲裁といった特殊な仲裁制度も存在する。これらはすべて法律根拠が異なり，紛争の類型ごとに制度が分かれている。具体的には，下表のとおりである。

仲裁制度	法律根拠	適用範囲
商事仲裁	仲裁法，民事訴訟法	平等な主体である公民，法人およびその他の組織の間で発生した契約紛争およびその他の財産権益に関わる紛争
労働仲裁	労働法，労働契約法，労働紛争調停仲裁法	中国国内の使用者と労働者の間に生じた次の各号に掲げる労働紛争 ①　労働関係の確認に起因して生じた紛争 ②　労働契約の締結，履行，変更，解除および終了に起因して生じた紛争

		③ 解雇，辞職，離職に起因して生じた紛争 ④ 労働時間，休憩，休暇，社会保険，福利，研修および労働保護に起因して生じた紛争 ⑤ 労働報酬，労働災害の医療費，経済的補償または賠償金等に起因して生じた紛争 ⑥ 法律または法規に定めるその他の労働紛争
スポーツ仲裁	体育法[1]	仲裁合意，スポーツ団体の定款，スポーツ競技規則に基づく，次の各号に掲げる紛争 ① スポーツ団体，アスリート管理者，スポーツ競技主催者が，ドーピング管理またはその他管理規定に基づき選手らに下した競技資格の取消し，競技成績の取消し，競技参加禁止等の決定を不服として生じた紛争 ② アスリートの登録および交流に起因して生じた紛争 ③ 競技活動において発生したその他の紛争
農村土地請負経営仲裁	農村土地請負経営紛争調停仲裁法	農村土地の請負経営に係る次の各号に掲げる紛争 ① 農村土地請負経営に関する契約の締結，履行，変更，解除および終了に起因して生じた紛争 ② 農村土地経営権の転貸，リース，交換，譲渡および投資等の移転に起因して生じた紛争 ③ 請負土地の回収，調整に起因して生じた紛争 ④ 農村土地請負経営権の確認に起因して生じた紛争 ⑤ 農村土地請負経営権の侵害に起因して生じた紛争 ⑥ 法律，法規に定めたその他の農村土地請負経営に関する紛争

　本節では，日本企業（日系現地法人を含む）がよく遭遇する商事仲裁制度にフォーカスして紹介する。

2　知っておきたい中国の商事仲裁制度

　中国は，「国際商事仲裁に関するUNCITRALモデル法」（UNCITRAL Model

---

[1] 2022年6月24日，中国の体育法が改正され，専らスポーツ仲裁に関する章が設けられた。これを機に，中国におけるスポーツ仲裁制度の発展が期待されている。

Law on International Commercial Arbitration) の採用国ではない[2]。ただし，中国の仲裁に関する法律規定や重要な原則は，UNCITRAL仲裁モデル法を参照した内容となっている。

以下に，関連の法律根拠，仲裁機関，仲裁の基本的な原則と制度につき順に解説する。

(1) 法律根拠

中国の商事仲裁に関する基本法規としては，仲裁法と民事訴訟法が挙げられる。この他，最高人民法院の司法解釈，最高人民法院と地方の高級人民法院による下級人民法院からの個別の法律問題や事件に関する問合せへの回答等が多く存在する。これらの司法解釈や回答は法規ではないが，実務上で頻繁に引用や参照されており，大きな役割を果たしている。

① 仲裁法

中国の仲裁法は，1994年に制定された。その後，2009年と2017年に改正がなされたが，いずれも個別の条文に対する細かい修正であった。現在，3回目の大幅な改正が進められている最中だが，正式な公布時期は不明である。

なお，司法部は2021年7月30日に「仲裁法（改正）（意見募集稿）」（以下「仲裁法意見募集稿」という）を公布し，同年8月29日まで意見募集を行った。また，全国人民代表大会常務委員会は2024年11月8日に「仲裁法（改正草案）」（以下「仲裁法改正草案」という）を公布し，同年12月7日まで意見募集を行った。

仲裁法（2017年改正版）	
第1章	総則
第2章	仲裁委員会および仲裁協会
第3章	仲裁合意
第4章	仲裁手続
第5章	判断取消しの申立て

---

2 なお，香港については，中国本土と法制度が異なり，香港仲裁条例がUNCITRAL仲裁モデル法を採択している。

第6章	執行
第7章	渉外仲裁の特別規定
第8章	附則

② 民事訴訟法

中国の民事訴訟法は民事訴訟手続に関することのみならず，仲裁における保全措置（財産保全，証拠保全および行為保全を含む），仲裁判断に対する司法審査，仲裁判断の執行等も定めている。

③ 仲裁に関する司法解釈等

最高人民法院は，2006年8月23日に「『仲裁法』適用の若干問題に関する解釈」（以下「仲裁法司法解釈」という）を公布した。仲裁法司法解釈は，書面形式の仲裁合意および契約紛争の範囲，仲裁合意の効力の認定，仲裁合意の効力の確認を申し立てた事件の管轄，再仲裁（当事者が仲裁判断の取消しを申し立てた事件が法定の事由に該当する場合，人民法院が仲裁廷に対し一定期間内に改めて仲裁を行うよう通知する制度）の取扱い等を定めている。

上記の他，最高人民法院は，仲裁実務における個別の問題点に関する司法解釈を数多く出している。例えば，「仲裁合意の効力の確認に関するいくつかの問題についての返答」（1998年10月26日公布），「仲裁司法審査事件の審査に関する若干問題についての規定」（2017年12月26日公布）および「人民法院による仲裁判断執行事件の処理に関する若干問題についての規定」（2018年2月22日公布）等が挙げられる。

(2) 仲裁機関

司法部がそのウェブサイト上で公表したデータによれば，中国全土に約270ある仲裁機関は，2021年に415,889件の案件を受理し，係争金額は合計約8,593億人民元に達したとされている[3]。

① 中国国内の仲裁機関

中国での仲裁手続は，渉外仲裁を主に取り扱っているCIETACがよく利用さ

---

3 http://www.moj.gov.cn/pub/sfbgw/fzgz/fzgzggflfwx/fzgzggflfw/202203/t20220323_451264.html

れている。CIETACの本部は北京にあるが，深圳，上海，天津等中国大陸に13の分会があり，その他，香港，カナダのバンクーバーおよびオーストリアのウィーンに仲裁センターを設立している。

　CIETAC以外の仲裁機関としては各地方の仲裁委員会がある。地方の仲裁委員会は，その所在地に関わりのある紛争事件を主に取り扱っている。「最高人民法院による商事仲裁司法審査年度報告（2019年）」によれば，2019年末時点において，中国国内には，260の仲裁機関があるとされていたが，司法部の統計によると，2023年時点で279とされており，その数は年々増加傾向にある[4]。

　また，地方の仲裁機関のうち，北京仲裁委員会，上海仲裁委員会，上海国際仲裁センター，深圳国際仲裁院等の大都市の仲裁委員会は，実務経験を豊富に蓄積していることから，中国の投資家のみならず，外国投資家からも高く評価されている。

② 中国国外の仲裁機関

　近年，中国政府は，中国国外の著名な仲裁機関の中国への進出を推奨している。

　2015年4月8日，国務院は「中国（上海）自由貿易試験区のさらなる改革開放の進化に向けた方案」を公布し，国際商事紛争の解決規則に合わせて，中国国外の著名な仲裁機関の中国（自由貿易試験区）進出を支持すると表明した。それを受け，2015年11月に香港国際仲裁センター（HKIAC），2016年2月に国際商業会議所国際仲裁裁判所（ICC），2016年3月にシンガポール国際仲裁センター（SIAC），2016年12月に大韓商事仲裁院（KCAB）がそれぞれ上海自由貿易試験区内に事務所を開設した。

　また，2019年10月21日に，上海市司法局が「中国国外仲裁機関が中国（上海）自由貿易試験区臨港新片区に業務機関を設立することに関する管理規則」，2020年12月28日に，北京市司法局が「中国国外仲裁機関が中国（北京）自由貿易試験区に業務機関を設立することに関する管理規則」をそれぞれ公布し，場所を限定したものではあるが，中国国外の仲裁機関が対象エリア内で業務機

4　https://www.moj.gov.cn/pub/sfbgwapp/fzgzapp/ggfzfwapp/ggfzfwapp2/202405/t20240506_498312.html

を設立し，仲裁業務を行うことを認めた[5]。

中国国外の仲裁機関の業務機関に対する条件[6]	
設立条件	業務範囲
✓ 中国国外で合法的に設立されており，かつ5年以上存続していること ✓ 中国国外で実質的に仲裁業務を展開し，比較的高い国際的な知名度を有していること ✓ 業務機関の責任者が故意による犯罪で刑事罰を受けたことがないこと	国際商事，海事，投資等に関する渉外民商事紛争につき，次の仲裁業務等を行うことが可能である。 ✓ 事件受理，審理，聴取，裁決 ✓ 事件管理および関連サービス ✓ コンサルティング，指導，研修，研究 ただし，業務機関は，渉外要素のない紛争事件の仲裁業務は行ってはならない。

さらに，最高人民法院は，2021年1月8日に「海南自由貿易港設立にあたり人民法院が司法サービスと司法保障を提供することに関する意見」を公布し，中国国外の仲裁機関が海南自由貿易港に業務機関を設立することを支持すると表明した。それを受けて，海南省人民政府は2024年5月29日に，「海南自由貿易港における国際商事仲裁の発展に関する若干規定」を公布し，2024年7月1日から施行された。

(3) 仲裁の基本的な原則と制度

中国の仲裁の基本的な原則と制度は，仲裁法に基づく。具体的には以下のとおりである。なお，以下かっこ内の条番号は，特記のない限り仲裁法の条番号である。

① 当事者自治

仲裁制度における最も基本的な原則が，当事者自治の原則である。本原則の

---

5 なお，これら管理規則の施行に先立ち，2019年10月18日，世界知的所有権機関（WIPO：World Intellectual Property Organization）仲裁調停センターが司法部の許可および上海司法局の登記を経て，中国（上海）自由貿易試験区に中国初の国際的仲裁機関の業務機構として，WIPO仲裁調停上海センターを設立しており，かつ中国における仲裁および調停を開始した。
6 「中国国外仲裁機関が中国（上海）自由貿易試験区臨港新片区に業務機構を設立することに関する管理規則」6条，14条および18条

具現化として、中国の仲裁法の総則に定められているのが、「当事者が仲裁方式にて紛争を解決する場合は、双方の自由意思により、仲裁に付する旨を合意しなければならない。仲裁合意なく、一方が仲裁を申し立てた場合、仲裁委員会は、これを受理しない」（4条）、「仲裁委員会は、当事者の合意により選定しなければならない」（6条1項）等である。

関連法律規定および仲裁機関の仲裁規則等は、仲裁にあたっては、当事者の自由意思が最大限に尊重されるとしており、仲裁手続のほぼ全般に当たる次の項目を、当事者間の合意で定めることができる。

(i) 紛争解決の手段として仲裁の指定
(ii) 仲裁機関の指定
(iii) 仲裁廷の構成、仲裁人の選任
(iv) 仲裁における和解または調停
(v) 仲裁手続の進め方、等

② 仲裁の独立性

仲裁法は、仲裁の独立を原則としている。仲裁の独立性を担保するための定めとして、「仲裁は、法により独立して行われるものとし、行政機関、社会団体および個人の干渉を受けない」（8条）、「仲裁委員会は、行政機関から独立し、行政機関と隷属関係はないものとする。各仲裁委員会間にも隷属関係はない」がある。

③ 仲裁と訴訟の二者択一

法律による紛争解決の方法は、原則として、仲裁か訴訟のいずれかを選択する必要がある。当事者が仲裁に付する旨を合意しながら、一方が人民法院に訴訟を提起したとき、人民法院は、これを受理しない（ただし、仲裁合意が無効である場合はこの限りではない）（5条）。また、当事者が、紛争が発生した場合に仲裁機関に仲裁を申し立てることも人民法院に提訴することもできると約定している場合は、仲裁合意は無効とされる（仲裁法司法解釈7条）。

④ 機関仲裁

中国で行う仲裁は、仲裁機関を利用する「機関仲裁」が原則である[7]。仲裁法16条2項に、仲裁合意の成立要件として、仲裁機関を選定しなければならな

いことが定められている。

　ただし，近年，中国では「アドホック仲裁」（仲裁機関を利用せず，当事者と仲裁人のみで仲裁手続を行うこと）（中国語では「臨時仲裁」という）の法的効力を認める試みが見られる。最高人民法院が2016年12月30日に公布した「自由貿易試験区設立のための司法保障の提供に関する意見」（法発【2016】34号）9条3項によれば，「自由貿易試験区内に登録した企業が，中国大陸の特定の場所で，特定の仲裁規則に基づき，特定の者が関連の紛争につき仲裁を行うことを相互に約定した場合，当該仲裁合意を有効なものと認定することができる」とされている。

　横琴自由貿易試験区はこれにすばやく反応し，2017年3月18日に「横琴自由貿易試験区臨時仲裁規則」を公布し，中国海商法協会，中国海事仲裁委員会が2022年3月18日に「中国海商法協会臨時仲裁規則」と「中国海事仲裁委員会臨時仲裁サービス規則」を公布し，海南省人民政府が2024年5月29日に「海南自由貿易港における国際商事仲裁の発展に関する若干規定」を公布し，これらの規定では，いずれもアドホック仲裁が認められている。また，2021年7月に公布された仲裁法意見募集稿91条1項には，「渉外要素がある商事紛争の当事者は，仲裁機関による仲裁を約定することができ，特設仲裁廷による仲裁を直接約定することもできる」とあり，2024年11月に公布された仲裁法改正草案79条には，「渉外海事に発生する紛争，または国務院の承認を得て設立された自由貿易試験区に登記された企業間に発生する渉外要素の紛争について，当事者は書面にて仲裁を約定した場合，仲裁委員会による仲裁を選択することができ，中華人民共和国の領域内の約定した場所に，本法第20条で定める条件を満たす者によって構成される仲裁廷による約定した仲裁規則に基づく仲裁を約定することもできる」とあり，アドホック仲裁を法的に認める方向が見られる。

　アドホック仲裁が中国全土に普及すれば，中国における仲裁手続の機動性と便宜性がさらに高まる可能性があるため，今後の動きが注目される。

7　中国でアドホック仲裁が進まないのは，1990年代の立法者らが，同方法は仲裁機関の監督管理力の弱体化につながると懸念（仲裁手続のすべてを仲裁人に任せた場合，仲裁人の行為を管理監督できず，仲裁判断の質を落とす可能性がある）したためと言われている。

⑤ 非公開審理

仲裁は，原則として，非公開で行う。当事者が公開する旨を合意した場合には公開できるが，国家機密に関わる場合はこの限りではない（40条）。

また，仲裁は，原則として，開廷審理を行わなければならない。ただし，当事者が開廷審理を行わない旨を合意した場合，仲裁廷は，仲裁申立書，答弁状およびその他の資料に基づき判断を下すことができる（39条）。

⑥ 一審終審

仲裁は，一審制である。仲裁判断が下された後，当事者が同一の紛争について仲裁を再度申し立てる，または人民法院に訴訟を提起した場合，仲裁委員会または人民法院は，これを受理しない（9条）。

仲裁判断書は，それが下された日から法的効力が生じる（57条）。当事者は，仲裁判断を履行しなければならず，一方当事者が履行しない場合には，他方当事者は，民事訴訟法の関連規定に従い人民法院に執行を申し立てることができる（62条）。

3 仲裁の手続

中国の仲裁機関における一般的な商事仲裁の手続の流れは，下表のとおりである。

ただし，当事者間で定めた仲裁条項や適用される仲裁規則および仲裁人等によって，手順等が大きく異なる可能性もあるので留意が必要である。

段階	項目	内容
準備段階	協議による解決	紛争に係る契約の紛争解決に関する条項を確認する。仲裁申立て前に，当事者同士で友好的に協議し，紛争の解決を図るとする協議条項を設けているケースが多い。
	代理人の選定	弁護士等を仲裁代理人に選定することは必須ではない。しかし，仲裁は訴訟と同様，専門性の高い紛争解決の方法である。そのため，仲裁の専門家に依頼することでより理想的な結果が得られる可能性が高い。
	仲裁の申立	仲裁機関の規則・ルールに従い，申立てに必要な仲裁申立

Step 1	て	書等の書類を作成・準備し，提出する。
	仲裁費用の納付	中国では，仲裁費用の全額を予納する必要がある。
Step 2	仲裁の受理	仲裁委員会が受理条件に合致すると認めた場合，仲裁申立書の受領日から5日以内に受理され，当事者に通知される（仲裁法24条）。
	答弁書の提出	答弁書の提出は必須ではない。被申立人から答弁書が提出されなくとも，仲裁手続の進行に影響しない。
Step 3	仲裁人の選任	仲裁人の人数を確定し，確定人数の仲裁人を選任する。ほとんどの仲裁機関は，専門分野ごとに仲裁人名簿を設けており，当事者は，原則として[8]，仲裁人名簿から仲裁人を選任することになる。
Step 4	審理予定の策定	仲裁廷は，当事者（またはその代理人）と協議し，審理手続および予定表を確定する。
		案件が特に複雑な場合，一部の仲裁機関は，ICCの付託事項書（Terms of Reference）ルールを参考にし，初期段階で仲裁廷に付託されている事項を明確にする方法をとっている。
Step 5	主張書面等の提出	当事者は，自らの主張を記載した書面と証拠等を提出する。
		被申立人は，仲裁請求を認諾するまたは反論することができる。反対請求をする権利も有する。
Step 6	審理	仲裁は，原則非公開で開廷審理する。
		仲裁廷は，当事者の意見を求めた上で，書面にて審理することもできる。
Step 7	仲裁判断	仲裁判断は，仲裁人の多数意見に従って下される。仲裁廷が多数意見を形成できない場合，判断は，首席仲裁人の意見に従って下される（仲裁法53条）。
		仲裁法に仲裁廷が仲裁判断を下すべき期限についての規定はない。しかし，多くの場合，適用される仲裁規則に明確に期限が設けられている[9]。

---

8 例外として，例えば，CIETACは，仲裁人名簿外から仲裁人を選任することを認めているが，仲裁委員会主任の確認を経なければならない。
9 CIETAC仲裁規則（2024年版）の場合，渉外仲裁は，仲裁廷構成後6カ月以内に判断書を出すとし（51条1項），国内仲裁は，仲裁廷構成後4カ月以内に判断書を出すとしている（74条1項）。また，簡易手続の場合，仲裁廷構成後3カ月以内に判断書を出すとしている（65条1項）。

4　仲裁費用

　仲裁に必要なすべての費用は当事者が負担する。仲裁にかかる費用は，仲裁機関の管理費（仲裁機関の業務報酬および施設利用料等）や仲裁人の報酬等である。費用負担は，訴訟とは異なるので留意が必要である。訴訟は，国が裁判所（人民法院）を運営し，裁判官の給与も国から支払われる。そのため，当事者は，原則として，所定の裁判手数料のみを納めればよく，裁判所の施設利用料や裁判官の人件費を負担する必要はない。

　なお，仲裁代理人である弁護士の費用は，「2－1　中国の民事訴訟制度の基礎知識」の6で紹介した訴訟の場合と同じであるため，ここでは割愛する。

(1)　仲裁費用

　中国では，仲裁費用の金額や計算方法，および納付手続等は，各仲裁機関のルールに従うことになる。

　仲裁機関が徴収する仲裁費用は，主に仲裁受理費と仲裁処理費の2つに分けられる。そのうち，仲裁受理費とは，仲裁人の報酬と仲裁委員会の運営維持に用いる費用で，仲裁処理費とは，仲裁人の出張旅費，食費，宿泊費，仲裁廷が招聘した専門家，鑑定人，通訳・翻訳等の費用であるとされている（仲裁委員会仲裁費用徴収規則3条および7条）。

　なお，仲裁機関の多くは，そのウェブサイト上で仲裁費用が計算できるようにしており，係争金額を入力すると，仲裁費用が自動計算される。例えば，CIETACのウェブサイト上に1,000万人民元（2億円程度）と入力して計算すると，渉外案件の場合は，2024年1月1日以降の事件受理費10,000人民元（20万円程度），事件処理費225,000人民元（473万円程度），合計235,000人民元（493万円程度）という計算結果が表示される。

　なお，係争金額を確定できない場合（契約の解除や無効の確認が必要な場合等）は，仲裁委員会が案件の複雑さ等を踏まえてケースバイケースで仲裁費用を決定することになる。

(2) 仲裁人の報酬

通常，仲裁人の報酬は仲裁受理費に含まれるとされているが，報酬の金額または計算方法は不明確である。この点は実務上でも批判を受けている。また，外国籍の仲裁人は報酬が低いことを理由に受任に消極的になりがちである。そのため，一部の仲裁委員会（例えば，CIETAC）は，国内案件と渉外案件で異なる費用体系を採用している。

一方，北京仲裁委員会は，従来，異なる費用体系を採用していたが，2019年7月19日に仲裁規則を改正し，国内仲裁と国際仲裁を一律化し，「管理費＋仲裁人報酬」の費用体系とした。同改正は，国際的仲裁機関のルールに歩調を合わせるもので，報酬の規定が不透明である問題を解決したとして，中国では大きく報道された。

さらに，北京仲裁委員会は，当事者の約定がある場合，仲裁人報酬はタイムチャージ[10]による計算も可能と初めて認めた。ただし，中国国内企業は，タイムチャージ制に馴染みがなく，あまり利用されていない。しかしながら，係争金額は非常に大きいものの，さほど複雑でない案件の場合，係争金額をベースに仲裁人の報酬を計算するより，タイムチャージのほうが結果的に，当事者にとって得になる可能性が高いと思われる。

なお，北京仲裁委員会は，2021年7月1日にタイムチャージ制のガイドラインを公布し，利用促進を図っている。

(3) 仲裁費用の負担

仲裁費用は，一般的に敗訴側が負担する。ただし，当事者間の仲裁合意に明確な規定がなければ，その仲裁に適用される仲裁規則によることになる。

CIETACの場合，仲裁規則（2024年版）55条2項によれば，仲裁廷は，仲裁事件の具体的状況に基づき，敗訴側が勝訴側に補償すべき，事件処理にかかった合理的な費用を裁定し，判断書に明記する権限を有する。また，費用の合理

---

10 なお，原則として，5,000人民元/h（日本円で10万円程度。レートは2024年7月現在）以下とされている。

性の裁定は，事件の判断結果，複雑さ，勝訴側当事者および／または代理人の実際の作業量ならびに事件の係争金額等の要素を具体的に考慮して決定するとされている。

5 事例紹介

以下は，最高人民法院が2017年5月15日に公布した「一帯一路」の建設のための司法サービスおよび保障の提供に関する典型的案例（第2回）のうちの1つである。初めて，自由貿易区内の外商投資企業同士による外国での仲裁を認めた事例であり[11]，判決後の2016年12月30日に，最高人民法院より公布された「自由貿易試験区の建設のための司法保障の提供に関する意見」（法発（2016）34号）は，この事件に対する最高人民法院の裁定書における意見[12]を司法解釈化したものであると言われている。

事件名	西門子国際貿易（上海）有限公司および上海黄金置地有限公司の外国仲裁判断の承認および執行の申立事件
判決書番号	（2013）沪一中民認（外仲）字第2号
判決年月日	2015年11月27日
人民法院	上海市第一中級人民法院
当事者	西門子国際貿易（上海）有限公司（申立人／シーメンス），上海黄金置地有限公司（被申立人／黄金置地）
案件概要	✓ 2005年9月23日，申立人および被申立人が入札を通じて，設備の供給契約を締結した。当該契約には，申立人が2006年2月15日までに対象設備を工事現場に搬入すること，紛争が生じた場合は，シンガポール国際仲裁センターの仲裁に付すこと等を定める仲裁合意があった。

---

11 人民法院は，法的根拠がないことを理由として，中国国内契約では，中国国外の仲裁機関による仲裁または裁判所による裁判を紛争解決の方法として定めることを認めていない。詳細については，前掲「1-3 『訴訟』と『仲裁』のどちらを選ぶか」を参照されたい。
12 法発（2016）34号9条1項によれば，「自由貿易試験区内で登録した外商独資企業が相互間で商事紛争を域外仲裁に付す旨を約定している場合，かかる紛争が渉外要素を有していないことのみを理由に関連の仲裁合意を無効と認定してはならない」とされている。

	✓ 契約履行過程において，申立人と被申立人との間でトラブルが生じた。黄金置地はシンガポール国際仲裁センターに仲裁を提起し，契約の解除および代金支払の停止を求めた。これに対して，シーメンスは仲裁手続において反対請求を提起し，代金の全額ならびに利息の支払および損害賠償を請求した。 ✓ 2011年11月，シンガポール国際仲裁センターは仲裁判断を下し，黄金置地の請求を退け，シーメンスの反対請求を支持した。当該仲裁判断を受けて，黄金置地は一部を支払ったが，設備代金および利息合計5133,872.3人民元は支払わなかった。 ✓ そこで，申立人は，ニューヨーク条約に基づき，上海市第一中級人民法院に対して，シンガポール国際仲裁センターの仲裁判断の承認および執行を申し立てた。当該申立てに対して，被申立人は，双方が中国法人である上，契約の履行地が中国国内であることから，渉外要素がないことを理由に，仲裁合意が無効であり，また，当該仲裁判断の承認および執行は中国の公共政策に反すると主張した。
判決の要旨	本件は，逐級報告制度[13]に従い，上海市第一中級人民法院から最高人民法院に報告された。 最高人民法院は，以下のことを理由として，本件には渉外要素があると判断し，よって，ニューヨーク条約に基づき，シンガポール国際仲裁センターの仲裁判断を承認および執行をすべきであるとの裁定を下した。 ✓ 申立人と被申立人は中国法人であるが，その登録住所が上海自由貿易試験区内にあり，かつ両社とも外商独資企業であるため，中国国外の投資者と緊密な関係を有する。 ✓ 契約の履行の特徴から渉外要素があると言える。具体的には，対象設備が中国国外から自由貿易試験区内に保税で搬入され，通関手続後に，自由貿易試験区内から区外に搬入され，もって，設備の輸入手続が完了することになる。よって，対象設備の搬送において，国際貨物売買の特徴があると言える。

---

13 後掲「3－6 仲裁判断に対する司法審査」の5を参照されたい。

3－2　CIETAC仲裁規則の改正

　CIETAC仲裁規則が2023年9月に改正され，改正後の新仲裁規則は，2024年1月1日より施行された（以下では，改正前の仲裁規則を「仲裁規則（2015年版）」，改正後の仲裁規則を「仲裁規則（2024年版）」という）。今回は，CIETAC仲裁規則の9回目の改正であり，改正条文は30数カ所に及ぶ。改正内容のほとんどは，近年の中国における仲裁実務および国際仲裁の発展を踏まえた，当事者の意思自治，仲裁手続の柔軟性，公平性，効率性および透明性をさらに高めるためのものである。

　仲裁規則（2024年版）は，手続の電子化，複数の仲裁の併合，仲裁言語等について新たに規定を設け，国内外の当事者の仲裁手続の利便性を高めるため，仲裁手続の柔軟性，効率性等，様々な角度から仲裁規則を改善した。一方，今回の改正で導入された証拠ガイドラインの適用，中間判断，早期却下制度等は，仲裁手続の効率化，仲裁判断の予見可能性の向上等が期待できるものの，当事者にとって馴染まない部分もあり，これらの新しい規則が今後どのように運営されるのかは，注目する必要がある。

　本節は，仲裁規則（2015年版）と仲裁規則（2024年版）を比較しながら，主な改正点を紹介する[14]。なお，CIETACのウェブサイト上で，仲裁規則の新旧比較版[15]が公表されている。

1　本部と分会の案件受理範囲

　CIETACは現在，北京本部の他，16の分会（仲裁センターを含む，以下同

---

[14] かかる主な改正点の他，仲裁規則（2024年版）の改正点として，当事者の約定や請求に従いアドホック仲裁へのサービスを提供すること（2条7項），仲裁代理人を変更する際に仲裁人の利益相反を防止すること（22条2項），仲裁費用および仲裁人報酬を調整すること（添付書類二）もある。

[15] http://www.cietac.org/index.php?m=Article&a=show&id=19378

様）がある。これまでは，仲裁合意において分会が仲裁すると明確に約定しない場合，原則として北京本部が仲裁を受理し，管理することになっていた。

仲裁規則（2024年版）2条6項は，「分会が仲裁すると約定し，または開廷地，仲裁地は分会が所在する省，自治区，直轄市内であると約定する場合は，当該分会の仲裁院が仲裁申立てを受理し，かつ案件を管理する（当事者が別途約定している場合を除く）。仲裁委員会仲裁院は，案件の具体的な状況に基づき，かかる案件の管理を分会に授権することができる」と追加した。

上記の改正により，CIETAC分会の受理案件の範囲が拡大した。例えば，CIETAC本部が仲裁し，仲裁地が成都であると約定した場合は，仲裁合意に分会による管轄を排除する旨の規定がなければ，成都に所在する四川分会が受理することになる。

なお，約定した分会が存在せず，授権を打ち切られ，または約定が不明確である場合には，これまでどおり仲裁委員会仲裁院が仲裁申立てを受理し，管理するとされている（仲裁規則（2024年版）2条6項後段）。

2　仲裁合意または管轄権に対する異議

仲裁規則（2015年版）6条1項によれば，「仲裁委員会は，仲裁合意の存在，効力および仲裁事件の管轄権につき決定する権利を有する。必要があるときは，仲裁委員会が仲裁廷に授権して管轄権を決定させることもできる」とされている。すなわち，仲裁合意の存在，効力および仲裁事件の管轄権の有無は，原則として，仲裁委員会が判断するもので，必要に応じて，仲裁廷へ授権することになっていた。しかし，かかる制度は，世界の多くの国で認められている「competence-competence」の原則[16]に反することや，仲裁手順を煩雑化し，管理コストの増加につながるという批判的な意見が多かった。

仲裁規則（2024年版）6条1項は，このような既存の枠組みを維持しながら，「仲裁事件の管轄権」の有無については，仲裁廷が設立された後，仲裁委員会が仲裁廷に直接授権すると規定し，「必要があるとき」という制限を削除した。

16　仲裁廷が自身の管轄権を決定する権利を有するという原則

3　手続の電子化

　仲裁手続の電子化は、コロナ禍において、急激に発展した。仲裁書類の送達や開廷手続のオンライン化は、仲裁手続の効率性を上げ、利便性をアップし、コストの低減につながったことから、仲裁の関係者より、高く評価されている。
　仲裁規則（2024年版）は、仲裁の申立て、書類提出、送達、開廷のオンライン化に関する規定（8条、11条、21条、37条）や、仲裁人による電子署名の規定（52条）を設けている。例えば、8条では、仲裁判断書を含めて、仲裁に関する一切の文書、通知、資料等は、いずれも電子的方式による送達ができると明記した。電子的送達の方式とは、「当事者が約定／指定した電子メールアドレス、その他電子通信アドレス、および仲裁委員会の情報化保管システムや各当事者が支障なく保存やダウンロードのできる情報システム等の電子的方式を通じて仲裁文書を送達すること」を指すとされている。
　また、仲裁規則（2024年版）8条2項、21条1項によれば、仲裁文書の送達および仲裁申立書等の仲裁書類は、電子的方式を優先して利用するとされている。よって、今後のCIETACによる仲裁においては、特段の理由がなければ、電子メール等による送達や書類提出がこれまでの紙ベースによる送達や書類提出に代わって普及すると思われる。

4　協議や調停の前置

　明確な法律上の根拠はないものの、中国では、金額が大きい、期間が長い、または状況が複雑な取引に関する契約書（例えば、合弁契約）の紛争解決条項には、訴訟や仲裁を起こす前に、当事者のトップによる協議や第三者による調停を行うと約定するケース（具体的には、後掲「4－1　段階的紛争解決条項」を参照されたい）が多く見受けられる。
　その一方で、紛争が発生してしまうと、当事者は約定した協議や調停を経ずに、いきなり仲裁を申し立てるケースが多く、この場合、仲裁機関はかかる仲裁を受理すべきか否か、受理した後に下した仲裁判断がスムーズに承認および

／または執行できるのか（仲裁判断の取消しや執行拒否の理由になり得ないのか）が争点となっていた。

当該問題について，最高人民法院が2022年1月に公表した「全国法院渉外商事海事審判業務座談会会議紀要」107条に基づくと，人民法院がニューヨーク条約に基づき外国仲裁判断の承認および執行に関する事件を審理する際に，当事者が仲裁合意において「まずは協議にて解決し，協議による解決ができない場合は仲裁を申し立てる」旨の約定をしているにもかかわらず，一方当事者が協議を経ずに仲裁を申し立てたときに，他方当事者が，当該行為は，協議手順に対する違反であり，ニューヨーク条約5条1項に定める「仲裁手続が当事者間の合意に従っていない」ことに該当するとして，仲裁判断の承認と執行を拒否すると主張する場合，人民法院はかかる主張を支持しない，としている。

上記最高人民法院の意見の影響もあると思われるが，仲裁規則（2024年版）12条2項には，「仲裁合意において仲裁の前に協議，調停を行うと約定している場合は，協議，調停の後に仲裁を申し立てることができる。ただし，協議，調停を行わないことは，申立人による仲裁申立ておよび仲裁委員会仲裁院による仲裁案件の受理に影響しない。適用する法律または仲裁合意において明確に異なる規定がある場合はこの限りでない」との内容が追加された。

5 複数契約の仲裁と仲裁の併合

仲裁規則（2024年版）は，複数契約に関する仲裁の14条および仲裁の併合に関する19条を改正し，それぞれの適用条件に「複数契約に関わる目的物には関連性がある」と追加した。具体的内容は以下のとおりである。

第14条1項：
申立人は，複数の契約における紛争を1件の仲裁事件に併合して仲裁申立てを提起することができる。ただし，下記の条件を同時に満たさなければならない。
① 複数の契約が主たる契約と従たる契約の関係にあり，または複数の契約に関わる当事者が同じで，かつ法律関係の性質が同じである，または複数の契約に関わる目的物に関連性があること
② 複数の契約に関わる紛争の原因が同じ取引または同じ系列の取引であること

③ 複数の契約における仲裁合意の内容が同じまたは相容れるものであること

第19条1項：
次の条件のいずれかに合致する場合，仲裁委員会は，一方当事者の請求を経て，本規則に基づいて行われる2件または2件以上の仲裁事件を併合して1件の仲裁事件とし，審理すると決定することができる。
① 各事件の仲裁請求が同一の仲裁合意に基づき提起された場合
② 各事件の仲裁請求が複数の仲裁合意に基づき提起され，かかる複数の契約が主たる契約と従たる契約の関係にあり，または複数の契約に関わる当事者が同じで，かつ法律関係の性質が同じであり，または<u>複数の契約に関わる目的物に関連性があり</u>，かつ複数の契約の仲裁合意の内容が同じまたは相容れるものである場合
③ すべての事件の当事者がいずれも仲裁の併合に同意した場合

　上記改正を受け，大型合弁プロジェクト（例として，親会社同士が締結するフレームワーク契約に基づき，複数の子会社がそれぞれ出資契約，ライセンス契約および販売契約等を交わすこと等が考えられる）や，同じグループの複数の関連会社が異なる会社と行う，同じ性質の取引に関する仲裁事件について，契約当事者が異なっても，併合して1件の仲裁事件として審理することが可能になることから，効率的な紛争の解決につながることが期待できる。

6　保全申立ての移送

　中国の仲裁手続における保全措置は，仲裁機関または仲裁廷には何ら裁量権がなく，当事者の保全措置の申立てを人民法院に移送するだけである。根拠としては，仲裁規則（2015年版）23条1項の「当事者が中国の法律に基づいて保全を申し立てた場合，仲裁委員会は，法により当事者の保全申立てを当事者の指定した管轄権を有する人民法院に移送しなければならない」との記載である。
　しかし，2019年9月26日に公布された「内陸および香港特別行政区の裁判所間の仲裁手続の相互共助保全に関する取決め」の影響を受け，中国における仲裁が，香港または渉外仲裁にかかる場合の，他の国や地域の裁判所への保全申立ての移送が，現実問題となり，問題視されてきた。

仲裁当事者による他の国や地域での保全措置の実施に便宜や根拠を提供すべく，仲裁規則（2024年版）23条1項は，「当事者が中国の法律に基づいて保全を申し立てた場合」を「当事者が保全を申し立てた場合」に変更し，「中国の法律に基づく」の文言を削除した。これに加え，保全措置の実行可能性を高めるために，同項後段に，「仲裁委員会は，当事者の請求に従い，その保全措置に関する申立てを，仲裁通知を出す前に前述する裁判所に移送することができる」と追加した。

7　首席仲裁人の選任等

仲裁規則（2015年版）26条および27条は，首席仲裁人を含む仲裁人の選任に関するルールを定めている。かかる規定に基づくと，首席仲裁人は当事者が共同で選任し，共同で仲裁委員会主任に指定を委任し，または共同で推薦するとされている。しかし，実務上，仲裁委員会主任が首席仲裁人を指定するのがほとんどであり，当事者が共同選任や共同推薦するケースは少ない。その一方で，近年，外国の仲裁実務の影響を受け，仲裁合意において，当事者が選任した2名の仲裁人が共同で首席仲裁人を選任する旨を約定するケースが多く見受けられるようになった。そこで，仲裁規則（2024年版）は，従来の規定を維持しながら，27条に首席仲裁人の選任方法を2つ追加した。

具体的な追加内容は，27条の，「双方当事者は，それぞれが選任した2名の仲裁人により，共同で首席仲裁人を選任することに合意できる。当該両仲裁人がそれぞれ選任を受諾した後7日以内に首席仲裁人を共同で選任し，または共同で仲裁委員会主任に指定を委任する。前述の期限を過ぎても共同で選任しない場合，または共同で仲裁委員会主任に指定の委任をしない場合，仲裁委員会主任が首席仲裁人を指定する」（3項）と，「双方当事者は，合意または共同での請求により，仲裁委員会主任から3名の首席仲裁人の候補者の指名を受け，7日以内にその中から首席仲裁人を選任することができる。（後略）」（5項）である。これらの新規定により，首席仲裁人の選任における当事者の関与度が高まり，首席仲裁人の選任がより公平かつ効率的になると思われる。

さらに，当事者の不合理な約定または権利濫用による手続の遅延を防ぐため

に，仲裁規則（2024年版）26条4項は，「当事者が約定した仲裁廷の構成方法が著しく不公平または不公正である，または当事者による権利の濫用により仲裁手続に不要な遅延をもたらした場合，仲裁委員会の主任は，公平の原則に基づき仲裁廷の構成方法を確定し，または仲裁廷のいずれかの構成員を指定することが可能である」と定めている。

8　証拠ガイドライン

　仲裁における証拠調べについて，CIETACは，民事訴訟法の証拠制度および「IBA国際仲裁証拠調べ規則」を参考にし，2015年2月に「CIETAC証拠ガイドライン」を制定した。なお，同証拠ガイドライン（2015年版）は，仲裁規則（2024年版）の公布と施行に伴い更新されており，更新後の証拠ガイドライン（2024年版）が仲裁規則（2024年版）と同時に施行されている。

　証拠ガイドライン（2015年版）は，立証責任の分担，証拠集め，証拠交換，証拠調べ等のルールを定めている。ただし，その冒頭には，当事者が適用すると合意した場合にのみ適用する旨の記載があり，中国の仲裁実務において，当事者間でその適用まで合意するケースは非常に少ないため，あまり利用されていない。

　仲裁規則（2024年版）41条4項は，「当事者間で別段の約定がなければ，仲裁廷は，『中国国際経済貿易仲裁委員会証拠ガイドライン』の全部または一部を適用し，事件の審理を決定することができる」と明記し，同時に，証拠ガイドライン（2024年版）の冒頭部分は，証拠ガイドラインが「当事者の約定または仲裁廷の決定」により適用されると改正された。

　今後CIETACが審理する仲裁案件においては，証拠ガイドラインの利用が増えると推測される。なお，前述のとおり，証拠ガイドラインは「IBA国際仲裁証拠調べ規則」も参考にしているため，その7条と23条に定める証拠開示制度等が，しばらくは中国の実務家や当事者には馴染まないかもしれない。

9　第三者による資金提供

近年、中国における訴訟や仲裁において第三者による資金提供（TPF：Third Party Funding）の利用が増えてきている。そのメリットやデメリット等については、後掲「4－5　第三者による資金提供」を参照されたい。また、CIETACの仲裁における第三者による資金提供の利用に対し、無錫市中級人民法院（（2022）蘇02執異13号）と北京市第四中級人民法院（（2022）京04民特368号）が、ともに肯定的な意見を示している。

このような背景の下に、仲裁規則（2024年版）は、新たに第三者による資金提供に関する規定を設けた。具体的には、48条を新たに設け、「第三者の資金提供を受けた当事者は、資金提供協議書を締結した後、遅滞なく第三者による資金提供の事実、経済的利益、第三者の名称および住所等の状況を仲裁委員会仲裁院に提供しなければならない。仲裁委員会仲裁院は、それを関連当事者および仲裁廷に転送するものとする。仲裁廷が必要であると認める場合、第三者による資金提供を受けた当事者に対して関連状況の開示を求めることが可能である（1項）。仲裁費用およびその他関連費用に関する判断を下す際に、仲裁廷は第三者による資金提供の有無、および当事者が第1項の規定を遵守したかを考慮することができる（2項）」との内容が追加された。

当該改正は、第三者による資金提供の中国における利用の後押しになると思われるが、同時にCIETAC仲裁の透明度と公平性にもつながることが期待できる。

10　中間判断

中国の現行法には、仲裁手続における中間判断（interim award）に関する明文の規定はない。ただし、仲裁法55条には、仲裁廷が紛争を仲裁する場合において、その中の事実の一部がすでに明確であるときは、当該部分について先行して判断を下すことができるという規定がある。ここでいう「先行して判断を下す」には、中間判断と部分判断（partial award）が含まれるという意見

がある。その影響もあり，これまで仲裁規則に中間判断を明記し，運用している中国の仲裁機関は多くない[17]。CIETACの仲裁規則には，2012年以前のバージョンにはかかる規定があったが，2012年改正時に削除され，2015年改正時にも追加されなかった。

仲裁規則（2024年版）は，中間判断に関し，新たな規定を設けた。その49条によれば，「仲裁廷が必要であると認める場合，または当事者が請求を提出しかつ仲裁廷の同意を得た場合，仲裁廷は最終判断を下す前に，事件に関するいずれかの問題に関し中間判断を下すことができる（1項）。いずれの当事者が中間判断を履行しないことは，仲裁手続の進行に影響せず，また仲裁廷が最終判断を下すことにも影響しない（2項）」とされている。

中間判断に関するルールを有する海外の仲裁機関と中国国内の仲裁機関の運用実績を見ると，中間判断の対象となる問題は，当事者の適格性，仲裁費用の支払，準拠法，契約の効力および具体的な契約条文の解釈等，当事者の仲裁請求に直接かかわらない問題に関するものがほとんどである。中間判断の運用は，仲裁手続をスムーズに進めることにつながり，最終の仲裁判断の予見可能性を高めることが期待できる。

11　早期却下

仲裁規則（2024年版）が新たに導入したルールのうち，早期却下（early dismissal）は，2006年に国際投資紛争解決センター（ICSID）仲裁規則41条（Preliminary Objections）5項に導入され，当事者は，仲裁廷の構成後30日以内に，明らかに法的根拠を欠く請求について異議を申し立てることができるとされている[18]。

当該制度の運用は仲裁コストを下げ，仲裁の効率性を高めることが可能であることから，近年注目を集め，その他の大手仲裁機関の仲裁規則にも次々導入された。例えば，シンガポール国際仲裁センターが2016年に，香港国際仲裁セ

17　北京仲裁委員会や上海国際仲裁センターの仲裁規則には中間判断に関する規定がある。
18　https://icsid.worldbank.org/sites/default/files/ICSID%20Convention%20English.pdf

ンターが2018年に仲裁規則に早期却下制度を導入した。また，CIETACにおいても，2017年10月から施行された「CIETAC国際投資紛争仲裁規則」26条に早期却下制度を導入した。

仲裁規則（2024年版）50条1項は，早期却下手続を具体的に定めている。ポイントとしては，「請求または反対請求」が「著しく法律上の根拠を欠く」または「著しく仲裁廷の管轄範囲を超えている」場合，当事者はそれを理由として，請求または反対請求の全部または一部の早期却下を仲裁廷に請求することが可能である。仲裁規則（2024年版）に「著しい」についての判断基準に関する規定はないが，異議を認め，当事者の請求を却下する裁定が終局的なものであるため，仲裁廷は早期却下制度を慎重に運用することが推測される。

一方，早期却下制度は当事者がこれを濫用し，仲裁手続を遅延させるおそれもある。当該問題に対応するため，仲裁規則（2024年版）50条2項は，「仲裁廷は，請求を提出した当事者に対して正当な理由の提出を求め，また，早期却下手続の実施が仲裁手続を全体的に早めることができることを証明するよう求めることができる」と定めている。

12　仲裁言語

仲裁規則（2015年版）81条1項によれば，仲裁言語は「当事者に仲裁言語について約定がある場合，その約定による。当事者が仲裁言語について約定していない場合は，中国語を仲裁言語とする。仲裁委員会は，事件の具体的状況に応じてその他の言語を仲裁言語として確定することもできる」としている。

仲裁規則（2024年版）84条2項は，仲裁手続の柔軟性を高めるために，仲裁委員会の権利を「契約書の言語を考慮した上，一言語または複数言語による仲裁を行うこと」へ拡充した。また，仲裁廷にも仲裁言語を決定する権利が与えられた。同条2項は，仲裁廷が設立された後，仲裁廷は「事件の具体的な状況を踏まえて仲裁手続に用いる仲裁言語を改めて確定することができる」と加えている。

仲裁廷が事件の具体的な状況により仲裁言語を改めて確定する権利を有すると，仲裁手続をより柔軟に行うことができる。特に，当事者が複数の国・地域

に関わる渉外仲裁事件を取り扱うときは，言語上の不便を解消し，各当事者がスムーズにその意見を述べることができると思われる。

13　その他

　仲裁規則（2024年版）は，手続の電子化，複数の仲裁の併合，仲裁言語等について新たに規定を設け，国内外の当事者の仲裁手続の利便性を高めるため，仲裁手続の柔軟性，効率性等，様々な角度から仲裁規則を改善した。

　一方，今回の改正で導入された証拠ガイドラインの適用，中間判断，早期却下制度等は，仲裁手続の効率化，仲裁判断の予見可能性の向上等が期待できるものの，当事者にとって馴染まない部分もあり，これらの新しい規則が今後どのように運営されるのかは，注目する必要がある。

　なお，前述した主な改正点の他，仲裁規則（2024年版）の改正点として，当事者の約定や請求に従いアドホック仲裁へのサービスを提供すること（2条7項），仲裁代理人を変更する際に仲裁人の利益相反を防止すること（22条2項），仲裁費用および仲裁人報酬を調整すること（添付書類二）も挙げられるが，詳細は割愛する。

コラム❽

翻訳や通訳の重要性

　日本企業と中国企業との仲裁手続は，英語で行うことが少なからず見受けられる。ただし，契約書が日本語と中国語で作成されている場合は，翻訳や通訳を介して行うことが比較的多い。

　かかる場合は，適切な翻訳や通訳を確保することが重要である。担当者がいくら万全に準備し，言葉遣いに注意しても，正確に訳されなければ意味がないといっても過言ではない。特に，国際仲裁案件においては，契約書等の翻訳の問題のみならず，当事者や証人の証言の通訳もよく問題視される。つい最近も，スポーツ仲裁裁判所（CAS）がスイスのモントルーで行った，中国競泳男子の孫楊（五輪金メダリストでドーピング検査を妨害したとの嫌疑を持たれた）に関する公聴会での通訳は，質が低いと中国で大きな波紋を呼んだ。

　中国では，仲裁手続における通訳は，仲裁機関が指定または推薦することが多い。これとは別に，当事者が自社サイドの翻訳や通訳および／または日本語と中国語ができる弁護士を雇うことが多い。なぜならば，事前準備の段階から，相手側の主張を正確に理解する必要があるし，仲裁機関が手配する通訳の正確性をダブルチェックすることも重要だからである。

3－3　仲裁合意と仲裁条項の書き方

　有効な仲裁合意が存在することは，仲裁手続をとるための前提条件であり，基本である。仲裁合意がないまたは無効であると，当然，仲裁による紛争解決はできない。理論上，仲裁合意の形成は紛争が生じる前後とも可能であるが，実際に紛争が発生してから当事者間で紛争解決の方法につき協議し合意するのは至難の業である。そのため，紛争解決の手段として仲裁を選択したい場合は，あらかじめ取引契約に仲裁条項を盛り込むことが必須である。

　そして，近年の日中間のクロスボーダー取引に関する契約や，日系現地法人が当事者となる契約においては，仲裁条項を積極的に盛り込むケースが増加傾向にある。これは紛争解決条項が重要視されていることの現れであろう。一方で，ひな形契約等の見直しを怠っていた等の原因で，仲裁条項に不備があり，その有効性をめぐって紛争に発展するケースも増えている。

1　仲裁合意の要件

　仲裁合意を有効にするためには，仲裁法および「『仲裁法』適用の若干問題に関する解釈」（以下「仲裁法司法解釈」という）に基づく，下記の形式的要件と実質的要件の両方を満たす必要がある。

(1)　形式的要件

　仲裁法16条1項には，「仲裁合意には，契約書に定める仲裁条項およびその他の書面方式で紛争発生前または紛争発生後になされた仲裁申立ての合意を含む」と規定されている。中国では，当該規定に基づき，仲裁合意は書面にて締結する必要があると解されており，実務上でも，ほとんどの取引契約の紛争解決条項に仲裁合意が存在している。

　なお，ここでいう「書面」は，紙媒体が必須というわけではない。仲裁法司法解釈1条に，「その他の書面方式」の仲裁合意として，「契約書，書簡および

電子データ文（電報，テレックス，ファクシミリ，電子データ交換および電子メールを含む）等の形式により成立した仲裁申立ての合意」が含まれていることから，電子的形式によるものも有効な仲裁合意として認められる。実際，稀ではあるが，当事者間のメールのやりとりで仲裁合意に達したとみなされるケースもある。しかし，「1－1　中国企業と契約を交わす際の留意点」の1で紹介したとおり，証明力の高さから依然として紙媒体が多く採用されている。

(2)　実質的要件

仲裁法16条2項によれば，有効な仲裁合意は，次の3要件を満たす必要がある。

> ①　仲裁申立ての意思表示（終局的に仲裁により紛争を解決する旨の意思表示）
> ②　仲裁に付する事項
> ③　選定する仲裁委員会（仲裁機関の選定）

かかる3要件のいずれか1つでも欠けてしまうと，仲裁合意は無効と判断される可能性が高い。無効とされる例としては，①約定した仲裁に付する事項が法律に定める仲裁の範囲を超えている場合，②民事行為無能力者または民事行為制限能力者がなした仲裁合意，③一方が相手側を脅迫して仲裁合意を強いた場合等（仲裁法17条）がある。

また，仲裁合意に仲裁に付する事項または仲裁機関について約定がない，または約定が不明確である場合も仲裁合意は無効とされる。ただし，当事者が追加で合意をなせば問題はない（仲裁法18条）。

(3)　今後の法改正

2021年7月30日に公布された仲裁法意見募集稿35条は，前述の実質的要件に対する改正内容を盛り込んでいた。同条によれば，当事者の仲裁申立てには，次の3要件を満たす必要がある。

> 仲裁法意見募集稿35条
> 　当事者の仲裁申立ては，次の各号に掲げる条件に合致しなければならない。

> (1) 仲裁合意があること
> (2) 具体的な仲裁の請求および事実，理由があること
> (3) 本法に定める仲裁範囲に属していること
> 　当事者は，仲裁合意に約定する仲裁機関に仲裁を申し立てなければならない。
> 　仲裁合意における仲裁機関に関する約定は不明確であるが，適用する仲裁規則を約定することで，仲裁機関を確定できる場合，当該仲裁機関が受理する。
> 　仲裁規則についても約定がない場合，当事者は補充合意を締結することができる。補充合意に達しないときは，最初に立案した仲裁機関が受理する。
> 　仲裁合意に仲裁機関についての約定がなく，当事者間で補充合意に達しないときは，当事者間の共通住所地の仲裁機関に仲裁を申し立てることができる。当事者間に共通住所地がない場合，当事者の住所地以外で最初に立案した仲裁機関が受理する。
> 　仲裁手続は，仲裁申立てが仲裁機関に提出された日から開始する。

　現行仲裁法16条2項の仲裁合意に係る要件と，仲裁法意見募集稿35条の仲裁申立てに係る要件を比べると，35条の仲裁申立てには「選定する仲裁機関」の要求がないことがわかる。

　当該改正は，当事者の意思自治をより一層尊重し，仲裁機関の選定に係るトラブルを回避することが期待できる。また，アドホック仲裁の導入（仲裁法意見募集稿91条）に呼応するものであると評価される意見がある。一方で，仲裁法意見募集稿35条3項と4項に定める，仲裁機関について約定がない，または約定が不明確である場合の取扱いルールには不備があるという指摘[19]も多く見受けられる。かかる意見の影響もあるが，2024年11月8日に公布された仲裁法改正草案29条は，上記仲裁法意見募集稿35条の改正をなくし，現行法の表現に戻した。この点については，今後の仲裁法の改正作業に注目する必要がある。

19　「立案」のルールについては，仲裁機関により異なる可能性があること，また，仲裁機関間で連携がなされていないため，重複立案および重複立案後の管轄権争奪等の問題を惹起するおそれがある等が挙げられる。

2　仲裁合意の独立性

　仲裁合意の独立性（分離可能性とも言う）とは，仲裁合意がかかる取引契約の一条項として締結されたとしても，その効力は取引契約から独立したものであり，たとえ取引契約が無効となったとしても，仲裁合意の効力には影響しないことを意味するものである。

　この点について，仲裁法19条1項は，「仲裁合意は，独立して存在し，契約の変更，解除，終了または無効は，仲裁合意の効力に影響を与えない」と明記している。また，当該規定を根拠として，仲裁法司法解釈10条は，「契約成立後，まだその効力が発生しない場合または取り消された場合における仲裁合意の効力の認定は，仲裁法19条1項の規定を適用する」，「当事者が契約締結時に紛争について仲裁合意を定めている場合は，契約が成立せずとも仲裁合意の効力には影響しない」と定めている。さらに，2021年1月1日施行の民法典507条においても，「契約が効力を発生せず，無効であり，取り消され，または終了したとしても，契約中の紛争解決方法に関する条項の効力には影響しない」と規定されている。

　仲裁合意の独立性については，各仲裁機関が仲裁規則に独自の関連規定を設けることもあり，かつ仲裁規則における規定のほうがより詳細で具体的である。例えば，CIETAC仲裁規則（2024年版）5条4項は，「契約に規定された仲裁条項は，契約のその他の条項と分離および独立して存在する条項であるとみなさなければならない。契約に付属する仲裁合意も，契約中のその他の条項と分離および独立して存在する一部分であるとみなさなければならない。契約の変更，解除，終了，譲渡，失効，無効，効力の未発生，取消しおよび成立の有無は，仲裁条項または仲裁合意の効力に一切影響を及ぼさない」と定めている。

3 仲裁合意の有効性および異議申立て

(1) 仲裁合意の有効性

① 典型的なトラブル

前述1と2のとおり，仲裁合意の有効性に関するルールは一見シンプルである。しかし，実務上は，担当者の知識不足による仲裁合意の有効性をめぐるトラブルが多く見受けられる。

かかる問題に関する判断基準を示すために，仲裁法司法解釈3条から7条で，トラブルの典型的なパターンを列挙し，下表のルールを定めている。

No.	判断基準
(a)	仲裁合意に約定している仲裁機関の名称が不正確であるが，具体的な仲裁機関を確定できる場合は，仲裁機関を選定しているものとして認定しなければならない（仲裁法司法解釈3条）。 ※逆に言うと，名称不備等で仲裁機関を確定できない場合は，仲裁合意は無効になる。
(b)	仲裁合意において紛争に適用する仲裁規則のみを約定している場合，仲裁機関については約定していないとみなす。ただし，当事者が補充合意を定めている場合，または約定した仲裁規則に基づき仲裁機関を確定できる場合はこの限りではない（仲裁法司法解釈4条）。 ※多数の仲裁機関の仲裁規則には，「当事者が本規則により仲裁を行うと約定したが，仲裁機関を約定していない場合には，紛争を仲裁委員会に申し立てて仲裁することに同意したものとみなす」[20]旨の規定がある。
(c)	仲裁合意において2つ以上の仲裁機関を約定している場合は，当事者は合意により仲裁申立てについてそのうちのいずれかの仲裁機関を選択することができる。当事者が仲裁機関の選択について合意に至れない場合は，仲裁合意は無効とする（仲裁法司法解釈5条）。
	仲裁合意において，ある地域の仲裁機関により仲裁すると約定し，かつ同地に仲裁機関が1カ所しかない場合は，当該仲裁機関を，約定した仲裁機関とみな

---

[20] 「中国国際経済貿易仲裁委員会仲裁規則（2024年版）」4条4項

(d)	す。同地に2カ所以上の仲裁機関がある場合は、当事者は合意により仲裁申立てについて、そのうちのいずれかの仲裁機関を選択することができる。当事者が仲裁機関の選択について合意に至れない場合は、仲裁合意は無効とする（仲裁法司法解釈6条）。
(e)	当事者が、紛争につき仲裁機関に仲裁を申し立てることも、また、人民法院に提訴することもできると約定している場合、仲裁合意は無効とする。ただし、一方が仲裁機関に仲裁を申し立て、他の一方が法定の期限内に異議を申し立てない場合はこの限りではない（仲裁法司法解釈7条）。

② 第三者に対する拘束力

　仲裁合意は一種の契約であるため、原則として、その効力は、仲裁合意をした当事者のみに及ぶ。ただし、実務上では、次に掲げる例外事由に遭遇することも多々あり、トラブルになるため留意が必要である。むろん、当該例外事由において、当事者が仲裁合意の締結時に別段の定めをした場合は、それが優先適用される。

　当事者間の不要なトラブルを回避するためにも、状況をよく検討し、あらかじめかかる規定を仲裁条項に盛り込むことが望ましい。

No.	例外事由
(a)	当事者が仲裁合意を定めた後に合併または分割した場合、仲裁合意はその権利義務の承継人に対しても効力を有する（仲裁法司法解釈8条1項）。
(b)	当事者が仲裁合意を定めた後に死亡した場合、仲裁合意はその仲裁事項における権利義務の承継人に対しても効力を有する（仲裁法司法解釈8条2項）。
(c)	債権債務の全部または一部を譲渡する場合、仲裁合意は譲受人に対しても効力を有する。ただし、債権債務の譲受時に譲受人が明確に反対している場合、または単独の仲裁合意があることを知らない場合はこの限りではない（仲裁法司法解釈9条）。
(d)	受託者が自己の名義で委託者の授権範囲内において第三者と締結する契約について、第三者が契約を締結する際に受託者と委託者間の代理関係を知っていた場合には、当該契約は、委託者および第三者を直接に拘束する（民法典925条）。
(e)	被保険者と第三者が保険事故の発生前に仲裁合意に達した場合、かかる仲裁合意は、保険人に対しても拘束力を有する。ただし、渉外民商事案件の場合は、この限りではない（全国法院民商事審判業務に関する会議議事録98条）。

なお，株主による派生訴訟において，会社と第三者間の仲裁合意の制限を受けるか否かについては，人民法院により見解が異なる。この問題を解決するために，仲裁法意見募集稿25条は，肯定意見を採用し，「会社の株主，パートナーシップ企業の有限責任パートナーが，法律の規定に基づき，自己の名義で会社・パートナーシップ企業を代表し，相手方当事者に権利を主張する場合，当該会社，パートナーシップ企業が相手方当事者と締結した仲裁合意は，それに対して有効である」と定めているが，仲裁法改正草案はかかる改正をなくしており，引き続き注目する必要がある。

(2) 仲裁合意に対する異議申立て

実際に何らかの紛争が発生し，当事者間で仲裁申立てを行うこととなった場合，仲裁手続の開始時点で，まず仲裁合意の有無につき争論が起きる。たとえ，仲裁合意の存在が認められても，その有効性や仲裁機関の管轄権の有無をめぐって争うことになるケースが多い。

なお，かかる争いの理由または目的は，対応時間を稼ぐため，単なる嫌がらせのため，仲裁合意に実際に不備があるため等，ケースバイケースで異なる。

① 現行法の規定

中国では，当事者が仲裁合意の効力について異議を有する場合には，仲裁委員会に決定を求める，または人民法院に裁定を求めることができる。また，一方当事者が仲裁委員会に決定を求めた場合において，他方当事者が人民法院に裁定を求めたときは，人民法院が裁定することになる（仲裁法20条1項後段）。

異議の申立ては，仲裁廷の初回審理前にしなければならない（仲裁法20条1項前段，同条2項）。当事者が仲裁廷の初回審理前に仲裁合意の効力に対して異議を提出せず，その後に人民法院に仲裁合意の無効確認を申し立てた場合は，人民法院はこれを受理しない（仲裁法司法解釈13条1項）。また，仲裁機関が仲裁合意の効力に対して決定を下した後に，当事者が人民法院に仲裁合意の効力の確認を申し立て，または仲裁機関の決定の取消しを申し立てた場合は，人民法院はこれを受理しない（仲裁法司法解釈13条2項）。

当事者が人民法院に仲裁合意の効力の確認を申し立てた事件は，仲裁合意に約定する仲裁機関の所在地の中級人民法院が管轄する。仲裁合意に約定する仲

裁機関が不明確な場合は，仲裁合意の締結地または被申立人の住所地の中級人民法院が管轄する（仲裁法司法解釈12条1項）。なお，渉外仲裁の仲裁合意の効力の確認申立て事件は，仲裁合意に約定する仲裁機関の所在地，仲裁合意の締結地，申立人または被申立人の住所地の中級人民法院が管轄する（仲裁法司法解釈12条2項）。海事海商紛争の仲裁合意の効力にかかわる事件は，仲裁合意に約定する仲裁機関の所在地，仲裁合意の締結地，申立人または被申立人の住所地の海事法院が管轄し，当該場所に海事法院がない場合は，最寄りの海事法院が管轄することになる（仲裁法司法解釈12条3項）。

② 今後の法改正

仲裁合意に対する異議申立てに関する前述①のルールは仲裁法意見募集稿28条で大幅に修正されており，いわゆる「competence-competence」ルール（すなわち，仲裁廷がある紛争を解決するための管轄権を有しているかどうかを自ら決定するルール）を明記した。

現行法に対する具体的な修正箇所は下表のとおりである。

項目	現行法	改正法（意見募集稿）
異議申立ての期限	初回審理（開廷）前	答弁期限内
決定者	仲裁機関または人民法院	仲裁廷
人民法院の優先権	人民法院は仲裁機関より優先的に決定権を有する。	仲裁廷の審査決定が人民法院による司法審査の前提である。
管轄権を有する人民法院	現行法の規定のとおり，ケースバイケースで異なる。	仲裁地の中級人民法院
仲裁手続に対する影響	人民法院による審査時に仲裁手続は中止する。	人民法院による審査は，仲裁手続の進行に影響を与えない。

特に「competence-competence」ルールの導入は高く評価されている。しかし，仲裁廷の決定に対する異議は，中級人民法院と高級人民法院の2段階の審査を受ける可能性があり，紛争解決の効率に大きく影響するという指摘もあ

る[21]。

　仲裁法意見募集稿は，人民法院による審査は，仲裁手続の進行に影響を与えないとしているが，仲裁廷が人民法院の審査を全く考慮せずに仲裁手続を進め，仲裁判断を下した後に，人民法院により仲裁廷には管轄権がないとの裁定が下されてしまった場合，複雑な問題になってしまう。そのため，仲裁廷は，実務上，人民法院による審査の進捗を見ながら，仲裁手続を進めざるを得ないと思われる。

　これらの点についても，残念ながら，仲裁法改正草案に反映されておらず，今後の仲裁法の改正に反映されることを期待している。

4　仲裁条項の書き方

　よい仲裁条項とは，コスト的にも時間的にも効率的な紛争解決につながることが可能なもので，紛争に対する牽制効果も期待できるものである。

　しかし，実務上，契約当事者や交渉担当の弁護士は仲裁条項の作成にあまり時間をかけず，他の案件で使用した条項の文言をそのまま流用するケースがしばしば見受けられる。

　過去の日中企業間のビジネスにおいて，日本企業は契約交渉時に中国企業の交渉担当者（特に，ポジションが高い人の場合）の面子を慮り，紛争解決条項については意図的に強調せず，中国企業側もまた，それで納得していた傾向が強かった。

　だが，近年の中国企業は，欧米企業との取引の増加に伴い，欧米のビジネス習慣の影響を受け，また，取引の複雑化によって紛争が生じる頻度も高くなっていることから，契約における紛争解決条項の重要性を意識し，積極的に交渉の場に持ち出し始めている。そのため，仲裁条項だけで数時間，数日と時間を

21　仲裁法意見募集稿28条4項：
　　当事者が仲裁合意の効力または管轄権の決定について異議を有する場合には，決定を受領した日から10日以内に，仲裁地の中級人民法院に対して審査を求めなければならない。当事者が，中級人民法院の仲裁合意を無効とする旨の裁定または仲裁事件について管轄権を有しないとする旨の裁定に不服があるときは，裁定の送達日から10日以内に，上級の人民法院に再審査を求めることができる。

要し，交渉が膠着してしまうケースも珍しくない。

(1) 仲裁機関のモデル条項

ほとんどの仲裁機関は，そのウェブサイト上で推奨する仲裁条項（モデル条項）を公表し，具体的な文言で示している。例えば，CIETACのモデル条項は，「本契約に起因しまたは本契約に関連して生じるあらゆる紛争は，すべて中国国際経済貿易仲裁委員会に提出し，仲裁を申し立てた時点で同委員会の有効な仲裁規則に従い，仲裁を行うものとする。仲裁裁決は終局的なものであり，双方ともに拘束力を有する」というものである。

一方，実際の契約交渉においては，どこの，どの仲裁委員会とするかをめぐり攻防が繰り広げられることがよくある。特に，金額が大きく，重要なプロジェクト契約の場合は，交渉を重ねた結果，長文で複雑な内容の条文となる傾向がある。その典型例が，下記のいわゆる「交差条項」で，近年，日中間の合弁契約においてよく利用されている。

> 交差条項：
> 1．本契約からまたは本契約に関連して生ずることがあるすべての紛争，論争または意見の相違は，仲裁により解決されるものとする。
> 2．仲裁は，甲（中国企業）が被申立人となる場合には，中国の北京に所在する中国国際経済貿易仲裁委員会において，仲裁を申し立てた時点で同委員会の有効な仲裁規則に従って行われるものとし，乙（日本企業）が被申立人となる場合には，日本国の東京に所在する一般社団法人日本商事仲裁協会において，仲裁を申し立てた時点で同協会の有効な商事仲裁規則に従って行われるものとする。
> 3．仲裁判断は終局的なものであり，仲裁当事者を均しく拘束する。

(2) 仲裁条項への追加項目

前述(1)に加え，仲裁条項に，仲裁人の人数や国籍，仲裁地，仲裁手続に用いられる言語等を含むケースも少なからず見受けられる。仲裁条項の交渉において互いに譲らないと，結果，仲裁人を3名とし，契約当事者と異なる国籍の者とし，仲裁地を第三都市や第三国とし，日本企業と中国企業の仲裁に用いる言

語を英語とする，という内容になることも多い。だが，こういった形式面の平等と公平を重要視して締結に至った仲裁条項は，いざ紛争となってしまったときに，莫大な仲裁コストをもたらすおそれがある。

　そのため，実務においては，当事者間の関係性，紛争になる可能性，考えられる係争金額およびビジネスに対する影響等を踏まえ，仲裁コストとのバランスを考慮し，かかる事項を追加するか否か，追加する場合はいかに記載するかを判断するのが賢明である。なお，これら事項について，仲裁条項に記載がない場合は，仲裁規則における関連規定が適用され，仲裁規則にも規定がない場合は，原則として，仲裁廷の判断に委ねることになる。

コラム❾

よく利用される中国国内の仲裁機関のサンプル条項

仲裁機関名称	サンプル条項
中国国際経済貿易仲裁委員会（CIETAC）	本契約に起因しまたは本契約に関連して生じるあらゆる紛争は，すべて中国国際経済貿易仲裁委員会に提出し，仲裁を申し立てた時点で同委員会の有効な仲裁規則に従い，仲裁を行うものとする。仲裁裁決は終局的なものであり，双方ともに拘束力を有する。
深圳国際仲裁院（SCIA）	本契約に起因しまたは本契約に関連して生じるあらゆる紛争は，すべて深圳国際仲裁院に提出し，仲裁にて解決するものとする。 【当事者は，仲裁規則および関連法律規定に基づき，仲裁条項において仲裁廷の組成方式，開廷場所，仲裁地，仲裁言語および適用する法律等の事項を定めることが可能である】
上海国際経済貿易仲裁委員会（上海国際仲裁センター）（SHIAC）	本契約に起因しまたは本契約に関連して生じるあらゆる紛争は，すべて上海国際経済貿易仲裁委員会／上海国際仲裁センターに提出し，仲裁にて解決するものとする。
北京仲裁委員会（BAC）	本契約に起因しまたは本契約に関連して生じるあらゆる紛争は，すべて北京仲裁委員会／北京国際仲裁センターに提出し，その仲裁規則に従い仲裁を行うものとする。仲裁裁決は終局的なものであり，双方に対して均しく拘束力を有する。
上海仲裁委員会（SAC）	本契約に起因しまたは本契約に関連して生じるあらゆる紛争は，すべて上海仲裁委員会に提出し，同委員会の仲裁規則に従い仲裁を行うものとする。仲裁裁決は終局的なものであり，双方ともに拘束力を有する。
広州仲裁委員会（GAC）	本契約に起因しまたは本契約に関連して生じるあらゆる紛争は，すべて広州仲裁委員会に提出し，同委員会の現行の仲裁規則に従い仲裁を行うものとする。仲裁裁決は終局的なものであり，双方ともに拘束力を有する。

3-4　仲裁人とその選任

　仲裁人は，訴訟手続でいう裁判官に相当する者であるが，裁判官と大きく異なるのは，当事者が，一定の条件下において仲裁人を選任できる点である。そのため，仲裁人の選任は，仲裁手続において最も重要な作業と言える。

　中国で一般的に仲裁人として選任されるのは，弁護士や大学の教授が多いが，実際に仲裁人を選任する際には，仲裁事件の内容や複雑さ等を考慮し，ケースバイケースで検討する必要がある。

1　仲裁人の条件

　仲裁法13条3項によれば，「仲裁委員会は，専門分野ごとに仲裁人名簿を設けるものとする」とされている。また，同法25条1項は，「仲裁委員会は，仲裁申立てを受理した後，仲裁規則に定める期間内に仲裁規則および仲裁人名簿を申立人に送達し，かつ仲裁申立書の副本ならびに仲裁規則および仲裁人名簿を被申立人に送達しなければならない」と定めている。中国では，当該規定により，強制的に仲裁人名簿制度の利用が求められると解されており，ほとんどの仲裁機関もそのように対応している。例えば，北京仲裁委員会の仲裁規則（2022年版）19条は，「本会が仲裁人名簿を制定し，当事者は当会が提供する仲裁人名簿から仲裁人を選択する」と定めている。

(1) 仲裁人名簿

　実務上でも，各仲裁機関は，専門分野ごとに仲裁人名簿を設けており，紛争の当事者は，原則として，同名簿の仲裁人候補者から仲裁人を選任することになる。

　ただし，近年は，国際仲裁の影響を受けて，一部の仲裁機関がその仲裁規則を改正し，仲裁人名簿にない者を仲裁人に選任することも認めるようになってきている。例えば，CIETAC仲裁規則（2024年版）26条2項によれば，「当事

者が仲裁委員会の仲裁人名簿外から仲裁人を選任すると約定している場合，当事者が選任し，または当事者間の合意に基づき指名された者を，仲裁委員会主任の確認を経た後で仲裁人に任命できる」とされている。また，2021年7月30日公布の仲裁法意見募集稿は，「仲裁人名簿」を「仲裁人推薦名簿」と変更した上で，その50条2項に，「当事者は，仲裁人推薦名簿から仲裁人を選択でき，また名簿以外からも仲裁人を選択できる」と明記した。

なお，ほとんどの仲裁機関のウェブサイト上には仲裁人の名簿が開示されており，検索機能も備わっている。公表されている仲裁人の情報は，主に，氏名，専門分野，国籍，言語等である。CIETACの仲裁人名簿は，各仲裁人の氏名の横のQRコードをスキャンすると，当該仲裁人の学歴，職歴，仲裁経験等を確認することができる[22]。

(2) 仲裁人の条件

中国では，仲裁人の国籍は問わないが，国籍によって仲裁人になるための条件が異なる。

中国籍の仲裁人は，仲裁法13条2項に，次の各号に掲げる条件のいずれかに該当しなければならないと規定されている。

---

① 国家統一法律職業資格試験に合格した法律職業資格取得者で，かつ仲裁業務に従事して満8年以上であること
② 弁護士業務に従事して満8年以上であること
③ 裁判官を満8年以上務めたことがあること
④ 法律の研究，教育業務に従事し，かつ高級職の称号を有すること
⑤ 法律知識を有し，経済・貿易等の専門職に就き，かつ高級職の称号を有すること，またはこれと同一水準の専門性を有すること

外国籍の仲裁人は，仲裁法67条に，「法律，経済・貿易，科学技術等の専門的知識を有する者」とのみ定めがあるが，実務上，各仲裁機関が仲裁人名簿に載せる外国籍の仲裁人を選定するにあたっては，前述の中国籍の仲裁人の条件

---

22 http://www.cietac.org/Uploads/202310/Panel%20of%20Arbitrators.pdf

を参照している。なお，CIETACの仲裁人名簿（2021年5月1日施行）には，外国籍の仲裁人が仲裁人総数の22％以上を占めており[23]，うち，日本国籍の仲裁人が10名いる。

2　仲裁人の責任

仲裁人は，いずれの一方当事者も代表しない独立した立場にあり，各当事者を平等に扱わなければならない。また，仲裁事件においては，事実を根拠とし，法律の規定に則し，公平かつ合理的に紛争を解決しなければならない（仲裁法7条）。これを実現するために，仲裁法や仲裁機関の仲裁規則には，仲裁人の選任，指定および忌避等のルールが設けられている。加えて，各仲裁機関で，仲裁人に関する規則やガイドラインを制定する等をし，仲裁人の権利や義務を詳しく定めていることもある。

(1)　開示義務

現行仲裁法に，仲裁人の開示義務についての明確な規定はない。

実務上，仲裁人の開示義務は，各仲裁機関の仲裁規則に委ねられている。なお，仲裁法意見募集稿は，同法52条2項に仲裁人の開示義務を追加し，「仲裁人は，当事者がその独立性および公正性に対する合理的な疑いを生じさせ得る事実を知り得た場合，書面で開示しなければならない」と明記している。また，2024年11月8日に公布された仲裁法改正草案の42条1項に同じ旨の規定がある。

仲裁法意見募集稿および仲裁法改正草案の上記規定に基づくと，開示義務の有無は当事者の立場から判断される。一方で，仲裁機関の仲裁規則の中には，開示義務の有無をどの立場から判断するかが明らかでない場合がある。以下はその例である。

① 　広州仲裁委員会仲裁規則（2023年版）37条1項は，以下のとおり定めている。

仲裁人は，仲裁廷の構成通知を受領後に声明書に署名し，独立した公正な

---

[23]　http://www.cietac.org.cn/Uploads/201705/59074e909a6a7.pdf

仲裁を行うことを誓約し、かつ、仲裁人の独立性および公正性に対する合理的な疑いを生じさせ得る状況（本規則38条1項および2項を含むが、それらに限らない）を知った場合、自主的に書面で開示しなければならない。
② CIETAC仲裁規則（2024年版）31条は、以下のとおり定めている。
- ✓ 選任または指名された仲裁人は、声明書に署名し、その公正性および独立性に合理的な疑いを生じさせ得る何らかの事実または状況がある場合、これを開示しなければならない。
- ✓ 仲裁手続において開示されるべき事実または状況が生じた場合、仲裁人は、ただちに書面により開示しなければならない。
- ✓ 仲裁人の声明書および／または開示情報は、仲裁委員会仲裁院に提出し、かつ各当事者および仲裁廷のその他の構成員に転送しなければならない。

(2) 秘密保持

仲裁法40条は、「仲裁は、非公開で行う」と定めているが、仲裁人および仲裁廷等の秘密保持義務に関する規定はない。そのため、仲裁人の秘密保持義務も各仲裁機関の仲裁規則等に従うことになる。例えば、CIETAC仲裁規則（2024年版）38条には、下記の規定がある。

> ① 仲裁廷による事件の審理は、非公開で行う。双方当事者が審理の公開を要求した場合、仲裁廷が審理を公開するか否かを決定する。
> ② 非公開審理の事件においては、双方当事者およびその仲裁代理人、仲裁人、証人、通訳、仲裁廷が諮問する専門家および指名する鑑定人、ならびにその他関係者のいずれも、外部へ事件の実体および関連の手続状況を漏えいしてはならない。

なお、中国のほとんどの仲裁機関の仲裁規則には、類似の規定がある。
さらに、CIETACの「仲裁人ガイドブック」および「仲裁人行為考察規定（2023年改定）」には、秘密保持に関し、次のようにより具体的な規定が設けられている。

> ① 仲裁人は，外部に対して，仲裁事件に関するいかなる状況（経緯，事件の状況，審理の過程，仲裁廷の合議等）をも開示してはならない。
> ② 仲裁人は，当事者にも案件の状況（特に本人の意見と仲裁廷の合議情況）を開示してはならない。
> ③ 仲裁人が上記の規則に反して情報を漏えいした場合，CIETACは，仲裁人に対し，注意喚起，警告，報酬の減額，仲裁人資格の取消等の措置をとる可能性がある。

なお，前述のとおり，多くの仲裁規則には，仲裁人の他，当事者およびその仲裁代理人，証人，通訳等へ秘密保持義務を定めているが，かかる義務に違反した場合の罰則を裏づける法律上の根拠がないため，実務上，あまり機能していないという問題が指摘されている。

(3) 法的責任

仲裁法34条，38条および56条によれば，仲裁人が「密かに当事者もしくは代理人と会い，または当事者もしくは代理人の接待および謝礼を受け」，その情状が重い場合，または「当該事件の仲裁に際して賄賂を要求し，または受け取り，私利のために不正を働き，法を曲げて判断を下す行為が仲裁人にあった」場合には，仲裁人は，法律上の責任を負うものとされ，仲裁委員会は，同仲裁人を除名しなければならないとされている。ただし，当該規定に定める「法律上の責任」が何かは不明確で，法律上の責任を負う事由の範囲は非常に狭い。

また，2006年の刑法第6回修正により，「第399条の1〔法歪曲仲裁罪〕」として，「法により仲裁の職責を負う者が，仲裁活動において故意に事実および法律に違反し，法を曲げて裁決し，その情状が重い場合，3年以下の有期懲役または拘留に処する。情状が特に重い場合には，3年以上7年以下の有期懲役に処する」という内容が追加され，仲裁人の刑事責任が明記された。

3 仲裁廷の構成

仲裁法30条によれば，仲裁廷は，3名または1名の仲裁人により構成するこ

とができる。ただし，仲裁法を含む中国の現行法上に，仲裁廷が仲裁人を1名とするか3名とするかの判断基準についての明確な規定はない。実務上は，当事者の合意に委ねられることになるが，仲裁人を1名とするか，3名とするかは，仲裁のコストに大きく関係するので，取引の規模や複雑さ等の案件の重要性に応じて決められるのが一般的である。

一般論として，仲裁人を1名とするメリットは，①低コスト，②仲裁スケジュールの調整が比較的容易，③仲裁手続の迅速化が図れる，等が挙げられる。これに対し，仲裁人を3名とするメリットは，①当事者の国籍が異なる場合に，それぞれの国の仲裁人を選任できる，②3名で行うことで経験や専門知識がより豊富となる，③より公平な仲裁判断が期待できる，といったことが挙げられる[24]。

なお，実務上，紛争に関わる金額によって仲裁人の人数を定めているケースがときどき見受けられるが，紛争に関わる金額を確定することは容易ではない。例えば，契約の競業避止条項や秘密保持条項の違反をめぐる事件で，仲裁申立ての時点で損害賠償額を正確に算出するのは簡単ではない。

(1) 仲裁人が3名の場合

当事者が，仲裁廷は3名の仲裁人により構成すると約定した場合には，当事者それぞれが1名の仲裁人を選任し，または各自で仲裁委員会の主任に指定を委任し，3人目の仲裁人は，当事者が共同で選任する，または共同で仲裁委員会の主任に指定を委任するものとされている。なお，3人目の仲裁人が首席仲裁人となる。

(2) 仲裁人が1名の場合

当事者が，仲裁廷は1名の仲裁人により構成すると約定した場合には，仲裁人は当事者が共同で選任する，または共同で仲裁委員会の主任に指定を委任するものとされている。また，仲裁法32条に基づき，当事者が仲裁規則に定める

---

[24] 「The Principles and Practice of International Commercial Arbitration (Second Edition)」，Margaret L. Moses, CAMBRIDGE UNIVERSITY PRESS, 2012, p122-123.

期間内に仲裁廷の構成方式を約定せず，または仲裁人を選任しない場合には，仲裁委員会の主任が指定する。

(3) 仲裁規則における規定

仲裁人の選任および指定方法は，仲裁法における規定の他，各仲裁機関の仲裁規則に，より詳細な規定が設けられている場合がある。例えば，CIETAC仲裁規則（2024年版）27条は，次のとおり規定している。

> (一) 申立人および被申立人は，仲裁通知を受領後15日以内に，それぞれ1名の仲裁人を選任し，または仲裁委員会主任に指定を委任しなければならない。当事者が上記期間内に選任しない場合，または仲裁委員会主任に指定の委任をしない場合，仲裁委員会主任が仲裁人を指定する。
> (二) 3人目の仲裁人は，双方当事者が，被申立人が仲裁通知を受領後15日以内に，共同で選任し，または共同で仲裁委員会主任に指定を委任する。3人目の仲裁人は仲裁廷の首席仲裁人となる。双方当事者が上記期間内に共同で選任しない場合，または共同で仲裁委員会主任に指定の委任をしない場合，仲裁委員会主任が首席仲裁人を指定する。
> (三) 双方当事者は，それぞれが選任した2名の仲裁人により，共同で首席仲裁人を選任することを合意することができる。当該両仲裁人それぞれが選任を受諾後，7日以内に首席仲裁人を共同で選任し，または共同で仲裁委員会主任に指定を委任する。期限を過ぎても共同で選任しない場合，または共同で仲裁委員会主任に指定の委任をしない場合，仲裁委員会主任が首席仲裁人を指定する。
> (四) 双方当事者は，各自1名から5名までの候補者を首席仲裁人候補者として推薦し，かつ上記の第(二)項に定める期間に推薦名簿を提出できる。双方当事者の推薦名簿に同一の候補者が1名いる場合，その候補者を当事者双方が共同で選任した首席仲裁人とする。同一の候補者が2名以上いる場合，仲裁委員会主任が，事件の具体的な状況に基づいて同一候補者の中から1名を首席仲裁人として確定し，当該首席仲裁人を双方当事者が共同で選任した首席仲裁人とする。推薦名簿の中に同一の候補者がいない場合，仲裁委員会主任が推薦名簿外から首席仲裁人を指定する。
> (五) 双方当事者は，合意または共同で請求することにより，仲裁委員会主任が指名した3名の首席仲裁人から，7日以内にその中から首席仲裁人を選任する。

また，CIETAC仲裁規則（2024年版）29条には，当事者多数の場合の仲裁人の選任方法に関する規定が以下のとおり設けられている。

> （一）仲裁事件に二者または二者以上の申立人および／または被申立人がいる場合，申立人側および／または被申立人側は，それぞれ協議し，各側において，共同で1名の仲裁人を選任し，または共同で仲裁委員会主任に1名の仲裁人の指定を委任する。
> （二）首席仲裁人または独任仲裁人は，本規則27条第（二）（四）（五）項に規定する手続に従い，選任または指定されなければならない。申立人側および／または被申立人側は，本規則の27条の規定に従い，首席仲裁人または独任仲裁人を選任するときは，各側において共同で協議し，かつ各側において共同で作成した候補者名簿を提出しなければならない。
> （三）申立人側および／または被申立人側が，仲裁通知を受領後15日以内に，各側において共同で1名の仲裁人を選任することができない場合，または各側において共同で仲裁委員会主任に1名の仲裁人の指定を委任することができない場合，仲裁委員会主任が仲裁廷の3名の仲裁人を指定し，かつその3名の仲裁人の中から首席仲裁人を担当する1名の仲裁人を確定する。

4　仲裁人の選任

　訴訟と比較した場合の仲裁の長所の1つは，当事者が，自らの意思で裁定者である仲裁人を選任できる，またはその選任に関与することができることである。

　中国では，冒頭で述べたとおり，一般的に，弁護士や大学の教授を仲裁人として選任するが，実際に仲裁人を選任するときに，どのような要素を考慮すべきかについては，ケースバイケースで検討する必要がある。

(1)　考慮要素

　通常，仲裁人を選任する際に考慮すべき点として，①仲裁人の国籍，②仲裁人の使用言語，③仲裁人の専門分野，④仲裁人の人柄，⑤仲裁人の実務経験，⑥仲裁人のレピュテーション等が挙げられる。特に専門知識が必要とされる複雑な紛争事件の場合には，専門知識および仲裁の実務経験を有する仲裁人を選

任することが重要である。仮に有名大学の教授であっても，語学能力が低かったり，仲裁の実務経験がなかったりすると，それによって，仲裁の手続に遅れが生じ，当事者双方ともにおよそ受け入れがたい仲裁判断が下されるおそれがある。

　なお，CIETAC仲裁規則（2024年版）30条によれば，「仲裁委員会主任は，本規則の規定に基づき仲裁人を指名するとき，紛争の準拠法，仲裁地，仲裁言語，当事者の国籍，係争の類型および仲裁委員会主任が考慮すべきと認めるその他の要素を考慮しなければならない」とされている。

　また，いかに経験豊富な人物であっても，あまりに多忙な人物を仲裁人として選任することは避けるべきである。なぜなら，多忙な仲裁人は事件審理の時間調整が難しく，十分に資料を精査し，判断する時間が確保できない可能性があるからである。

(2) 首席仲裁人

　仲裁判断は，多数の仲裁人の意見に従って下すことになるが，仲裁廷が多数意見を形成できない場合，判断は，首席仲裁人の意見に従って下されるため（仲裁法53条），首席仲裁人の中立性および実務経験等が，より重要視されることになる。

　実務上，取引金額が大きく，取引期間が長期にわたる重要な契約の仲裁条項においては，首席仲裁人の国籍や資格要件等を特に細かく定めるケースが多く見受けられる。平等・公平な仲裁判断を担保するために，各種条件を設定することに意味はあるが，あまり細かく設定してしまうと，適格な首席仲裁人がなかなか見つからず，予想外に紛争が長引く等，当事者間で不要なトラブルを惹起するおそれがあることに留意されたい。

(3) その他

　仲裁人を選任する際には，候補者に対するデュー・ディリジェンスを行うことが肝要である。候補者の経歴，バックグラウンド（英米法系または大陸法系）の他，仲裁人としての経験の有無や業界におけるレピュテーションも重視する必要がある。通常は，代理人弁護士がかかる情報を収集し，企業側に提案

することになるが，忌避事由の有無のチェックも忘れてはならない。

5　仲裁人の忌避

(1)　忌避事由

　仲裁法34条によれば，仲裁人が次の各号に掲げる事由のいずれかに該当する場合には，忌避しなければならず，当事者も忌避を申し立てる権利を有する。

> ①　仲裁人が，当該事件の当事者，または当事者もしくは代理人の近親者である。
> ②　仲裁人が，当該事件と利害関係を有する。
> ③　仲裁人が，当該事件の当事者または代理人とその他の関係があり，仲裁の公正性に影響を及ぼすおそれがある。
> ④　仲裁人が，密かに当事者もしくは代理人に会ったり当事者もしくは代理人の接待および謝礼を受けたりした。

　ただし，現行法上に，上記の回避，忌避事由の認定に関する具体的な判断基準等はない。例えば，「利害関係」や「その他の関係」はどこまでを指すのか，「仲裁の公正性に影響を及ぼすおそれがある」とは，どう判断すべきか不明である。したがって，実務上は，ケースバイケースで判断せざるを得ない。

　なお，「その他の関係」については，一部の仲裁委員会の仲裁規則に，具体的な規定が設けられている。例えば，広州仲裁委員会仲裁規則（2023年版）38条2項は，同条1項3号における「本件の当事者，代理人とその他の関係がある」には，次に掲げる場合を含むとしている。

> ①　本件の当事者，代理人との間に，相談者と相談先，管理者と被管理者の関係がある場合，または本件の当事者，代理人の代理人や顧問を務めた場合。ただし，仲裁廷の構成日の時点で，上記関係が終了して2年以上経過している場合を除く。
> ②　本件の当事者，代理人と，現在，同一の組織で働いている場合
> ③　本件の紛争につき，当事者に対し，代理人を推薦，紹介したことがある場合

④ 本件の紛争につき，助言を与えたことがある場合，または本件の紛争に関連する事件の証人，鑑定人，検証人，通訳者，弁護人，代理人を務めたことがある場合
⑤ 本委員会が審理中の他の事件において，本件の当事者，代理人とともに仲裁人を務めている場合
⑥ 本件の当事者，代理人が仲裁人を務めた事件で，本件の仲裁人が同事件の当事者，代理人であった場合。ただし，仲裁廷の構成日の時点で，事件の結審から2年以上経過している場合を除く。
⑦ その他，公正な仲裁に影響を与える可能性のある場合

(2) 忌避の申立て

　当事者が忌避を申し立てるにあたっては，初回の開廷審理の前に，理由を説明し，申し立てなければならない。ただし，忌避事由を初回の開廷審理後に知った場合には，最終回の開廷審理が終了するまでに申し立てることができる（仲裁法35条）。

　仲裁人が忌避するか否かは，仲裁委員会主任が決定することになるが，仲裁委員会主任が仲裁人を務める場合には，仲裁委員会が決定する（仲裁法36条）。仲裁人が忌避またはその他の原因により職責を履行できない場合には，仲裁人を改めて選任する，または指定することになる（同法37条1項）。当事者は，忌避により仲裁人を改めて選任または指定した後，すでに行われた仲裁手続を改めて行うことを申し立てることができるが，これを許可するか否かは，仲裁廷が決定する。また，仲裁廷も，すでに行われた仲裁手続を改めて行うか否かを自ら決定することができる（同法37条2項）。

6　事例紹介

　以下は，深圳市中級人民法院が，首席仲裁人が，仲裁代理人の所属弁護士事務所の顧客の関係者であったという事実を開示しなかったのは忌避違反であり，仲裁廷の構成は法定手続に違反しているとして，仲裁判断の執行を拒否した事案である。

事件名	深圳前海華視移動互聯有限公司による仲裁判断の執行拒否申立事件
裁定書番号	(2018) 粤03民特601号
裁定年月日	2019年9月3日
人民法院	広東省深圳市中級人民法院
当事者ら	申立人：深圳前海華視移動互聯有限公司（以下「深圳華視」という） 被申立人：広東中科白雲新興産業創業投資基金有限会社（以下「広東中科」という），東莞中科中広創業投資有限公司（以下「東莞中科」という）
案件概要	✓ 広東中科，東莞中科は，深圳華視，華視伝媒集団有限公司，西藏博清電子科技有限公司，李利民を被申立人として，2017年9月8日にCIETACに仲裁を申し立てた。 ✓ 2018年7月2日，広東中科，東莞中科は，勝訴の仲裁判断を受け，深圳市中級人民法院に対して仲裁判断の承認・執行を申し立てた。 ✓ 深圳華視は，CIETACのウェブサイトで公開されている仲裁人の情報から，仲裁廷の首席仲裁員であった孫氏が，仲裁が行われていた時点で，中国某股份有限公司（以下「某社」という）およびそのグループ会社の副総裁，副董事長兼総経理，総法律顧問を歴任していることを発見した。 ✓ 深圳華視が，インターネットで調査したところ，孫氏が役員等に就任していた某社とそのグループ会社が，広東中科と東莞中科の仲裁代理人を務めた弁護士が所属するA弁護士事務所のクライアントであったことを発見した。 ✓ 深圳華視は，孫氏は，自身が役員等に就任していた某社とA弁護士事務所が取引関係にあった事実を開示せずに，首席仲裁員を務めた。これは，仲裁法34条3項，CIETAC仲裁規則（2015年1月1日施行）31条1項，CIETAC仲裁員規則5条に違反する行為であり，仲裁廷の構成は法定手続に違反して構成されたものであると主張し，仲裁判断の不執行を深圳市中級人民法院に申し立てた。 ✓ 深圳市中級人民法院が，A弁護士事務所に照会書を送ったところ，同事務所からは，「某社の依頼を受けたことはあるが，孫氏は2014年12月に某社から定年退職しており，その役職も退任していた」との回答があった。 ✓ 本件以外の複数判決書を確認したところ，A弁護士事務所は，2012年，2015年，2018年に某社およびそのグループ会社の複数の事件において，訴訟代理人として関わっていた。

裁定要旨	深圳市中級人民法院は，以下のことを理由に，仲裁廷の構成は法定手続に違反していたと認定し，本件仲裁判断は執行しないとの裁定を下した。 ✓ 孫氏は，2017年11月1日にCIETACに声明書を提出し，当事者が仲裁員の独立性または公平性に合理的な疑いをもたらすいかなる事実または事情もないと声明した。 しかし，孫氏は，自身が役員等に就任している某社が，相手方当事者側の仲裁代理人が所属するA弁護士事務所と関係があったことを開示しなかった。 ✓ 孫氏の行為は，CIETACの「仲裁員行為考察規定」7条，仲裁法34条3項に違反し，仲裁廷の構成は法定手続に違反している。

3－5 中国国外の仲裁機関による中国国内での仲裁

　中国企業が当事者となるクロスボーダー取引契約においては，紛争解決手段を仲裁とするケースが多い。その理由は，強制執行の実行可能性を担保するためである。しかし，当事者が中国企業と外国（日本を含む）企業である場合は，仲裁条項の具体的内容を定める際に，仲裁地と仲裁機関の選択をめぐって，意見が対立し，交渉が難航したり，膠着状態になったりすることが多い。

　仲裁地と仲裁機関について，日本企業は，仲裁地を日本国内とし，仲裁機関を一般社団法人日本商事仲裁協会（JCAA）とすることを望むことが多く，中国企業は，仲裁地を中国国内とし，CIETACを仲裁機関とすることを望むことが多い。当然，意見は対立する。

　交渉の末，仲裁地を日中当事者双方にとっての第三国や地域であるシンガポールや香港等とし，仲裁機関をシンガポール国際仲裁センター（SIAC）や香港国際仲裁センター（HKIAC）等とすることも多い。また，仲裁地を一方当事者の所在国の国内とし，仲裁機関を他方当事者の所在国に所在する仲裁機関とする合わせ技も少なからず存在する。こういった折衷案には，仲裁地は上海とし，仲裁機関を国際商業会議所国際仲裁裁判所（ICC）とする例，または仲裁地はロンドンとし，仲裁機関をCIETACとする例がある。

　しかし，そもそも中国国外の仲裁機関が中国国内（中国大陸）で仲裁活動を行うことが認められるのか，また，仲裁地を中国国内とし，仲裁機関を中国国外の仲裁機関とする内容の仲裁条項が有効なのか，疑問に思われる方もいるであろう。

1　仲裁地

　仲裁地（seat of arbitration）は法的な概念である。一言でいうと，法律における仲裁の国籍地であり，どこの仲裁法が適用されるかという問題に影響する。この法的な概念は，主に，以下3点の問題を決するために働く[25]。

① 国際裁判管轄：仲裁手続に関与すべき裁判所がどの国の裁判所か。
② 仲裁手続準拠法：仲裁手続はどの国の法律に準拠すべきか。
③ ニューヨーク条約との関連：かかる仲裁判断がニューヨーク条約に基づく承認および執行の対象か否か。

また，仲裁地は，実際に仲裁手続や審問を行う場所（すなわち，「開廷地」）とは，別個の概念である。実務上は，仲裁地と開廷地が同一のケースが多いが，それぞれ異なるケースもある。特に，開廷地については，審問の期間や仲裁の参加者の都合により，同じ案件であっても複数の国や都市を選ぶ場合もある。さらに，コロナ禍の対策としてすべての審理手続がオンラインで行われるようになったことから，物理的な開廷地が存在しないケースも散見されるようになった。

2 仲裁合意の有効性

前述1に基づき，仲裁機関を中国国外の仲裁機関とし，仲裁地を中国の北京または上海等とする場合は，次の①～③の結果になる。

① 仲裁手続が中国法に従い行われる。
② 中国の人民法院がかかる案件について監督権を有する。
③ 仲裁判断の取消しの申立ては，中国の人民法院が管轄権を有する。

なお，中国の仲裁法司法解釈16条には，「渉外仲裁合意[26]の効力の審査については，当事者が約定した法律を適用する。当事者が適用法を約定しておらず，仲裁地を約定していた場合は，仲裁地の法律を適用する。適用する法律を約定しておらず，かつ仲裁地も約定していないまたは仲裁地の約定が明らかでない場合は，人民法院所在地の法律を適用する」と明記されているため，注意が必要である。

---

25 「日本における国際仲裁」，一般社団法人日本国際紛争解決センター（JIDRC）のウェブサイト上（http://idrc.jp）で掲載されている小冊子3頁
26 前掲「1－3 『訴訟』と『仲裁』のどちらを選ぶか」を参照されたい。

(1) 中国国外の仲裁機関による中国国内での仲裁に対する反対意見

中国現行の仲裁法16条では，有効な仲裁合意には次のものを含むことと規定されている。

①　仲裁申立ての意思表示
②　仲裁に付する事項
③　選定する仲裁委員会

また，同法には仲裁委員会の設立条件等に関する規定も含まれているため，中国国外の法律に基づき設立された中国国外の仲裁機関は，そもそも中国法上の「仲裁委員会」には該当しないとして，同仲裁機関の中国国内における仲裁活動は認めるべきではないという意見があった[27]。

また，仲裁法を含む現行法には，中国国外の仲裁機関による中国国内での仲裁を認める明文化した規定がないこと，および中国の仲裁に係る業務については外資に対し参入規制があることを理由に，中国国外の仲裁機関による中国国内での仲裁活動は認めるべきではないという意見もある[28]。

(2) 中国国外の仲裁機関による中国国内での仲裁の有効性

かかる仲裁合意の有効性等に対する最高人民法院の見解は，二転三転してきた。

2004年，最高人民法院は，ICCの仲裁規則には，「当事者間でICCの仲裁規則に従い仲裁を行うと合意したことは，ICCによる仲裁に合意したことと同じである」旨が明記されていないとして，ICC仲裁規則に従い上海で仲裁を行うという仲裁合意は，仲裁機関が定められていたとは認められないとして，かかる仲裁合意が無効であると判断した（「最高人民法院による江蘇省高級人民法院[29]の問い合わせに対する回答」（［2003］民四他字第23号[30]））。

しかし，2012年1月1日にICCの新仲裁規則（2012年版）が発効し，「当事

---

[27] 李健「外国仲裁機関による中国国内での仲裁は実行可能性に欠ける」『法学』，2008年第12期
[28] 「申立人安徽省龍利得包装印刷有限公司と被申立人BP Agnati S. R. Lによる仲裁合意の効力確認申立てに関する報告についての回答」における合肥市中級人民法院が当該意見であった。

者がICC仲裁規則に従い仲裁を行うと合意したことは，ICCによる仲裁に合意したことと同じである」旨が明記されると，最高人民法院は，前述の仲裁合意に関する態度を変えた。

2013年3月，「最高人民法院の安徽省高級人民法院の問い合わせに対する回答」（[2013] 民四他字第13号[31]）で，ICCによる上海での仲裁に関する仲裁合意が有効であると認めたのである。これは，最高人民法院が中国国外の仲裁機関による中国国内での仲裁の効力を認めた最初の事例であると言われている。この最高人民法院の回答により，中国国外の仲裁機関も，仲裁法上の「選定する仲裁委員会」に該当することが明確になった。

そして，2013年12月，最高人民法院は，「浙江省高級人民法院の問い合わせに対する回答」（[2013] 民四他字第74号[32]）にて，「ICC仲裁規則に従い北京で仲裁を行う」旨の仲裁合意の効力も認めている。

(3) 仲裁活動に係る外資規制との関係

中国国外の仲裁機関による中国国内での仲裁活動は，中国の仲裁活動に係る外資規制に抵触するのではないかという問題については，上海市第一中級人民法院が2020年6月29日に審決した「大成産業株式会社等と普莱克斯（中国）投資有限公司による仲裁合意の効力確認案件」に関する1審の「民事裁定書（[2020] 沪01民特83号）」（詳細は，後述3の事例紹介を参照されたい）にて，初めて正面からの回答が出された。

---

29 中国の人民法院が中国国外の仲裁機関を選択する仲裁合意を無効であると認定する場合，「遂級報告制度」が適用される。同制度は，「(当該人民法院は) 1級上の法院に審査を求めることができ，上級法院が下級法院の意見に同意する場合は，その審査意見を最高人民法院に級を追って段階的に報告しなければならず，最高人民法院の回答を待って裁定を下さなければならない」としている。具体的には，「3－6　仲裁判断に対する司法審査」を参照されたい。

30 「ドイツ旭普林国際有限責任公司と無錫沃可通用工程橡胶有限公司による仲裁合意の効力確認申立てに関する報告についての回答」（2004年7月8日公布）

31 「申立人安徽省龍利得包装印刷有限公司と被申立人BP Agnati S. R. Lによる仲裁合意の効力確認申立てに関する報告についての回答」（2013年3月25日公布）

32 「寧波市北侖利成潤滑油有限公司と法莫万馳公司の売買契約紛争事件における仲裁条項の効力の問題に関する報告についての回答」（2013年12月5日公布）

上海市第一中級人民法院は本件の裁定書にて，主に次の意見を述べた。

> ① 仲裁は当事者の自由意思に基づく紛争解決の手段であり，仲裁活動の対外開放（外資規制）とは関係しない。
> ② 中国国外の仲裁機関による中国国内での仲裁は，機関仲裁であり，アドホック仲裁ではない[33]。
> ③ 中国国外の仲裁機関は仲裁地が中国国内である案件に対し管轄権を有さないとの主張を裏づける中国法上の根拠はなく，かつ国際商事仲裁の発展の流れに反する。

(4) 中国国外の仲裁機関による中国国内での仲裁判断の性質

　中国の現行法上に，「仲裁地」の概念を明文化した規定はない。過去事例には，「仲裁地」と「仲裁機関の国籍地（本部所在地）」と「開廷地」を混同する判断が散見され，「仲裁地」＝「仲裁機関の国籍地」と判断する傾向が見られた。中国国外の仲裁機関が仲裁地を中国国内として下した仲裁判断を，その中国国外で下された仲裁判断と同視され，ニューヨーク条約に基づき承認および執行の手続をするよう求めたケースがあった[34]。

　この点については，2020年8月6日に審決された「布蘭特伍徳工業有限公司（Brentwood Industries）と広東閣安龍機械成套設備工程有限公司による人民法院の判決および仲裁判断の承認・執行案件」に関する1審の民事裁定書（［2015］穂中法民四初字62号）で，広州市中級人民法院が明確な意見を示した。同法院の意見は，中国国内を仲裁地とした中国国外の仲裁機関による仲裁判断は，中国の「渉外仲裁判断」とみなされるもので，その執行は，ニューヨーク条約ではなく，中国の民事訴訟法に従い対応する必要がある，というものであった。その後，2021年12月31日に最高人民法院が「全国法院による渉外商事

---

[33] 仲裁機関を利用せずに当事者と仲裁人のみで仲裁手続を行うもの。仲裁法16条によれば，仲裁合意の要件に，仲裁機関を選定することが含まれているので，中国での仲裁は，仲裁機関を利用した機関仲裁が原則となると解される。

[34] ドイツ旭普林国際有限責任公司による中国国外仲裁判断の承認・執行の申立てに関する裁定書（［2004］錫民三仲字1号）。当該案件の仲裁条項は「Arbitration：ICC Rules, Shanghai shall apply」である。

海事の審判業務に関する座談会の会議議事録」（法［民四］明伝［2021］60号）を公布し，その100条で，前述の広州市中級人民法院と同じ意見を示した。

また，2023年改正後の民事訴訟法は，仲裁機関の国籍と関係なく，中国の領域外で出された仲裁判断は，総じて承認および執行の対象とするとして法律のレベルで明記されたため，逆に言うと，中国外国の仲裁機関が中国国内で出した仲裁判断は，中国の仲裁機関が中国国内で出した仲裁判断と同様，承認の手続を経ることなく，直接執行することができることになる。具体的には，前掲「2－2　民事訴訟法の改正」の6を参照されたい。

(5)　仲裁法の改正

司法部が2021年7月30日に公布した仲裁法意見募集稿27条および全国人民代表大会常務委員会が2024年11月8日に公布した仲裁法改正草案78条には，「仲裁地」と「仲裁機関所在地」と「開廷地」が区別され，それぞれ下記の規定が設けられている。

仲裁法意見募集稿	仲裁法改正草案
第27条（仲裁地の確定および仲裁地基準） 　当事者は，仲裁合意に仲裁地を約定することができる。当事者が仲裁地について約定がない，または約定が不明確である場合，事件を管轄する仲裁機関の所在地を仲裁地とする。 　仲裁判断は，仲裁地でなされたものとみなす。 　仲裁地の確定は，当事者または仲裁廷が，事件の状況により仲裁地と異なる適切な場所を約定または選択し，合意，開廷等の仲裁活動には影響しない。	第78条（仲裁地の確定） 　当事者は，書面にて仲裁地を約定し，仲裁手続に適用される法律および管轄権を有する人民法院を確定する根拠とすることができる。仲裁判断は，仲裁地でなされたものとみなす。 　当事者は，約定していないまたは約定が不明確である場合，仲裁規則が定める場所を仲裁地とする。仲裁規則に定めがない場合，仲裁廷は，紛争解決に便宜を供与する原則に基づき，仲裁地を確定する。

かかる改正が意見募集稿または改正草案のとおりに行われれば，中国国内を仲裁地として中国国外の仲裁機関による仲裁活動およびその仲裁判断の執行がよりスムーズに行われることが期待できる。

3 事例紹介

以下は，中国国外の仲裁機関（SIAC）による中国国内（上海）での仲裁の有効性が認められた事件である。前述2(3)のとおり，本件裁定書における意見は，あくまで上海市第一中級人民法院の意見であるが，中国国内で大きく報道され，注目と賛同を集めた。

事件名	大成産業株式会社等と普莱克斯（中国）投資有限公司による仲裁合意の効力確認事件
裁定書番号	［2020］滬01民特83号
裁定年月日	2020年6月29日
人民法院	上海市第一中級人民法院
当事者	申立人： ✓ 大成産業株式会社（韓国企業，以下「大成韓国」という），および ✓ 大成（広州）気体有限公司（以下「大成広州」という） 被申立人： ✓ 普莱克斯（中国）投資有限公司（以下「プラクスエア中国」という）
契約関係等	✓ 2012年8月7日，大成韓国とプラクスエア中国との間で「液体および気体製品購買契約」が締結された。 ✓ 2013年2月1日，大成韓国，プラクスエア中国と大成広州との間で上記購買契約の「補充契約（一）」が締結された。 ✓ 大成広州は，補充契約（一）に基づき，購買契約における大成韓国の権利義務を譲り受け，大成韓国は大成広州の契約履行に連帯責任を負うこととなった。 ✓ 2016年3月，当事者間でトラブルが発生し，申立人はSIACに仲裁を申し立てた。
仲裁条項	✓ 本契約は中華人民共和国の法律の管轄を受ける。 ✓ 本契約に起因する，または本契約に関連するいかなる紛争も，当事者はまず友好的な協議を通じて解決しなければならない。 ✓ 協議が調わない場合，双方は，SIACにて，その仲裁規則に従って上海において仲裁を行わなければならない。

	✓	仲裁判断は終局的であり，かつ双方に対して拘束力を有する。
仲裁地をめぐる判断等	✓	SIACは，2017年7月18日，プラクスエア中国が主張した管轄権異議を却下し，本件の開廷地は上海で，仲裁地はシンガポールであり，仲裁合意の効力を管轄する法律はシンガポール法であると判断した。
	✓	その後，2018年6月，プラクスエア中国はシンガポール高等裁判所に訴え，SIACが本件の管轄権を有しないことについて確認を求めたが，請求は却下されたため，2018年8月，シンガポール上訴裁判所に上訴した。
	✓	シンガポール上訴裁判所は，2019年10月15日，仲裁地はシンガポールではなく，上海であると判断し，その他の争点については意見を述べなかった。
	✓	2018年7月31日から同年8月2日，SIAC仲裁廷は法的責任に関する問題について上海において開廷審理し，2019年2月22日，一部仲裁判断を下した。
	✓	2019年10月15日，プラクスエア中国による申請を受けて，同年10月30日，SIAC仲裁廷は仲裁中止決定を下した。
	✓	2020年1月20日，両申立人は，上海市第一中級人民法院に対して，仲裁合意の有効性の確認に関する訴訟を起こした。
	✓	2020年6月29日，上海市第一中級人民法院は，上海を仲裁地としてSIACによる仲裁が有効であると判断した。

コラム⑩

第三国の仲裁機関の利用

　日中間の渉外契約にてよく利用される第三国，地域の仲裁機関には，シンガポール国際仲裁センター（SIAC），香港国際仲裁センター（HKIAC），国際商業会議所国際仲裁裁判所（ICC）およびストックホルム商業会議所仲裁裁判所（SCC）が挙げられる。

　ただし，日本または中国大陸での仲裁手続と比べると，上述の第三国等での仲裁手続は費用（仲裁機関の管理費と仲裁人の報酬を含む）が高額になる可能性が高い。そこで，費用対効果のバランスを考慮し，係争金額がそれほど大きくならないと考えられる場合は，多くの日本企業が交渉時に中国側に譲歩し，中国国内の仲裁機関を利用するとの妥協案で合意している。

　かかる場合においても，公平・公正な仲裁判断を担保するためには，仲裁人3名を，中国人1名，日本人1名，首席仲裁人を第三国国籍の者にすることが一案である。むろん，日本企業の交渉上の立場が強ければ，中国側が日本の仲裁機関による仲裁に合意するケースも少なからず存在する。

　なお，中国のWTO加盟前は，特に日中間の合弁契約における紛争解決策として，中立国として知られるスウェーデンのSCCがよく選択されていたが，SIACとHKIACの利用増加に伴い，SCCの利用数は減少している。

3－6　仲裁判断に対する司法審査

　仲裁は1審終局であり，2審終局または3審終局の裁判と比べ，より短期間で紛争を結論づけられる点がメリットの1つである。一方で，仲裁機関が民間組織であるため，仲裁判断の公正性と手続の合法性の確保が求められる。そのため，法律で，仲裁判断に対する司法審査制度を設けている国が多い。

　中国にも，当事者が，法定の事由が存在することを証明できる場合には，管轄権を有する人民法院に対して仲裁判断の取消しおよび／または執行拒否を申請できる制度がある。これを，仲裁判断に対する司法審査という。司法審査は，人民法院が仲裁手続を司法により監督する重要な制度である。また，敗訴した当事者にとっては，司法救済の道でもある。しかし，司法審査の法定事由は，原則として手続上の問題に限定されている。これは，司法審査制度の目的が司法による監督であり，かつ仲裁判断の権威を尊重するためである。そのため，民事訴訟手続の上訴や再審とは意義が異なる。

1　法律根拠

　中国における仲裁は，「中国国内仲裁」と「中国国外仲裁」に大別され，中国国内仲裁は，さらに，渉外要素[35]の有無によって「国内仲裁」と「渉外仲裁」に分けられる[36]。中国の現行法上に，かかる分類についての明確な定義はないが，仲裁法および民事訴訟法は，国内仲裁（domestic arbitration），渉外仲裁（foreign-related arbitration）および国外仲裁（foreign arbitration，「国際仲裁」とも呼ばれる）と区別し，一部異なる規定を設けている。仲裁判断に対する司法審査は，その典型例の1つである。

　国内仲裁の仲裁判断に対する司法審査については，仲裁法58条に仲裁判断の

---

[35]　前掲「1－3　『訴訟』と『仲裁』のどちらを選ぶか」を参照されたい。
[36]　拙著『中国商事仲裁の基本と実務』（商事法務，2021年）13頁

取消しに関する規定があり，仲裁法63条および民事訴訟法244条2項と3項に仲裁判断の執行拒否に関する規定がある。渉外仲裁の仲裁判断に対する司法審査については，仲裁法70条に仲裁判断の取消しに関する規定があり，仲裁法71条および民事訴訟法281条に仲裁判断の執行拒否に関する規定がある。

　最高人民法院は，国内仲裁および渉外仲裁に関する法律規定に定める事由の判断基準を明確にし，その予見可能性を高めるために，2017年12月26日に「仲裁の司法審査事件の確認申請の問題に関する規定」（以下「確認申請規定」という）および「仲裁の司法審査事件の審理に関する若干問題についての規定」（以下「審理規定」という），2018年2月22日に「人民法院による仲裁判断執行事件の処理に関する若干問題についての規定」（以下「仲裁判断執行規定」という）を公布した。当該規定により，仲裁の司法審査事件の適用範囲，管轄，司法審査申請の手続，仲裁合意の効力を判断する際に適用する法律等が定められ，審査における重要事項が整理，統合された。

　また，国外仲裁の仲裁判断に対する司法審査については，原則として，ニューヨーク条約5条が適用される。ニューヨーク条約の加盟国ではない国で下された仲裁判断については，中国の民事訴訟法283条に基づき，互恵の原則に従って処理することになる。なお，中国大陸と香港，マカオおよび台湾との間の仲裁判断に対する司法審査については，中国大陸と香港，マカオおよび台湾との間に存在する特別な取決めに従い処理されることになる[37]。なお，かかる取決めの多くはニューヨーク条約を参照して作成されたものである。

37　中国大陸と香港，マカオおよび台湾との間の仲裁判断の承認および執行等については，最高人民法院が次の司法解釈等を公布している（カッコ内は公布日）。
「大陸と香港特別行政区間の仲裁判断の相互執行に関する取決め」（2000年1月24日）
「大陸とマカオ特別行政区間の仲裁判断の相互執行に関する取決め」（2007年12月12日）
「台湾地域の仲裁判断の承認および執行に関する規定」（2015年6月29日）
「大陸と香港特別行政区の裁判所間における仲裁手続の相互共助保全に関する取決め」（2019年9月26日）
「大陸と香港特別行政区間の仲裁判断の相互執行に関する取決めの補足」（2020年11月26日）
「大陸と香港特別行政区間の仲裁判断の相互執行に関する取決めの補足（2021）」（2021年5月18日）

2 司法審査の判断基準

(1) 国内仲裁

　現行の仲裁法58条に定める仲裁判断の取消事由と，民事訴訟法244条2項と3項に定める仲裁判断の執行拒否事由は概ね同じ内容である[38]。仲裁判断執行規定13条ないし16条および審理規定18条は，執行拒否事由の細則であるが，実務上，人民法院は，仲裁判断の取消事由を審査する際にも，仲裁判断執行規定13条ないし16条および審理規定18条を参照する可能性が高い[39]。

　以下①～⑦は，仲裁判断に対する司法審査の対象となる事項である。また，各事項の下に，仲裁判断の取消しまたは執行拒否とする際の判断基準を，関連法規ごとにまとめた。

① 仲裁合意の有無

仲裁法	仲裁合意がない場合
民事訴訟法	契約に仲裁条項の定めがない，または事後に書面による仲裁合意をしていない場合
仲裁判断執行規定または審理規定	規定なし

② 仲裁合意からの逸脱等

仲裁法	判断された事項が，仲裁合意の範囲外である場合，または仲裁委員会に仲裁権限がない事項である場合
民事訴訟法	判断された事項が，仲裁合意の範囲外である場合，または仲裁機関に仲裁権限がない事項である場合

38　なお，2013年以前の民事訴訟法における仲裁判断の執行拒否事由は，仲裁法における取消事由と違い，「認定事実の主たる証拠が不足していること」および「法律の適用に明らかな誤りがあること」が含まれていたが，2012年の改正時に，仲裁法における取消事由に関する規定に合わせて，統一された。

39　北京市第四中級人民法院は，CIETACによる［2018］中国貿仲京裁字第0335号仲裁判断の取消しを審理する際に，かかる判断を示した（［2018］京04民特98号）。

仲裁判断執行規定または審理規定	① 仲裁判断の事項が，仲裁合意の約定の範囲を逸脱している場合
	② 仲裁判断の事項が，法律規定または当事者が選択した仲裁規則に，仲裁できない事項であると定められている場合
	③ 仲裁判断の内容が，当事者の仲裁申立ての範囲を超えている場合
	④ 仲裁をなした仲裁機関が，仲裁合意で約定した仲裁機関ではない場合

③ 仲裁手続の違反

仲裁法	仲裁廷の構成または仲裁手続が法定手続に違反している場合
民事訴訟法	仲裁廷の構成または仲裁手続が法定手続に違反している場合
仲裁判断執行規定または審理規定	① 仲裁法の規定する仲裁手続，当事者が選択した仲裁規則または当事者間で仲裁手続についてなした特別の約定に違反し，事件の公正な仲裁判断に影響を与えた可能性がある場合
	② 仲裁法または仲裁規則が規定する方法によらずに法律文書が送達され，仲裁に参与できなかった場合
	③ 仲裁人が仲裁法または仲裁規則の規定に基づき回避すべきであったのに回避しなかった場合

④ 証拠偽造

仲裁法	仲裁判断の根拠とされた証拠が偽造されたものである場合
民事訴訟法	仲裁判断の根拠とされた証拠が偽造されたものである場合
仲裁判断執行規定または審理規定	① 当該証拠が仲裁判断にすでに採用され，
	② 当該証拠が事件の基本的事実を認定する主要な証拠であり，かつ，
	③ 審査により，当該証拠が，明らかに，捏造，変造，虚偽の証明の提供等不法な方法により形成または取得されており，証拠として必要な客観性，関連性，合法性の基準に欠けている場合

⑤ 証拠隠匿

仲裁法	相手方当事者が，公正な判断に影響するに足る証拠を隠匿していた場合
民事訴訟法	相手方当事者が，仲裁機関の公正な判断に影響するに足る証拠を隠匿していた場合
仲裁判断執行規定または審理規定	① 当該証拠が事件の基本的な事実を認定する主要な証拠であり， ② 相手側当事者のみが当該証拠を所有しながら仲裁廷に提出せず，かつ， ③ 仲裁手続において当該証拠の存在を知悉しており，かつ相手側当事者に提示を要求し，または仲裁廷にその提示を命ずるよう申し立てたにもかかわらず，相手側当事者が正当な理由なく提示または提出しなかった場合

⑥ 仲裁人の不正行為

仲裁法	当該事件の仲裁において，仲裁人に，賄賂要求もしくは収賄行為，私利を図る不正行為，または法を曲解した判断があった場合
民事訴訟法	当該事件の仲裁において，仲裁人に，汚職・収賄行為，私利を図る不正行為または法を曲解して判断を行った場合
仲裁判断執行規定または審理規定	すでに効力が生じた刑事法律文書または規律処分決定により確認された行為

⑦ 社会公共の利益への違反

仲裁法	人民法院が，判断が社会公共の利益に反すると認定した場合
民事訴訟法	人民法院が，判断の執行が社会公共の利益に反すると認定した場合
仲裁判断執行規定または審理規定	規定なし

　国内仲裁の実務において当事者から仲裁判断の取消しまたは執行拒否の審査が請求される事項は，上記①～③がほとんどである。一方で，④「証拠偽造」と⑤「証拠隠匿」は，人民法院が仲裁判断の実質的部分（merit）を審査する

ことになるため，仲裁の権威性および終局制に悪影響を及ぼしているとの批判がある。この点は，今後の仲裁法および民事訴訟法の改正に注目する必要がある。

(2) 渉外仲裁

渉外仲裁の仲裁判断の取消しと執行拒否の事由は，仲裁法には直接の規定が設けられておらず，民事訴訟法の条文を引用する形としている。また，渉外仲裁の仲裁判断に係る司法審査は，下表のとおり，専ら仲裁の手続上の問題がほとんどであり，「証拠偽造」や「証拠隠匿」が含まれていない。

仲裁法70条および71条	民事訴訟法281条
当事者が証拠を提出し，渉外仲裁判断が民事訴訟法258条1項[40]に定める事由のいずれかに該当することを証明した場合，人民法院は，合議廷を設けて審査し，その事実が確認されたときには，仲裁判断を取り消す裁定をする（70条要約）。	渉外仲裁機関が下した判断に対し，被申立人が証拠を提出し，仲裁判断が次に掲げる事項のいずれかに該当することを証明した場合，人民法院は，合議廷を構成し，審査確認した上，執行拒否を裁定する。 ① 契約に仲裁条項の定めがない，または事後に書面による仲裁合意をしていない場合 ② 被申立人が仲裁人の指定または仲裁手続開始の通知を受けておらず，または被申立人の責めに帰さない理由により意見を陳述することができなかった場合 ③ 仲裁廷の構成または仲裁の手続が仲裁規則に適合していなかった場合 ④ 判断された事項が仲裁合意の範囲を逸脱，または仲裁機関がこれを仲裁する権限を有していなかった場合 ⑤ 人民法院は，判断の執行が社会公共の利益に反すると認定した場合
被申立人が証拠を提出し，渉外仲裁判断が民事訴訟法258条1項[41]に定める事由のいずれかに該当することを証明した場合，人民法院は，合議廷を設けて審査し，その事実が確認されたときは，執行拒否を裁定する（71条要約）。	

---

40 最新の民事訴訟法（2021年版）281条1項
41 前掲注40と同じ

(3) 社会公共の利益への違反

　前述のとおり,「社会公共の利益への違反」は,国内仲裁と渉外仲裁のいずれにおいても,仲裁判断の取消しおよび執行拒否に係る司法審査の対象である。また,実務上,「社会公共の利益」に反することを理由として,仲裁判断の取消しや執行拒否が求められた事例が散見される。

　ただし,中国の現行法上,「社会公共の利益」の定義や判断基準等に関する明確な規定はない。この点につき,最高人民法院は,「最高人民法院の商事仲裁司法審査年度報告（2019年）」に関する記者会見において,「仲裁の司法審査の実務において,各級人民法院は「社会公共の利益」に反することに対し,一定の共通認識を形成している。それには,仲裁判断が中国の法律の基本的原則,社会の善良な風俗,国家および社会の公共安全を害する等が含まれると解すべきである」と述べた。また,具体例としては,土地取引による地方政府の財政収入の減少は必ずしも社会公共の利益に該当するとは言えないとする事案や,オンラインプラットフォームによる貸付けは国の金融市場の秩序を著しく乱すものであり,社会公共の利益に反する違法行為であると判断した事案が挙げられた。

　直近の例としては,第36回指導性案例199号（最高人民法院,2022年12月27日公布）があり,同号の事案ではビットコインの利用が「社会公共の利益」に反するものとされた[42]。同案例は,広東省深圳市中級人民法院による深圳仲裁委員会の仲裁判断の取消しである[43]。取消しの具体的な理由は,①ビットコインが貨幣ではなく,市場に流通し使用できるものでないこと,②ビットコインを換算し取引すること,および流通し,投機等する行為は,中国の金融機関の禁止対象に該当し,金融秩序を攪乱し,金融の安定に影響するものであること,③米ドルを介してビットコインと人民元を換算し,取引することは,「社会公共の利益」に反する,というものであった。

　なお,実務上で「社会公共の利益」につながる可能性が高い事項としては,

---

[42] http://gongbao.court.gov.cn/Details/b8fcd1449fbe362a7d34d5af7fe899.html
[43] 深圳仲裁委員会「（2018）深仲裁字第64号」,広東省深圳市中級人民法院（「（2018）粤03民特719号民事裁定」2020年4月26日公布）

金融秩序の他，労働者の権益保護，食品または公共衛生の安全，環境保護，外貨管理規制等が考えられる。

3　仲裁法の改正

司法部が2021年7月30日に公布した仲裁法意見募集稿は，国内仲裁と渉外仲裁を区別せず，UNCITRAL仲裁モデル法を参照し，仲裁判断の取消事由を以下のとおり改正した。

現行仲裁法58条1項	仲裁法意見募集稿77条1項
仲裁合意がない場合	仲裁合意がない，または仲裁合意が無効である場合
判断された事項が，仲裁合意の範囲外の場合，または仲裁委員会に仲裁権限がない事項である場合	判断された事項が，仲裁合意または本法に定める仲裁範囲外である場合
仲裁廷の構成または仲裁手続が法定の手続に違反している場合	被申立人が，仲裁人の指定または仲裁手続の進行に関する通知を受領しなかった，または被申立人の責めに帰さないその他の事由により意見を陳述できなかった場合
仲裁判断の根拠とされた証拠が偽造されたものである場合	仲裁廷の構成または仲裁手続が，法定の手続あるいは当事者の約定に違反していたために当事者の権利に重大な損害を与えた場合
相手側の当事者が，公正な判断に影響するに足る証拠を隠匿していた場合	仲裁判断が，悪意ある結託，証拠の偽造等の詐欺行為によるものである場合
当該事件の仲裁において，仲裁人に，賄賂要求もしくは収賄行為，私利を図る不正行為，法を曲解した判断があった場合	仲裁人に，当該事件の仲裁に際して賄賂要求もしくは収賄行為，私利のために不正を図る行為，法を曲解して判断を下す行為があった場合

仲裁法意見募集稿は，上記の他，仲裁判断の執行拒否に関する規定も大幅に改正した。具体的には，現行仲裁法にある，国内仲裁の仲裁判断の執行拒否に

関する63条および渉外仲裁の仲裁判断の執行拒否に関する71条を削除し，代わりに，仲裁法意見募集稿82条2項として，「人民法院は，審査を経て当該判断の執行が社会公共の利益に反しないと認める場合は，執行を確認する旨の裁定をしなければならない。反すると認めた場合，執行拒否を確認する旨の裁定をしなければならない」と定め，執行拒否の事由を「社会公共利益の違反」に限定した。

残念ながら，前述の改正のほとんどが，2024年11月8日に公布された仲裁法改正草案より元に戻された。かかる改正については，今後の仲裁法の改正動向，およびそれに伴う民事訴訟法の改正有無を踏まえて検討する必要があるが，国内仲裁の仲裁判断に関しては，取消しと執行拒否で重複していた司法審査基準は，取消しへ一本化されるのではないかという意見が多く見受けられる。

なお，取消しへの一本化の動きは，これまで，国内仲裁の仲裁判断において，敗訴側当事者が取消しと執行拒否の両手続をすることで仲裁判断の執行を遅らせることがしばしば行われ，司法資源の浪費であると指摘されていたことに関連する。

4 取消制度と執行拒否制度の比較

(1) 取消制度と執行拒否制度の違い

一般論としては，仲裁判断の取消しは，当事者が自らの利益を保護するためにとり得る，積極的な措置であるが，仲裁判断の執行拒否は，どちらかというと，執行手続における受動的な対応策となる。現行法では，仲裁判断の取消制度と執行拒否制度が併存するため，いずれの制度によるかで，最終的な結果が異なる場合もある。

当事者は，両制度の申立事由およびその判断基準や，それぞれの違いを正確に理解し，いかに自身の利益を最大限に保護し，より確実なものとするかを，学ぶ必要があると考える。

【取消制度と執行拒否制度の比較】

項目	仲裁判断の取消し	仲裁判断の執行拒否
申請者	仲裁当事者（申立人と被申立人）（仲裁法58条）	被執行人／敗訴者＋法定の訴外第三者（仲裁判断執行規定2条，7条および9条）[44]
管轄する人民法院	仲裁委員会の所在地の中級人民法院（仲裁法58条）	原則：被執行人の住所地または被執行財産の所在地の中級人民法院（仲裁法司法解釈[45] 29条） 例外：一定の条件[46]を満たす場合，上級人民法院の許可を得て，かかる中級人民法院は，管轄権を基礎人民法院に移譲することが可能（仲裁判断執行規定2条）
申請期限	仲裁判断書の受領日から6カ月以内（仲裁法59条）	執行通知書の送達日から15日以内に書面にて行う（仲裁判断執行規定8条）。
人民法院の審査期間	人民法院は，仲裁判断取消しの申立受理から2カ月以内に，判断の取消しまたは申立ての却下を裁定しなければならない（仲裁法60条）。	人民法院は，仲裁判断の執行拒否の申立てを立件してから2カ月以内に，審査を完了し裁定を下さなければならないが，特殊な事情により延長が必要な場合に限り，当該人民法院の院長の許可を得て，1カ月延長することが可能である（仲裁判断執行規定12条）。

(2) 取消制度と執行拒否制度の重複利用

前述のとおり，仲裁判断に対する司法審査の取消制度と執行拒否制度の機能は基本的には同じであり，その審査基準も似ている。そのため，なかにはこれ

---

[44] 「人民法院による仲裁判断執行事件の処理に関する若干問題についての規定」は，次の条件を満たす場合には，訴外第三者であっても仲裁判断の執行拒否を申し立てることができる旨を定めている。
① 仲裁事件の当事者が悪意をもって仲裁を申し立て，または虚偽の仲裁を申し立て，訴外第三者の適法の権利・利益を侵害していることを証明する証拠があること
② 訴外第三者の主張する適法の権利・利益と関わる執行対象に対する執行が完了していないこと
③ 人民法院が上記執行対象に対する執行を開始したことを知った日または知り得るべき日から30日内に申し立てたこと

[45] 「『仲裁法』適用の若干問題に関する解釈」（法釈〔2006〕7号）

[46] ①執行対象金額が基礎人民法院の一審民商事事件の級別管轄の範囲内に該当し，また②被執行人の住所または被執行財産の所在地が指定される基礎人民法院の管轄区域内にある。

らの制度の特性を悪用し，仲裁判断の執行の引延し等を狙って，両制度をいずれも申請する当事者も存在する。1件の事案につき重複して司法審査が申請されれば，司法手続の作業時間は増大し，紛争解決も非効率的になる。司法の学会は特にこの点を問題視しており，従来から仲裁判断の執行拒否制度の廃止を求めている。

かかる問題を解決するため，仲裁判断執行規定20条に，次に掲げるルールが設けられた。

---

① 当事者が人民法院に対して仲裁判断の取消しを申し立てて拒否された事件につき，執行手続の段階で，再度同じ理由で執行拒否を申し立てた場合には，人民法院は支持しない。
② 当事者が人民法院に対して仲裁判断の執行拒否を申し立てて拒否された事件につき，再度同じ理由で仲裁判断の取消しを申し立てた場合には，人民法院は支持しない。
③ 仲裁判断の執行拒否事件の司法審査中に，当事者が管轄権を有する人民法院に仲裁判断の取消しを申し立て，かつ受理された場合には，人民法院は仲裁判断の執行拒否事件に対する司法審査を中止する。
  - ✓ 仲裁判断が取り消される，または改めて仲裁すると命じられた場合，人民法院は執行終了と裁定し，執行拒否に対する審査を終了する。
  - ✓ 仲裁判断取消しの申立てが却下された，または申立人より撤回された場合，人民法院は執行拒否に対する審査を再開する。
  - ✓ 被執行人が仲裁判断の取消しに関する申立てを取り下げた場合，人民法院は執行拒否の申立てに対する審査を終了するが，第三者が仲裁判断の執行拒否を申し立てる場合はこの限りではない。

実務上，上記ルールは一定程度機能しているが，案件によっては，「同じ理由」であるかどうかの線引きが曖昧であるため，両制度をいずれも申請するという問題を完全に解決できているとは言えない。

5　司法審査のプロセス

　中国は，国外仲裁および渉外仲裁の司法審査について，国際的影響を配慮し，特に地方保護主義を封じるため，1980年度から「遂級報告制度」を実施した。具体的には，国外仲裁または渉外仲裁の仲裁判断の承認および／または執行が拒否される場合，かかる中級人民法院は，必ず事前に高級人民法院を通じて最高人民法院に報告し，最高人民法院の回答に基づき，裁定を下すとするものである。

　2018年1月1日，改正前の確認申請規定の施行を受け，国内仲裁の司法審査においても，「遂級報告制度」が適用されるようになった。具体的には，確認申請規定に基づき，司法審査事件の審査プロセスは，渉外仲裁（香港，マカオおよび台湾に関わる仲裁を含む）とそれ以外によって，下図のとおりとされた。

【遂級報告のプロセス】

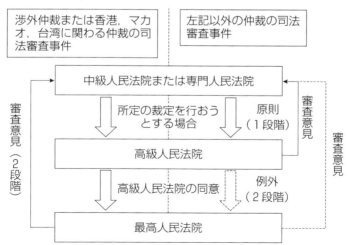

　渉外仲裁の司法審査について，管轄の中級人民法院または専門人民法院が，①中国大陸の仲裁機関による仲裁判断を執行しないまたは取り消すとの裁定，②香港，マカオ，台湾の仲裁判断を承認せず，もしくは執行しないとの裁定，

または③外国の仲裁判断を承認せず，もしくは執行しないとの裁定のいずれかを行おうとする場合，まず，高級人民法院に確認を申請（以下「確認申請」という）する必要がある。高級人民法院が同中級人民法院または専門人民法院の審査結果に同意した場合，最高人民法院に確認申請を行う必要がある。上記①〜③の裁定は，最高人民法院の審査意見に基づいて出さなければならない（確認申請規定2条1項）。

また，渉外仲裁の司法審査以外の仲裁（国内仲裁）の司法審査について，中級人民法院または専門人民法院が上記①の裁定を行おうとする場合には，原則として，高級人民法院に確認申請を行い，高級人民法院の審査意見に基づいて上記①の裁定を出さなければならない（確認申請規定2条2項）。ただし，例外として，社会公共の利益に反するという理由[47]で，中国大陸の仲裁機関による仲裁判断を執行しない，もしくは取り消す場合には，渉外仲裁の司法審査と同様に2段階の確認申請を行うものとし，最高人民法院に確認申請を行う必要がある（確認申請規定3条）。

6　司法審査の結果

人民法院は，司法審査において，仲裁判断の取消し，差し戻して仲裁をやり直す（以下「差戻仲裁」という），または仲裁判断の執行拒否等の裁定を下すことが可能である。なお，審理規定20条および21条に基づき，かかる裁定は，原則として，送達をもって法的効力を生じることとなり，当事者が人民法院に不服審査申立て，上訴の提起，または再審申立てをしても，受理しない。

人民法院が法に従い仲裁判断の取消しまたは執行拒否を裁定した結果に対し，当事者は，関連紛争について双方で新たな仲裁合意を行うことで，それに基づく仲裁を申し立てることができる（ただし，実務上，ほぼ実現不可能）。または，人民法院に訴訟を提起することになる（仲裁法9条2項）。

---

[47] 改正前の「確認申請規定」には，「仲裁司法審査事件の当事者の住所が省級の行政区画を跨ぐ場合」も例外事由として含まれたが，2021年改正により削除された。

(1) 仲裁判断の取消し

当事者が，仲裁判断事項が仲裁合意の範囲を越えていることを理由に，仲裁判断の取消しを申し立て，審査の結果，それが事実であった場合，人民法院は仲裁判断の逸脱部分を取り消さなければならない。ただし，逸脱部分とその他の判断事項が不可分である場合は，人民法院は仲裁判断を取り消さなければならない（仲裁法司法解釈19条）。

(2) 差戻仲裁

仲裁法61条に基づき，人民法院が，仲裁判断の取消しの申立てを受理した後，仲裁廷へ差戻仲裁を指示できると認める場合，仲裁廷に対し，一定期間内に差戻仲裁を行うよう通知し，かつ取消手続の中断を裁定する。

「仲裁廷に差戻仲裁を指示できると認める場合」とは，仲裁法司法解釈21条に規定があり，「仲裁判断の根拠たる証拠が偽造であった場合」および「相手側当事者が公正な判断に影響を与えるに足る証拠を隠匿した場合」に限定されている。ただし，かかる事由は国内仲裁の取消事由であり，渉外仲裁の場合は，原則として，差戻仲裁にはならないと解される。

なお，人民法院は仲裁廷に対し，差戻仲裁を指示する具体的理由を通知する必要があるが，仲裁廷に強制的に行わせることはできない。人民法院は，仲裁廷が人民法院の指定する期間内に差戻仲裁を行う場合は，取消手続の終結を裁定し，差戻仲裁を行わない場合は，取消手続の再開を裁定する（仲裁法司法解釈22条）。

(3) 執行拒否

人民法院が仲裁判断の執行拒否，もしくは仲裁判断の執行拒否に関する申立ての棄却または不受理を裁定した場合は，当事者がかかる裁定について，執行の異議申立てまたは不服審査の申立てを行っても，人民法院はこれを受理しない（仲裁判断執行規定22条1項）。

人民法院が仲裁判断の執行拒否を裁定した場合，当事者は，当該紛争について双方の仲裁合意に基づき再度仲裁を申し立てることができるし，人民法院に

訴訟を提起することもできる（仲裁判断執行規定22条2項）。ただし，前述のとおり，新たな仲裁合意を行うことは現実的ではない。

なお，人民法院が，訴外第三者による申請に基づき仲裁判断の執行拒否を裁定し，当事者がそれを不服とした場合，当該当事者は，裁定の送達日から10日以内に上級の人民法院に対して不服審査を申し立てることができる。また，人民法院が訴外第三者による申請を棄却または不受理と裁定し，かかる訴外第三者がそれを不服とする場合，当該訴外第三者は，裁定の送達日から10日以内に上級の人民法院に対して不服審査を申し立てることも可能である（仲裁判断執行規定22条3項）。

7　事例紹介

以下は，国内仲裁の仲裁判断に関して，取消しと執行拒否で重複していた事件である。また，仲裁判断の取消しは棄却されたが，執行拒否が認められた。

事件名	延辺仲裁委員会の仲裁判断をめぐる事件
当事者	申立人：延辺宏豊房地産開発有限公司（以下「A社」という） 被申立人：延辺恒升電力安装有限公司（以下「B社」という）
人民法院	吉林省延辺朝鮮族自治州中級人民法院（以下「本件法院」という）
仲裁機関	延辺仲裁委員会[48]
時系列	✓ 2015年8月26日，延辺仲裁委員会は，A社とB社の建築工事契約紛争を受理した。 ✓ 2016年5月17日，仲裁廷の開廷審理の際に，A社は首席仲裁人の回避を申請した。また，A社が選定した仲裁人は病気のため審理に参加できなかった。 ✓ 仲裁廷は，2016年12月16日に改めて開廷審理することを決定したが，A社に開廷通知書を送達したのは同月15日であった。 ✓ 2016年12月16日午前，A社の法定代表者徐氏は，仲裁廷の職員に連絡し，出張中のため，開廷審理に参加できないことを理由に，

---

[48] 中国には，その所在地と関わりのある紛争事件を中心に取り扱う，地方仲裁委員会が多数存在する。詳細は，前掲「3-1　中国の商事仲裁制度の基礎知識」の2(2)を参照されたい。

3-6 仲裁判断に対する司法審査　255

		審理の延期を求めた。しかし，仲裁廷は開廷日時が決まっているため，延期できないと回答した。 ✓ 2017年1月4日，Ａ社とＢ社の建築工事契約紛争について，延辺仲裁委員会は「(2015)延仲字第1055号」仲裁判断（以下「本件仲裁判断」という）を下した。 ✓ 2017年2月6日，Ａ社は本件仲裁判断を不服として，本件仲裁判断の取消しを申請した。 ✓ 2017年3月20日，本件法院は「(2017)吉24民特4号民事裁定書」を下し，Ａ社の取消申請を棄却した。 ✓ 同月（2017年3月），Ａ社は本件仲裁判断の執行拒否を申請した。 ✓ 2017年5月4日，本件法院は，「(2017)吉24執異6号民事裁定書」を下し，本件仲裁判断の執行拒否を認めた[49]。 ✓ 2017年5月8日，本件法院は「(2017)吉執19号民事裁定書」を下し，本件仲裁判断の執行を終了した。
仲裁委員会の仲裁判断		✓ Ａ社とＢ社の「電気施工契約」を解除する。 ✓ Ａ社が仲裁判断確定後10日以内にＢ社に工事料金として3,491,141元を支払う。 ✓ Ａ社が仲裁判断確定後10日以内にＢ社に違約金として55,000元を支払う。 ✓ 51,500元の鑑定費用はＡ社が負担する。 ✓ Ｂ社のその他の仲裁請求を棄却する。
仲裁判断の取消し	申請理由	① 仲裁審理期間中に元の首席仲裁人が回避を申請したが，仲裁廷が別途仲裁人を手配する際にＡ社に通知しなかった。これは手続違法に該当する。 ② 仲裁審理期間中に工事品質鑑定を申請し，かつ書面資料を提出したが，仲裁廷はこれに回答せず，認めなかった。延辺仲裁委員会の委託鑑定管理規則に基づき，Ａ社に修正後の鑑定報告の正式版を送達すべきであるが，Ａ社に送達しなかった。これは手続違法に該当する。 ③ Ｂ社は，契約解除済みであること，一部代金の代物弁済があった

49　なお，詳細な情報はつかめなかったが，Ｂ社は本裁定を不服とし，吉林省高級人民法院に再審を申し立て，本裁定が吉林省高級人民法院より取り消されたとされる。なお，多くの地方法院は，法的根拠がないことを理由として，再審を受理しない。
しかしながら，その後の仲裁判断の執行において，Ａ社が新たな証拠を提出し，執行拒否を申し立てたため，再度本件法院に認められた。

		こと，和解合意に違反したことに関する事実を隠ぺいした。
	結果	本件法院は，以下のとおり判断し，Ａ社の取消申請を棄却した。 ✓ 案件に関わる問題について鑑定するか否かは，仲裁廷が案件審理の必要に応じて決定する事項である。これは証拠審査および事実認定に関する実体的問題であり，人民法院の審査範囲外である。 ✓ 仲裁審理期間中に，仲裁廷は法によりＡ社に対し開廷審理への参加を通知した。Ａ社は開廷審理に欠席したために抗弁，挙証，証拠調べ，鑑定の提出，鑑定の結論に対する異議申立て等の権利を行使できなかったのであり，この不利益はＡ社が甘受しなければならない。 ✓ その他Ａ社の主張は，「根拠がない」または「証拠不足」を理由として認めない。
仲裁判断の執行拒否	申請理由	本件仲裁判断はＡ社の訴権を奪った。 ① 延辺仲裁委員会は，仲裁規則に基づき，開廷の５日前までに当事者に通知しなければならないが，仲裁廷は2016年12月15日に翌日（16日）に開廷すると通知し，また，Ａ社の法定代表者は同開廷日に出張中のため審理の延期を求めたが，仲裁廷はこれに回答せず審理を継続し，仲裁判断を下した。これは法定手続に違反する。 ② 仲裁廷は，Ｂ社の仲裁請求変更申請を承諾した後，Ａ社に対し15日間の答弁期間を与えるべきであったが，当該法定答弁期間を与えなかった。これは手続違法に該当する。 ③ Ａ社の鑑定申請に応じなかった。 ④ Ｂ社は証拠を隠ぺいしており，仲裁判断で認定した工事料金は不正確であった。 ⑤ 鑑定に問題がある。
	結果	本件法院は，以下のとおり判断し，Ａ社の執行拒否の申請を認めた。 ✓ Ａ社が「仲裁廷の構成，鑑定申請，事実隠ぺい」を理由に仲裁判断の取消しを申請し，同申請が却下された後の執行手続において，同じ理由（鑑定申請，事実隠ぺい）で執行拒否を主張することは認めない。 ✓ 仲裁廷は関連規定に基づく開廷通知書の送達をしなかった。 ✓ Ａ社の法定代表者は出張中のためという，正当な理由をもって開廷の延期を求めたが，仲裁廷はこれに応じなかった。 ✓ Ａ社は開廷審理に参加できなかったため，その場で証拠調べを行うことができず，関連証拠に関する抗弁権を喪失した。これは公正な仲裁判断に影響するに足りると認める。 ✓ Ａ社が提出した執行拒否の理由が成立する。

第4章
ハイブリッドの紛争解決

4 − 1 段階的紛争解決条項

4 − 2 警告状送付時の留意事項

4 − 3 合弁企業をめぐる紛争解決（会社法の改正を中心に）

4 − 4 持分譲渡をめぐる紛争解決

4 − 5 第三者による資金提供

4 − 6 紛争解決手続における調停

4−1　段階的紛争解決条項

　近年，中国は，アメリカのような訴訟大国になっていると言われている。たしかに，経済が発展するにつれて，民事・商事のトラブルが急増しており，訴訟や仲裁は身近になりつつある。

　一方で，中国には，古来より「和を以て貴しと為す」という伝統的な観念があり，争いごとは話し合いで解決することを重視している。そういったことから，重要な契約書の紛争解決条項も，訴訟や仲裁のみを解決手段とするのではなく，まずは協議による解決または第三者によるあっせんや調停による解決を図ると定めるケースが多い。いわゆる，「段階的紛争解決条項（MTDR：Multi-tier Dispute Resolution Clause）」というものである。

1　段階的紛争解決条項とは

　段階的紛争解決条項とは，その名称のとおり，紛争を複数の段階に分け，解決を図る契約条項を指す。具体的には，当事者間で紛争が生じたまたは生じかけた際に，まず「友好的な（誠実な）協議による解決」を図り，その後「公平・中立な第三者または専門家によるあっせんまたは調停」を行い，それでも解決に至れない場合には，訴訟または仲裁の手続をとるという段階を踏む。このうち，「公平・中立な第三者または専門家によるあっせんまたは調停」は，建設プロジェクトにおける設計契約や施工契約，または技術ライセンス契約等の特殊な契約において多く利用が見受けられるが，通常の商取引契約においては，「友好的な協議による解決」とのみ定めるのが一般的である。

　その一例は，下記のとおりである。

1	各当事者は，本契約からまたは本契約に関連して紛争が発生した場合，まず友好的な協議を通じて解決しなければならない。
2	前項に則って友好的な協議を開始してから3カ月を経過しても紛争を解決する

> ことができない場合，本契約の各当事者は，訴訟によらずに［一般社団法人日本商事仲裁協会］において仲裁を申し立て，仲裁通知が行われた当時の当該仲裁協会の有効な商事仲裁規則に基づいて仲裁を行うものとする。

　また，「友好的な協議による解決」は，ケースバイケースで異なる。契約当事者の担当者レベルによる協議でとどまるケースもあるし，法定代表者やプロジェクト責任者による協議（いわゆる「トップ会談」）とするケースもある。実際には，プロジェクト規模等を考慮した上で，具体的な方法を定めることが必要であろう。
　なお，中国の実務においての利用頻度は少ないが，当事者間の合意により，仲裁手続において調停手続を組み込む方法も考えられる[1]。典型例は，シンガポール国際仲裁センター（SIAC）の「Arb-Med-Arb」条項である。具体的には下記のとおりである。

> 英語原文：
> Any dispute arising out of or in connection with this contract, including any question regarding its existence, validity or termination, shall be referred to and finally resolved by arbitration administered by the Singapore International Arbitration Centre ("SIAC") in accordance with the Arbitration Rules of the Singapore International Arbitration Centre ("SIAC Rules") for the time being in force, which rules are deemed to be incorporated by reference in this clause.
> The seat of the arbitration shall be [Singapore].
> The Tribunal shall consist of _____ arbitrator(s).
> The language of the arbitration shall be _____.
> The parties further agree that following the commencement of arbitration, they will attempt in good faith to resolve the Dispute through mediation at the Singapore International Mediation Centre ("SIMC"), in accordance with the SIAC-SIMC Arb-Med-Arb Protocol for the time being in force. Any settlement reached in the course of the mediation shall

---

[1] もちろん，中国での仲裁手続において，仲裁人が積極的に調停手続を行い，当事者間の和解による解決を促すこともよくある。

> be referred to the arbitral tribunal appointed by SIAC and may be made a consent award on agreed terms.
>
> 日本語訳：
> 本契約からまたはそれに関連して生じるすべての紛争（本契約の存在，有効性または終了に関する紛争を含む）は，その時点で施行されているシンガポール国際仲裁センター（以下「SIAC」という）の仲裁規則（以下「SIAC規則」という。引用されることにより本条項に組み込まれるとみなされる）に従い仲裁に付託され，それにより最終的に解決されるものとする。
> 仲裁地は［シンガポール］とする。
> 仲裁廷は［　］名の仲裁人より構成される。
> 仲裁の言語は［　］語とする。
> また，当事者は，仲裁が開始された後，その時点で施行されている SIAC-SIMC Arb-Med-Arb Protocol に従い，シンガポール国際調停センター（以下「SIMC」という）での調停を通じてこの紛争を解決するよう誠実に努力することに合意する。調停により成立した和解は，SIACにより選任された仲裁廷に付託され，合意された条件を前提にした仲裁判断とすることができる。

2　段階的紛争解決条項のメリットとデメリット

　前述1のとおり，段階的紛争解決条項の本質は，紛争解決のプロセスに，複数の紛争解決手段を組み込む点にある。実務上では，各紛争解決手段のつながりが重視され，うまく活用すれば下表のメリットが期待できる。一方で，条文設計が明確でないと，下表のデメリットをもたらすおそれもある。

メリット	デメリット
✓ 訴訟または仲裁前のプロセスを通じて，争点を洗い出し，互いの主張に対する理解を深めることが可能である。 ✓ 柔軟かつ効率的に紛争を解決できる。 ✓ 紛争解決の経済的なコストを節約できる。	✓ 紛争解決条項の内容交渉に時間を要する上，最終的には曖昧な条文で合意しがちである。 ✓ 各紛争解決手段がスムーズに進行しなければ，その有効性や実行可能性に悪影響をもたらすおそれがある。 ✓ 複数の組織や個人を巻き込むことに

✓ ビジネスへの悪影響を最小限に抑えつつ、取引の継続が期待できる。	よって、紛争およびその解決手続の秘密性に影響する可能性がある。 ✓ 予想に反し、コスト（時間と費用）がかかる可能性がある。

　段階的紛争解決条項を規定することは、紛争発生時に、効率的かつ経済的に紛争を解決することが期待できる。特にクロスボーダーの紛争は、解決に時間を要し、コストも高額化していることから、段階的紛争解決条項を積極的に取り入れるケースが増えている。そして、いざ紛争となった時に、段階的紛争解決条項をスムーズに機能させるため、あらかじめ当事者間でトラブルや意見相違が発生した際の回避方法を検討しておくことや、後述する仲裁廷や人民法院の過去の意見を参考にし、できる限り具体的に、各段階の手続および各手続をスムーズに進める方法を定めておくことが望まれる。

3　段階的紛争解決条項の仲裁合意への影響

　中国の現行法に、紛争解決条項における仲裁と訴訟の優先関係に関する規定がある[2]。しかし、協議または調停等の手続と仲裁または訴訟との関係について、明文化した規定はない。

　実務上でも、契約中に段階的紛争解決条項は定めてあったものの、実際に紛争が起きた際には、協議または調停の手続が行われなかったり、契約どおりに行われなかったりして、仲裁条項の有効性や、仲裁判断の取消し、または仲裁判断の執行拒否を申し立てる等、新たな紛争につながるケースが多い。

　これらの案件に対しては、後述(1)のとおり、人民法院によって異なる見解が示されていた。

2　仲裁法5条は、「当事者が仲裁に付する旨を合意した場合において、一方が人民法院に訴訟を提起したときは、人民法院は、これを受理しないものとする。ただし、仲裁合意が無効である場合についてはこの限りではない」と定めている。また、民事訴訟法127条と288条にも同じ旨の規定がある。

(1) 中国国内における紛争解決

仲裁手続を実行する根拠は，当事者間の合意である。しかし，実際に紛争が発生した場合には，それを逆手に取り，仲裁手続前の協議や調停に関する合意が，仲裁に合意する前提条件であるとして，次のような難癖に近い主張をされ，そもそもの紛争の解決さえ遠のくケースも見受けられる。すなわち，協議や調停が契約どおり行われていないため，

(a) 仲裁条項は無効である
(b) 紛争事項は仲裁事項に該当しない，または
(c) 仲裁手続に瑕疵がある

といった主張である。

一方，人民法院はこれまで，当事者間の合意を最大限に尊重しながらも，仲裁条項または仲裁手続の有効性を否定することに対しては，慎重な姿勢を見せている。

① プロセスが不明確である場合

契約書に「友好的な協議による解決」とのみ記され，協議のスケジュール等が不明確である場合は，実際のトラブル発生時に一方当事者が協議に応じないことがよくある。その際に，他方当事者が一方的に仲裁を申し立てると，協議に応じない当事者が，契約に定めた「友好的な協議」を経ていないとして，異議を申し立てることが多い。

この問題については，最高人民法院が2008年5月8日に湖南省高級人民法院宛に回答[3]（以下「回答」という）を出している。同回答には，次に掲げる判断基準が明記されている。

(a) 「友好的な協議」と「合意できない」といった条件は，前者が協議の形式であり，後者が協議の結果である。
(b) 仲裁の申立ては，「合意できない」ことを意味する。
(c) 協議の形式の判断基準は曖昧である（協議したかどうかの判断が困難である）

---

3 「潤和発展有限公司による仲裁判断の執行拒否に関する申立て案件の審査報告に対する回答」

> が,「合意できない」という結果が確定された以上,仲裁廷としては仲裁を受理することができる。

　また,直近で,北京市第四中級人民法院が「(2021)京04民特186号民事裁定書」にて同様の見解を示している。同民事裁定書は,仲裁法58条(仲裁判断取消しの申立て)に定める「仲裁手続が法定の手続に違反していたこと」とは,仲裁法が定める仲裁手続および当事者が選定した仲裁規則に違反し,正確な仲裁判断に影響する場合を指す(言い換えれば,仮に仲裁手続前の協議や調停の手続に違反があっても,ただちには仲裁手続の有効性に影響しない)という,さらに踏み込んだ判断内容であった。

② プロセスは明確であるが,契約どおりに行われなかった場合
　前述①のような不要なトラブルを回避するため,段階的紛争解決条項において,協議にかける期間を明記することも少なからず見受けられる。前述1の条文例のように,3カ月という協議時間を明記することは,仲裁手続開始までの時間的な予見可能性が期待できる記載方法である。一方で,このような内容であると,協議の開始日(すなわち,3カ月という協議期間の起算日)がよく争点になる。

　この点に関する人民法院の判断基準は緩やかで,通常は,当事者間の協議に関する通知書や弁護士名義のレター等の書面の発行日が協議の開始日であると判断される。例えば,「(2018)京04民特408号」の不動産賃貸借に関する案件においては,当事者の家賃の支払に関する督促状の送付日が協議の開始日であると判断されている。開始日に関しては,当該案件を担当した,中国国際経済貿易仲裁委員会の仲裁判断および,当該仲裁判断の効力を認めた北京市第四中級人民法院の民事裁定書ともに,同じ意見であった。

　したがって,実際に紛争が発生した場合には,協議開始時期に関する意見の相違を回避するため,正式に書面でやりとりし,かつその書面を残し,開始時期を示す証拠とすることが重要である。

(2) 香港での動き

　香港でも段階的紛争解決条項をめぐる紛争案件が散見されている。直近では,

香港高等法院が「C v D [2021] HKCFI 1474」案件において，仲裁手続前の協議プロセスは，仲裁廷が案件を受理すべきか否かに関する問題であり，仲裁廷の管轄権の有無に関する問題ではないと判断した。

当該案件は，当事者間の段階的紛争解決条項に基づくと，当事者間の誠実な協議による解決（CEOによる協議を求めることができる）[4]⇒書面による協議の要請から60営業日以内に解決できない⇒香港国際仲裁センター（HKIAC）による仲裁[5]，という流れになっていた。

かかる当事者は，仲裁前に協議が必要であるという意見は一致していたが，かかる協議が約束どおりに行われたか否かの判断に理解の相違があった。

訴訟の原告は，協議がCEOレベルで行われていないことを理由に，段階的紛争解決条項に違反したとして，HKIACには管轄権がないと主張した。これに対し，香港高等法院は，過去の英国高等法院の判例[6]を引用し，協議手続が約束どおりに行われたか否かは，HKIACが本件を受理すべきかどうか（いつ受理すべきか）のみに影響し，HKIACが本件に対し管轄権を有するか否かの問題には影響しないという見解を示した。もって，香港高等法院は，原告側の仲裁判断の取消しに関する請求を棄却した。

なお，香港高等法院は，この判決において，協議プロセスは案件を受理すべきかどうかに関係するもので，管轄権の問題ではないと判断したが，これは協

---

4 14.2 Dispute Resolution.
The Parties agree that if any controversy, dispute or claim arises between the Parties out of or in relation to this Agreement, or the breach, interpretation or validity thereof, the Parties shall attempt in good faith promptly to resolve such dispute by negotiation. Either Party may, by written notice to the other, have such dispute referred to the Chief Executive Officers of the Parties for resolution. The Chief Executive Officers (or their authorized representatives) shall meet at a mutually acceptable time and place within ten (10) Business Days of the date of such request in writing, and thereafter as often as they reasonably deem necessary, to attempt to resolve the dispute through negotiations.

5 14.3 Arbitration.
If any dispute cannot be resolved amicably within sixty (60) Business Days of the date of a Party's request in writing for such negotiation, or such other time period as may be agreed, then such dispute shall be referred by either Party for settlement exclusively and finally by arbitration in Hong Kong at the Hong Kong International Arbitration Centre ('HKIAC') in accordance with the UNCITRAL Arbitration Rules in force at the time of commencement of the arbitration (the 'Rules').

6 Republic of Sierra Leone v. SL Mining Ltd [2021] EWHC 286 (Comm)

議プロセスが重要ではないということを意味するものではなく，むしろ，仲裁廷は管轄権を有し，適切と思われる方法に従い協議プロセスの問題を判断すべきであることを意味する[7]ものであるとした。

これは，仲裁廷が協議プロセスは契約の規定を満たしていないとして案件の受理を拒否することもできるし，案件を受理したとしても，当事者は協議プロセスに関する規定に反しており，違約責任を負うべきである，との仲裁判断がされる可能性もあるということである。

(3) 中国国外における紛争解決

中国国外における仲裁でも，段階的紛争解決条項の履行と有効性をめぐる紛争案件が起きている。

主には，中国国外での仲裁判断を中国で承認および執行する際に，敗訴側当事者が，協議プロセスを踏んでいなかった，または契約どおりに行わなかったとして，仲裁判断の承認および執行に異議を申し立てるケースである。

過去に，四川省成都市中級人民法院は，当事者間で契約どおりに協議が行われた証拠がないとして，ニューヨーク条約5条1項(d)に定める「仲裁手続が当事者の合意に従っていなかったこと」に当たると判断し，ストックホルム商業会議所仲裁裁判所（SCC）の仲裁判断の承認および執行を拒否したことがある（(2005) 成民初字912号）。

しかし，天津市第一中級人民法院は，独立映画とテレビ同盟国際仲裁院（IFTA）による仲裁判断の承認および執行案件に関する民事裁定書（(2018) 津01協外認2号）において，ニューヨーク条約5条1項(d)に定める「仲裁手続」とは，仲裁手続開始後の手続を指し，当事者間の仲裁手続開始前の協議に関する規定は含まれないと明記し，四川省成都市中級人民法院と真逆の判断をした。また，当事者が仲裁を申し立てたこと自体が，協議による解決ができなかったことを示すものだと認めるべきであるという見解も示した。この点は，前述の最高人民法院の2008年5月8日付回答における分析と同じである。

---

7 The fact that a condition is regarded as going to admissibility rather than jurisdiction does not mean it is unimportant. What it does mean is that the arbitral tribunal has jurisdiction and may deal with the question as it sees fit.

かかる紛争案件の実例はそれほど多くないが、関連案件の時系列から見ると、最高人民法院の2008年5月8日付回答以降、地方の人民法院はそれに従った判断を行っていると思われる。

(4) 新しい動き

かかる問題について、最高人民法院が2022年1月に公表した「全国法院渉外商事海事審判業務座談会会議紀要」107条に基づくと、人民法院がニューヨーク条約に基づき外国仲裁判断の承認および執行に関する事件を審理する際に、当事者が仲裁合意において「まずは協議にて解決し、協議による解決ができない場合は仲裁を申し立てる」旨を約定しているにもかかわらず、一方当事者が協議を経ずに仲裁を申し立てたときに、他方当事者が、当該行為は、協議手順に対する違反であり、ニューヨーク条約5条1項に定める「仲裁手続が当事者間の合意に従っていない」ことに該当するとして、仲裁判断の承認および執行を拒否すると主張する場合、人民法院はかかる主張を支持しない、とした。

当該最高人民法院の意見の影響もあると思われるが、CIETAC仲裁規則（2024年版）12条2項には、「仲裁合意において仲裁の前に協議、調停を行うと約定している場合は、協議、調停の後に仲裁を申し立てることができる。ただし、協議、調停を行わないことは、申立人による仲裁申立ておよび仲裁委員会仲裁院による仲裁案件の受理に影響しない。適用する法律または仲裁合意において明確に異なる規定がある場合はこの限りでない」との内容が追加された。具体的には、前掲「3－2　CIETAC仲裁規則の改正」の4を参照されたい。

4　事例紹介

以下は、北京市第四中級人民法院が審理した最近の事件である。最高人民法院の2008年5月8日付回答と同様、仲裁合意にある「友好的な協議」を行ったか否かは、仲裁合意の有効性に影響しないものと判断した事例である。

事件名	李軍と羅安諾による仲裁合意効力の確認請求事件
裁定書番号	（2023）京04民特334号

裁定年月日	2023年5月18日
人民法院	北京市第四中級人民法院
当事者	申立人：李軍（以下「李氏」という） 被申立人：羅安諾（以下「羅氏」という）
案件概要	✓ 2019年10月28日，李氏と羅氏，第三者の羅旭，董江帆および北京華北地博致利電力工程有限公司（以下「A社」という）は，「A社の持分提携全体取決合意書」（以下「合意書」という）を締結し，羅氏が保有するA社の40％の持分を李氏に譲渡すると約定した。 ✓ かかる合意書には，「本合意に関する紛争が生じた場合，各当事者は共同で友好的に協議して解決するものとする。協議が成立しない場合，本合意のいずれかの当事者は，中国国際経済貿易仲裁委員会に仲裁を申し立てることができる…（中略）…紛争期間中，各当事者は本合意の紛争と無関係な部分につき引き続き履行するものとする」という旨の規定がある。 ✓ その後，当事者間による合意書の履行において，トラブルが生じ（詳細は不明），羅氏は，李氏を被申立人として仲裁を申し立てた。 ✓ 李氏は，「仲裁合意」は包括的な表現で，仲裁事項の約定が不明確であること，「友好的な協議」が仲裁手続の前置手続および効力要件であり，「友好的な協議」を経ていない場合，仲裁条項の効力は生じていないと主張し，北京市第四中級人民法院に対して仲裁合意の無効を確認する訴訟を提起した。
裁定要旨	✓ 仲裁合意の効力は，仲裁法16条，17条，18条に基づき審査しなければならない。 ✓ 仲裁法16条によると，仲裁合意には①仲裁の意思表示，②仲裁事項，③選定された仲裁委員会を含む必要があり，17条によると，①仲裁事項が法律に規定する仲裁の範囲を超える場合，②無民事行為能力者または制限民事行為能力者が締結した仲裁合意，③一方が脅迫手段を用いて相手方に仲裁合意を締結させた場合のいずれかに該当する場合，仲裁合意は無効である。18条によると，仲裁合意に仲裁事項または仲裁委員会の定めがない，または不明確である場合，当事者間で補充合意ができ，補充合意ができない場合，仲裁合意は無効である。 ✓ 合意書における仲裁合意には，仲裁の意思表示，仲裁事項および仲裁委員会が含まれており，仲裁法16条に合致しており，17条および18条に定める無効の要件を満たしていないため，かかる仲裁

合意は有効である。
- ✓ 双方が「友好的な協議」による解決の合意を履行するか否かは，法定の仲裁条項の無効を判断する要件ではなく，合意書における協議手続の合意も仲裁条項の効力に影響しない。
- ✓ 仲裁合意に仲裁に付す具体的な争いが何かを定めていないことについては，仲裁司法解釈2条に基づき，仲裁事項が契約の紛争である場合，契約の成立，効力，変更，譲渡，履行，違約責任，解釈，解除等により生じた紛争はいずれも仲裁事項と認定することができる。

以上より，北京市第四中級人民法院は，李氏の訴えを却下した。

4－2　警告状送付時の留意事項

　「警告状」の送付は，自力救済の手段の1つとして，権利侵害や契約違反の実務においてよく用いられる。警告状の目的は，一般的に，送付先に権利侵害や契約違反の事実，またはその可能性があることを知らせること，その上で，送付先にかかる行為を自ら是正し，もしくは停止するよう要求すること，または双方の協議による解決を呼びかけることで，当事者間の訴訟や仲裁を避けること等である。なお，書状の名称には，「警告状」の他，「督促状」「催告書」「通知書」等，様々なものがあるが，名称により効果が異なることはない。

　しかし，警告状は諸刃の剣である。紛争を効率よく解決に導くことが期待できる反面，使い方を誤れば，訴訟や仲裁に巻き込まれるという逆効果を生むおそれもある。また，警告状の書き方，宛先，送付方法等は事案に合わせて工夫しなければ，民事責任の他，行政責任や刑事責任を追及されるリスクがあることに留意が必要である。

1　警告状のメリットとデメリット

　警告状は，当事者間の問題解決の手段またはプロセスの一環として，中国に限らず，日本やその他の国においてもよく利用されている方法である。実務上，警告状は当事者の名義で出すことが多いが，案件の情況や相手側に本気度を示すため，いきなり弁護士名義で警告状を出すことも少なくない。特に，当事者間の関係改善や関係維持を目的とする場合は，当事者同士での解決を優先することから，まず，警告状を出すケースが多い。

　しかし，警告状には，次頁の表のとおりメリットとデメリットがあり，事案ごとに慎重に検討する必要がある。

メリット	デメリット
✓ 効率的な問題解決（金銭的・時間的・労力的） ✓ 相手の態度を探れる・訴訟の準備に取りかかれる ✓ 相手の悪意を補強する資料とできる ✓ 関係維持を期待できる ✓ 時効を中断させられる	✓ 相手に猶予を与えてしまう（証拠隠滅，財産隠匿） ✓ 訴訟を惹起する ✓ 不正競争・名誉毀損・誹謗中傷等の行為に当たるとして，民事責任，行政責任または刑事責任を問われる可能性がある

(1) 警告状のメリット

　警告状を出すメリットは複数ある。何より，問題を効率よく解決に導くことが期待できる。訴訟や仲裁と比べ，金銭的，時間的，労力的コストも非常に低い。特に，ECビジネスが盛んに行われている昨今は，インターネット上では，知的財産権（著作権，商標権および特許権等を含む）の侵害が横行している。筆者も多くのクライアントを代表して，中国の大手ECサイトの出店者に警告状を出したことがある。意外に思われる方もいるだろうが，商標権侵害の疑いがある中国のECサイト出店者に警告状を送ると，その直後に，関連するページが削除されることも多く，警告状は非常に効果的であると言える。

　また，警告状に対する相手側の反応から，その考え方や態度がある程度推測できる。特にレスポンスがある場合は，それを踏まえて，交渉による問題解決の可能性や訴訟・仲裁を提起するタイミング等の判断も検討できる。

　さらに，知的財産権の権利侵害トラブルにおいて，権利者からの警告状を無視し，当該者が関連商品の生産や販売を継続する場合は，悪意ある権利侵害の立証につなげることもできる。

　これらに加え，警告状は時効[8]を中断させる効果もある。なお，日本では，時効の中断（更新）は，裁判上の請求等や債務者の承認によることが必要とされるが，中国では，当事者による警告（催告）をもって時効を中断させること

8　中国では，消滅時効のことを「訴訟時効」と呼び，裁判上権利救済を求めることのできる期限として，機能としては日本の消滅時効に相当するものである。

もできる[9]。

(2) 警告状のデメリット

警告状を出すデメリットも無視できない。特に訴訟や仲裁となる可能性が高い事案で，かつ警告状の送付先が敗訴し，高額の損害賠償等を命じられる可能性が高いケースにおいては，警告状を受領した後，相手側が証拠を隠滅し，財産を隠匿するおそれがある。筆者が実際に担当した案件でも，相手側が警告状を受領した後，交渉に応じるふりをしながら，会社の筆頭株主や法定代表者を弁済能力のない人物に変更して債務を免れようとしたケースがある。

また，特許をめぐる権利侵害のトラブルにおいて，アグレッシブな相手側であると，警告状を受けた後，送付側の特許の有効性を争い，積極的に訴訟を起こしてくる案件も少なからず見受けられる。

さらに，警告状の内容や送付先は慎重に検討しなければ，相手側から逆に名誉毀損，誹謗中傷，不正競争等を理由に訴えられ，民事責任（損害賠償，影響の除去や謝罪広告等）を問われたり，行政責任や刑事責任を問われたりするおそれすらある。

2　警告状送付時の留意事項

いかに警告状のメリットを生かし，デメリットを最小限に抑えるかは，ケースバイケースで検討すべき要素が異なり，難しい課題である。しかし，後述の分析のとおり，送付の主体，送付先，警告状の内容，送付のタイミングおよび送付の方法等には共通のポイントがあると言える。

(1) 送付の主体

契約違反をめぐるトラブルの場合，契約の相対性の原則により，警告状を送付できるのは一般的に契約当事者である。稀に，SPC（特別目的会社）等を通じて行う取引の事案で，親会社がSPCの代わりに警告状を出すことやSPCの親

9　日本では，当事者の警告や催告は時効完成猶予事由となる。

会社に警告状を出すこともあるが，例外である。

　一方，権利侵害，とりわけ知的財産権の権利侵害の場合，警告状の送付者は，特許や商標の所有者の他，同権利の独占的または排他的ライセンシーである。なお，知的財産権の所有者が中国国外に所在する場合，将来的に中国で訴訟等を行うことを見据えて，最初から中国のライセンシーに，警告状を出させる方法もある。

(2) 送付先

　送付先は非常にセンシティブなポイントである。例えば，特許権侵害の場合，製造者に送付するのか，販売者に送付するのか，それとも両方に同時に送付するのかは，警告状送付の目的を踏まえて，慎重に検討する必要がある。なお，ECビジネスの場合は，プラットフォーマー宛に警告状を送付することも考えられる。

　一般論であるが，製造者と販売者では，販売者の反応が早い傾向にあり，対象製品の販売停止等，スピーディーな対応が期待できる。一方，その後に警告状の根拠となる特許が無効であると判断されてしまうと，販売者への警告状が不正競争行為に該当すると判断されるリスクが高くなるおそれがある。

(3) 警告状の内容

　警告状の内容について，中国の現行法上に明文の規定はない。ただし，警告状の内容は，不正競争，名誉毀損，誹謗中傷等の不要なトラブルに巻き込まれないよう，十分検討する必要がある。

　かかる判決を見ると，警告状において明記が求められる項目は①権利者の身分，②主張する権利の有効性，③権利保護の範囲，④権利侵害（またはその疑いがあること）の指摘，⑤具体的な要求が挙げられる。

　なお，警告状の内容が抽象的な場合（例えば，「対象製品は当社の特許権を侵害しており，貴社による販売行為が権利侵害行為を構成するため，当社は貴社に対して提訴する権利を留保する」等の内容に具体性がない場合），不正競争防止法11条に定める「誤導的な情報を捏造し，流布すること」に該当すると判断されるおそれがあるので注意が必要である。

(4) 送付のタイミング

警告状の送付のタイミングについては，送付先に与える影響やインパクトの程度が異なることや，前述した時効の問題等が論点となる。例えば，送付先のIPO（新規上場）の前や，重要なライセンス契約や販売契約の締結の直前を狙って警告状を送付すれば，相手側に与えるインパクトは小さくない。特にIPO準備中の企業は，紛争に巻き込まれることを極力避けることから，比較的柔和に協議に応じ，送付側の損害賠償等の要求に同意する等の効果が期待できる。

(5) 送付の方法

中国には，日本の内容証明郵便のような制度はない。そのため，中国における訴訟や仲裁においては，送付先から警告状は届いていないと主張することがよくある。この場合，警告状を送付した当事者が警告状の送付事実を立証するのは簡単ではない。EMSやDHLの配達記録だけでは，その信書の中身が警告状であることの証明にならないからである。

実務上の対応策としては，郵便物の備考欄に「警告状」を明記すること，郵送すると同時に電子メールやファックス等で警告状の写しを送付すること，また公証役場の公証手続を活用する等が考えられる。また，公証人による同行の下，警告状を手渡すことも一案である。

その他，交渉で優位に立つため，相手側にプレッシャーをかけるために，新聞広告やインターネット上で警告状を公開する方法もある。しかし，この方法は，その影響が非常に広範囲にわたるため，内容の客観性や正確性に対する要求が非常に高くなる。

3　事例紹介

近年の中国では，知的財産権の権利侵害をめぐる紛争事件において，警告状の正当性を問う議論が頻発している。

以下に，警告状の正当性が認められた事例と，認められなかった事例を1つ

ずつ紹介する。かかる事例から人民法院がどこにポイントを置いて審査しているのかを参照されたい。

(1) 警告状の正当性が認められた事例

商標権侵害をめぐる紛争事件である。不正競争防止法11条に該当するか否かを詳細に分析しており、類似案件にとっては参考価値が高い。

事件名	康恩泰有限公司と北京捷利尼亜時装有限公司の不正競争紛争事件
判決書番号	（2022）京73民終1093号
判決年月日	2023年5月25日（2審）
人民法院	北京知識産権法院（2審）
当事者	原告：北京捷利尼亜時装有限公司（以下「原告A社」という） 被告：康恩泰有限公司（CONSITEX S.A.）（以下「被告B社」という）
案件概要	✓ 原告A社と被告B社は、いずれも衣料品の生産・販売を事業としている。 ✓ 2020年7月1日、被告B社は北京鑫海韵通百貨有限公司と同社の関連会社傘下の百貨店に警告状を送付した。 ✓ 警告状の内容は、概ね次のとおり。 貴社の百貨店で「ZELINIA（店舗名）」を運営する原告A社は、当社（被告B社）が保有するブランド「ZEGNA」を模倣し、当社の商標権を侵害している。原告A社が保有する商標「ZELINIA」は、当社の商標「ZEGNA」を模倣している。当社は、「ZELINIA」関連の商標について商標異議手続や商標無効宣告請求等の行政手続を行っており、これら商標に係る商標権は不安定な状態にある。 ✓ 2021年4月13日、被告B社は北京国泰平安百貨有限公司と同社運営の百貨店（以下、上記2020年7月1日付警告状の送付先と合わせて「本件百貨店」という）にも警告状を送付し、原告A社による「ZELINIA」の店舗運営という侵害行為の差止措置を求めた。 ✓ 同警告状の内容は、概ね次のとおり。 原告A社が保有する商標「ZELINIA」は、当社の商標「ZEGNA」を模倣している。「ZELINIA」は、商標の構成、読み方および視覚的効果等が「ZEGNA」と類似しており、商品の出所を

	混同させる可能性が高く，当社の利益を損害している。（中略）同商標については現在，北京市東城区人民法院にて民事訴訟が係属中である。 ✓ 被告B社は，原告A社の商標について以下の行政手続を行った。 ① 「ZELINIA」商標 2018年1月，被告B社は同商標の無効宣告を請求した。 2019年3月，国家工商行政管理総局商標評審委員会（以下「商標評審委員会」という）は，無効宣告請求の理由が不成立として，商標維持の裁定を下した。 ② 「ZELINIA」商標 2018年5月，被告B社は「ZELINIA」商標取消請求案件について，商標局の決定を不服とし，商標評審委員会に再審査を申請した。 2018年12月，商標評審委員会は同商標の取消しを決定した。原告A社はこれを不服として，行政訴訟を提起した。 2019年10月，北京知識産権法院は1審判決を下し，商標評審委員会の決定を取り消し，国家知識産権局に同商標の再審査を命令した。被告B社はこれを不服として，北京市高級人民法院に上訴した。 2020年8月，北京市高級人民法院は2審判決を下し，原判決を維持した。 2021年3月，国家知識産権局は商標取消公告にて，「ZELINIA」商標について，第25類の商品（ネクタイ，靴，帽子）の取消しを決定した。 ③ 「ZELINIA Weekend」商標 2018年1月，被告B社は同商標について無効宣告を請求した。 2019年3月，商標評審委員会は同商標の無効を裁定した。同裁定書では，「ZELINIA Weekend」は，同一または類似の商品において，被告B社が保有する商標「ZEGNA」「ZENIA」に類似すると認定している。 ✓ 原告A社は，被告B社の警告状の内容は営業誹謗行為に当たるとして，被告B社を訴えた。
2審判決の要旨	2審法院は，以下のとおり判断し，被告B社の警告状の送付行為は営業誹謗行為に該当しないと判断した。 ✓ 不正競争防止法11条に定める営業誹謗行為は，以下の要件から構成する。 ① 事業者が虚偽の情報または誤導的な情報を捏造し，流布した。

② 事業者に競争相手の商業上の信用を侵害する意図がある。
③ 事業者の行為が競争相手の商業上の信用または商品の信用を侵害する可能性がある。

(1) 被告Ｂ社は虚偽の情報または誤導的な情報を捏造し，流布したか
- ✓ 商標権者は，権利侵害につき警告状を送付するにあたっては，事実に基づき，他人の商業上の信用を侵害しないよう注意しなければならない。しかし，商標権の有効性や侵害有無の判断は専門性が高いものであるため，権利侵害の警告に完全な正確性を求めることはできない。
- ✓ 2019年3月，商標評審委員会は，「ZELINIA Weekend」は，同一または類似の商品において，被告Ｂ社が保有する商標「ZEGNA」「ZENIA」に類似する旨の裁定をした。被告Ｂ社が当該裁定の結果を含む事実に基づき，2020年7月，2021年4月に送付した警告状において，原告Ａ社には商標権侵害の疑いがあると表現することは合理的であり，事実根拠があり，慎重に注意を払ったといえる。よって，虚偽の情報を捏造し，流布した行為には該当しない。
- ✓ また，警告状の送付先である本件百貨店は，被疑侵害品の販売者であり，商標権の被疑侵害者に該当する。被告Ｂ社は個別に警告状を送付することで権利侵害を警告し，警告状の送付先も必要な範囲にとどめている。したがって，警告状の送付先や送付範囲も合理的である。

(2) 被告Ｂ社に原告Ａ社の商業上の信用を侵害する意図があるか
- ✓ 原告Ａ社は「ZELINIA」の文字を含む複数の有効な商標を保有しているため，中国の商標法等に基づき，原告Ａ社に対して商標権侵害訴訟を提起するためには，行政手続を通じて関連商標の有効性を争わなければならない。
- ✓ 被告Ｂ社は，「ZELINIA」商標に関する行政手続が係属中であり，商標権侵害訴訟を提起できない状況下で，自社の商標権および商標評審委員会の「ZELINIA Weekend」に関する裁定を基に，権利侵害の疑いのある特定の販売者に警告状を送付することで，早期に自社の権利を行使した。また，警告状では権利侵害の疑いに関する情報を正確に開示していることから，虚偽の情報または誤導的な情報は存在しない。
- ✓ したがって，被告Ｂ社による警告状の送付の目的は，自社の商標

4-2 警告状送付時の留意事項　277

| | 権を守るためであり，原告A社の商業上の信用を侵害するためではないといえる。
(3) 被告B社の行為が原告A社の商業上の信用または商品の信用を侵害する可能性があるか
✓ 販売者は商標権者への確認や，公開情報の検索等により，本件警告状の真実性を判断することが可能であり，警告状の内容を鵜呑みにして権利侵害の存在を確信することはない。
✓ また，2審において，被告B社は本件百貨店からの回答を提出した。同回答には，「商標局のデータを調べたところ，『ZELINIA』商標は有効である」「商標権者が提供した無効宣告請求裁定によると，無効宣告請求が棄却された」「『ZELINIA』に対する商標取消申請も係属中であり，最終判断がなされていない」「現時点では『ZELINIA』商標の合法性に問題があるとは確認できない」等の記載がある。
すなわち，本件百貨店が，警告状により原告A社の権利侵害を確信したり，原告A社の商業上の信用または商品の信用を低く評価したりした事実はないことがわかる。
✓ よって，被告B社による警告状の送付は，原告A社の営業上の信用を侵害していない。
以上より，被告B社による警告状の送付は，不正競争防止法11条に定める営業誹謗行為には該当しないと判断した。|

(2) 警告状の正当性が認められなかった事例

特許権および営業秘密の侵害をめぐる紛争事件である。人民法院は，警告状に記載すべき内容と記載してはならない内容を指摘している。

事件名	北京直真科技股份有限公司と億陽信通股份有限公司，北京億陽信通科技有限公司の不正競争紛争事件
判決書番号	(2022) 京73民終4085号（2審）
判決年月日	2023年3月27日（2審）
人民法院	北京知識産権法院（2審）
当事者	原告：北京直真科技股份有限公司（以下「原告A社」という） 被告：億陽信通股份有限公司（以下「被告B社」という）

	北京億陽信通科技有限公司（被告Ｂ社の関連会社。以下「被告Ｃ社」という）
案件概要	✓ 当事者の３社は，いずれも通信設備の開発・生産販売，ソフトウェア開発を事業としている。 ✓ 2020年，Ａ社とＢ社は中国移動通信集団公司（China Mobile。以下「中国移動」という）の故障管理システムプロジェクト（以下「本件プロジェクト」という）の入札（以下「本件入札」という）に参加した。 ✓ 2020年８月20日，被告Ｃ社は，同社を退職した元従業員の裘氏らを原告Ａ社が採用し，本件入札に参加させ，裘氏等が把握している被告Ｂ社の営業秘密を不当に取得し利用したとして，原告Ａ社を相手に訴訟を提起した。 ✓ 同年11月25日，被告Ｃ社は，秘密保持契約違反を理由に，裘氏に対して労働仲裁を申し立てた。 ✓ 2020年８月21日，被告Ｂ社は中国移動に対して「リスク提示書」を送付し，以下のように指摘した。 　① 原告Ａ社が貴社の複数プロジェクトを落札したが，それらプロジェクトに係るシステムには，当社の保有する知的財産権が大量に含まれている。 　② 原告Ａ社は，不当な手段で当社の元従業員らを唆して退職させた上で採用した。その多くの退職者は当社の重要な営業秘密を持ち出した。原告Ａ社は当社の営業秘密を不当に取得し，利用し，当社の合法的な権益を侵害した。 ✓ 2020年10月，中国移動は入札公告を発表し，同年11月18日に原告Ａ社が落札したことを発表した。また，落札発表とともに，異議申立ての要件や手続も記載した。その後，被告Ｂ社は中国移動に対して「異議申立書」を提出し，以下のように指摘した。 　③ 入札条件では，「ボロノイ図」を利用して基地局のカバー範囲を計算することが求められている。これについて，当社はすでに特許を取得している。同特許は，ボロノイ図を利用して基地局のカバー範囲を計算するのに必要な技術である。当社は同特許に係る特許権を第三者に許諾していないため，原告Ａ社は入札条件を満たすことができない。 　　かかる特許について，被告Ｂ社は特許請求の範囲の抜粋，特許証，特許公報等を提出した。 ✓ 2020年11月30日，被告Ｂ社は中国移動からの質問に対し，以下のとおり書面で回答した。

	④ 基地局のカバー範囲の計算における「ボロノイ図」の利用は，当社特許の特許請求の範囲に含まれ，当社の使用許可を得ない限り，当該サービスを提供できない。 ⑤ 原告Ａ社が入札書類において入札条件を満たすと表明したということは，「ボロノイ図」を利用したサービスを提供することを意味する。これは当社特許権を侵害する製品の販売の申出に該当し，当社の特許権を侵害する行為である。 ⑥ 中国移動がこのまま原告Ａ社のサービスを利用した場合，特許権侵害のリスクを知りつつ侵害品を使用したと判断され，中国移動は，特許権侵害について原告Ａ社と連帯責任を負うと判断される可能性が極めて大きい。 ⑦ 原告Ａ社は，裘氏が過去に当社を代表して本件入札に参加したことを知りながら，裘氏に原告Ａ社の代表として本件入札に参加させた。これは当社の営業秘密を故意に侵害する行為であり，必ずや法による制裁を受けるものである。 同日，被告Ｂ社は原告Ａ社に対して特許権侵害訴訟を提起した。 ✓ 2021年2月，被告Ｃ社は原告Ａ社に対する営業秘密侵害訴訟を取り下げた。また，裘氏に対する労働仲裁についても請求が棄却された。しかし，被告Ｂ社はこれらの事実を中国移動に告知しなかった。 ✓ 原告Ａ社は，被告Ｂ社の上記指摘や書面回答の内容には虚偽の情報，誤導的な情報が含まれており，被告Ｂ社の営業誹謗行為は原告Ａ社に多大な経済的損失を与えたとして，被告Ｂ社を訴えた。
判決要旨	2審法院は，以下のとおり判断し，被告Ｂ社の行為は営業誹謗行為に該当すると判断した。 ✓ 被告Ｂ社の行為が営業誹謗行為に該当するか否かを判断するにあたって，以下の点を審査する。 ① 被告Ｂ社は，虚偽の情報または誤導的な情報を捏造，流布したか。 ② 被告Ｂ社の行為は，原告Ａ社が提供する製品またはサービスの社会的評価を低下させたか，また，原告Ａ社に損害（直接損害だけでなく，取引機会の喪失等の間接損害も含む）を与えたか。 ③ 虚偽の情報または誤導的な情報に該当するか否かは，情報を受け取る側を誤解させたかどうかによって判断すべきである。 ✓ 被告Ｂ社の上記案件概要にある②，⑦の書面の内容には，原告Ａ社が「営業秘密を故意に侵害する」「必ずや法による制裁を受け

る」等の断言の表現や,「不当な手段」「唆す」「不当に取得し利用した」等の消極的な表現がある。しかし，関連の営業秘密侵害訴訟や労働仲裁は係属中であり，被告Ｂ社は中国移動への回答等においても証拠を提出しておらず，上記内容は根拠に欠ける。

✓ 事業者が司法機関により判断されていない事項を警告状に記す時は，「疑いがある」等の中立的な表現を使うべきである。被告Ｂ社の表現は合理的な範囲を超えており，根拠のない虚偽の情報に該当し，中国移動を誤解させる可能性が大きく，原告Ａ社の商業上の信用を侵害した。

✓ 被告Ｂ社の上記案件概要にある①，③，④，⑤の書面の内容には，特許請求の範囲の抜粋および原告Ａ社による特許権侵害の主張が含まれている。
しかし，特許権侵害の警告には，主張する権利の有効性，権利の保護範囲およびその他の侵害の判断に必要な情報を記載するべきである。被告Ｂ社は特許請求の範囲の一部しか開示しておらず，多くの重要な技術的特徴を省略したため，その特許権の保護範囲について誤解を招いた。また，被告Ｂ社は，同社の保有する「大量の知的財産権」の内容を明らかにせず，自社製品と被疑侵害品の比較等もしていない。そのため，中国移動は事実を正確に判断することができない。

✓ さらに，被告Ｂ社の上記書面の内容は，入札における「ボロノイ図を利用する」という条件は，その特許請求の範囲に含まれ，入札条件で求められる技術や原告Ａ社が提供する技術は必ず権利侵害になるという誤解を招きやすい。

✓ 被告Ｂ社の上記案件概要にある⑥の書面の内容には，「中国移動が原告Ａ社と特許権侵害について連帯責任を負うと判断される可能性が極めて大きい」等の表現がある。しかし，被告Ｂ社は特許権侵害訴訟において中国移動を被告としておらず，侵害の事実についても有効な証拠を提出しなかった。それにもかかわらず，被告Ｂ社は一方的に上記結論を導き出し，中国移動を誤解させた。中国移動がこれを理由に原告Ａ社との取引を中止した場合，原告Ａ社は商業上の信用やビジネス機会も損害を受ける可能性が大きい。

✓ 被告Ｃ社が提起した営業秘密侵害訴訟や労働仲裁は，「リスク提示書」等の内容の真実性を判断するための重要な事実である。しかし，被告Ｂ社は訴訟の取下げおよび仲裁の請求棄却の事実を隠ぺいし，中国移動に告知しなかった。その結果，原告Ａ社は，

「リスク提示書」等における指摘事項による不利な影響を受け続けた。これは，虚偽の情報により競争相手のビジネス機会を阻害する不正競争行為である。

以上より，被告Ｂ社の「リスク提示書」等の書面は，誤解を招く情報を流布し，原告Ａ社の商業上の信用を侵害するものであり，不正競争防止法11条に定める不正競争行為に該当すると判断した。

また，本件において，営業秘密侵害訴訟の提起や労働仲裁の申立てをしたのは被告Ｃ社であり，中国移動に「リスク提示書」等を送付したのは被告Ｂ社である。しかし，被告Ｂ社は，「リスク提示書」等において，訴訟の提起者や知的財産権の権利者をあわせて「当社」と表現し，被告２社の主体混同を生じさせた。したがって，被告２社はかかる不正競争行為について連帯責任を負わなければならない。

被告Ｂ社の不正競争行為が，本件プロジェクトを遅延させ，原告Ａ社に80名以上の従業員の人件費を発生させたこと，被告Ｂ社の不正競争行為の影響により，原告Ａ社は250万元の契約履行保証金を求められ，約14万元の利息損失が生じたこと，および原告Ａ社の本件に対応するための合理的な支出を勘案し，被告Ｂ社および被告Ｃ社に対し，原告Ａ社に100万元の損害賠償および合理的な支出として30万人民元を支払うよう命じた。

さらに，被告Ｂ社および被告Ｃ社に対して，不正競争による悪影響を払拭するために，判決発効後30日以内に，中国移動に対して声明文を送付するよう命じた。

コラム⓫　競業他社への警告状の送付

　競業関係にある企業間での警告状の送付が，不正競争防止法に反するか否かがよく論点になるので，留意が必要である。

　不正競争防止法11条は，「事業者は，虚偽の情報または誤導的な情報を捏造し，流布することにより，競争相手の商業上の信用，商品の評判に損害を与えてはならない」と定めている。前述3にある事例のとおり，警告状の送付先が当該条文を根拠にして，送付主体に対する責任追及の訴訟を提起することはよくある。

　なお，当該規定に反する場合の法的責任は，次のとおりである。

① 民事責任（不正競争防止法17条1項・2項）:

　事業者が本法の規定に違反し，他人に損害を与えたときは，法に従い民事責任を負わなければならない。事業者の合法的権益が不正競争行為により損害を受けたときは，人民法院に訴訟を提起することができる[10]。

② 行政責任（不正競争防止法23条）:

　事業者が本法11条の規定に違反し，競争相手の商業上の信用，商品の評判に損害を与えたときは，監督検査部門が違法行為の停止，影響の除去を命じ，10万元以上50万元以下の過料に処する。情状が重大であるときは，50万元以上300万元以下の過料に処する。

③ 刑事責任（不正競争防止法31条）:

　本法の規定に違反し，犯罪を構成するときは，法に従い刑事責任を追及する。

　刑法221条および231条には，「商業的信用，商品の声誉損害罪」に関する規定がある。具体的には，虚偽の事実を捏造し，かつ流布し，他人の商業的信用または商品の声誉を損ない，他人に重大な損失[11]をもたらし，またはその他の重い情状があると認められた場合は，個人の刑事責任として，「2年以下の有期懲役もしくは拘留に処し，罰金を併科し，または罰金を科する」ことが可能である。

　会社がかかる罪を犯した場合には，会社に罰金を科し，かつ同件を直接主管する責任者およびその他の直接責任者に対し，上記の個人に対する刑事責任が追及されるおそれがある。

　なお，実務上では，不正競争防止法の他，民法典や知的財産権に関する法令に基づく損害賠償請求の案件も多く存在する。

10　過去に，日本の自動車メーカーによる弁護士名義の警告状の送付が不正競争行為に該当するとし，1,600万人民元の損害賠償が命じられた（最高人民法院［2014］民三終字7号案件）。

11　最高検察院および公安部が2022年4月6日に公布した訴追基準に関する司法解釈に基づくと，50万人民元以上の損失をもたらしたことを立証できれば，かかる当事者の刑事責任を追及できることに留意されたい。

4－3 合弁企業をめぐる紛争解決（会社法の改正を中心に）

　中国では，2020年1月1日の外商投資法の施行に伴い，従来の「三資企業法」[12]が廃止された。外商投資法は，主に新たな外商投資制度の枠組み（投資促進，投資保護および投資管理の基本制度）を示したもので，外商投資企業の組織形態，機関構成およびその活動規則については，会社法[13]が適用されることになった（外商投資法31条）。

　それまでは，合弁企業に会社法を適用する場面は少なかったため，多くの外国投資者が中国の会社法をそれほど重要視してこなかった。また，改革開放から40年以上にわたって施行され続けてきた三資企業法に基づく董事会が，合弁企業の最高権力機関であり続けていた影響は未だに残っており，合弁企業の株主会は形式的な存在にすぎず，ほぼ機能していないケースが数多く見受けられる。

　しかし，後述のとおり，2024年7月1日から施行されている新会社法では，株主（支配株主および実質的支配者を含む）の責任と，董事，監事および高級管理職の責任とをそれぞれ明記し，強化している。かかる改正をよく理解することで，合弁企業が不要なトラブルに巻き込まれないための盾ともできるし，紛争が発生した際に，かかる条文を積極利用して武器とすることも考えられる。

1　三資企業法から会社法へ

(1) 過渡期の期限到来

　2024年は，三資企業法から会社法への5年間の過渡期（外商投資法42条）の

---

[12] 中外合弁経営企業法，中外合作経営企業法および外資独資企業法
[13] パートナーシップ企業法も適用対象に含まれるが，外商投資のパートナーシップ企業は非常に少ないため，本稿では割愛する。

最後の年であるため、日本企業をはじめ多くの外国投資者がその対応を迫られている。

一方、会社法にかかる対応は、独資か合弁かで異なる。独資企業（100％外国投資者が出資する企業）は、会社法に基づき、外国投資者が自らの裁量でその定款等を修正すればよい。もっとも、独資企業の多くは、2006年4月24日付「外商投資会社の審査認可および登記管理における法律適用の若干問題に関する実施意見」[14]の施行を受け、2006年から、会社法に基づく組織形態の変更等を行っていた。それに対して、合弁企業の場合は[15]、中国側投資者との調整や協議が必要であり、外商投資法および会社法の影響を大きく受ける。

そのため、2020年以来、多くの外国投資者と中国投資者が、合弁契約および定款の改正をめぐって交渉を行ってきた。なお、中外合弁経営企業法と会社法の比較（すなわち、会社法の適用による合弁企業への影響）は、外商投資法公布直後から、日本でも多くの論文や著書が紹介している[16]。

(2) 会社法の改正

改正会社法（以下「新会社法」という。それに対して、改正前の会社法を「旧会社法」という。なお、特記のない限り、各条項は新会社法のものとする）は、会社法適用への過渡期が終わる直前のタイミングである2023年12月29日に採択され、2024年7月1日から正式に施行されることになった。

新会社法は、旧会社法の16カ条を削除し、228カ条を追加・修正し、うち、112カ条について実質的な改正を行っている。その改正点は、会社の登記制度、資本制度、組織機関、支配株主、董事等役員の責任、解散清算等多岐にわたっている。なお、一部の改正は、現行の会社法司法解釈（三）[17]、会社法司法解釈（四）[18]および裁判実務における内容をレベルアップしたものである。

---

14 主管当局の部門通達である。外資の審査認可および登記管理業務を規範的、利便的かつ効率的に行い、外商投資企業の健全な発展を促進し、中国の外資利用の質および水準を高めるために、会社法および会社登記管理条例等に基づき公布した。

15 合作企業は数が非常に少なく、かつ基本的な考え方が合弁企業と同じであるため、本稿では、合弁企業を中心に紹介する。

16 拙著『中国ビジネス法務の基本と実務がわかる本』（共著、秀和システム、2019年）68～69頁

17 「『中華人民共和国公司法』の適用に関する若干の問題の規定（三）（2020年版）」（2021年1月1日施行）

日本企業をはじめとする外国投資者には、中国の会社法にまだまだ不慣れな状況にもかかわらず、新会社法の改正点が実務にもたらす影響につき情報を収集し、かつその対応をスピーディーに行うことが求められている。

なお、外国投資家による中国への新規投資のほとんどは、有限責任会社の形態で行われている。2019年1月～11月の統計データ[19]によると、同時期に設立された36,747社の外商投資企業のうち、有限責任会社（合弁企業、合作企業および独資企業を含む）が36,569社を占める。これは、株式会社101社、パートナーシップ企業77社に比べ、圧倒的に数が多い。また、中国国内資本の会社も同じ状況であり、中国統計年鑑（2023）[20]に基づくと、2022年末時点で、中国における有限責任会社が2,060,569社であるのに対して、株式会社はわずか117,052社である（いずれも外商投資企業は含まない）。よって、以下では、別段の説明がない限り、有限責任会社を前提とする。

2　新会社法の改正ポイントと合弁企業への影響

(1) 会社登記制度の整備

①　改正ポイント

新会社法は、旧会社法の各章に分散していた会社登記に関する条項をまとめ、新たに第2章として設けた。その上で、会社設立時の申請資料が「真実で、合法的かつ有効」であることを（株主の）保証義務として明記し（30条）、会社の登記事項を列挙している（32条）。具体的には、名称、住所、登録資本、経営範囲、法定代表者の氏名、有限責任会社の株主、株式会社の発起人の氏名または名称を、主管当局（権限を有する市場監督管理部門）に登記するものとし、登記事項は「国家企業信用情報公示システム」（企業登記情報公示のプラット

18　「『中華人民共和国公司法』の適用に関する若干の問題の規定（四）（2020年版）」（2021年1月1日施行）
19　2020年1月1日「外商投資法」施行に伴い、中国商務部（元の外商投資に対する中央レベルの審査認可機関）が外商直接投資の投資形式に関する統計を停止したため、関連データは2019年のものが最終である。
20　https://www.stats.gov.cn/sj/ndsj/2023/indexch.htm

フォーム。「公示システム」という）[21]にて公示するとされている。

また，登記事項に変更が生じる際の変更登記の手続は，法定代表者が署名した変更登記申請書に加え，変更事項に関する決議や決定文書等を主管当局に提出しなければならず（35条1項），法定代表者が変更する場合は，変更後の法定代表者が変更登記申請書に署名すること（35条3項）も明記している。

さらに，40条によれば，会社は，前述の登記事項に加え，公示システムを通じて，次の情報を公示することとなる。なおかつ会社は，かかる公示情報の「真実性，正確性，完全性」を確保しなければならないとされている。

(a) 有限責任会社の株主が引き受けた出資額，実際に払い込んだ出資額，出資方式および出資日，ならびに株式会社の発起人が引き受けた株式数
(b) 有限責任会社の株主および株式会社の発起人の持分，株式の変更情報
(c) 行政許可の取得，変更，抹消等の情報
(d) 法律，行政法規が定めるその他の情報

上記の他，会社の合併，分割，減資，解散，清算等も，公示システムにて公示すべき内容と定められている（220条，222条，224条，225条，229条，235条）。

さらに，251条には，上記40条に基づく情報公示の規定に反した場合の罰則として，是正の他，会社に対して，「1万人民元以上5万人民元以下の過料」，情状が重い場合，「5万人民元以上20万人民元以下の過料」，直接の責任者等に対して，「1万人民元以上10万人民元以下の過料」を科すことが定められている。

② 合弁企業に与え得る影響

前述した改正の合弁企業にもたらす影響について，以下に合弁企業とその中国投資者に分けて整理する。

まず，合弁企業は，原則として，外国投資者と中国投資者とが出資比率に基

21　https://www.gsxt.gov.cn/index.html
　　中国では，2014年7月23日付「企業情報公示暫定条例」の公布に伴い，公示システムの構築およびそれに伴う企業情報の公示が本格的に進められており，主管当局にて登記した企業の生産経営活動に従事する過程で形成される情報，および政府部門の職責履行過程で判明する企業の状況等，多くの情報が同プラットフォーム上に公表されている。

づき、同企業の法定代表者、董事、監事および高級管理職を任命または指名し、関連法規に従い主管当局に登記または届出をしている。これについては、通常、合弁企業の定款と合弁契約に明文の規定がある。昨今は、会社登記制度の整備およびそれに伴う公示情報の拡充により、外国投資者もスピーディーに合弁企業の関連情報を確認することが可能となった。特に、外国投資者がマイナー出資者である場合は、同出資者の知らぬ間に、合弁企業の重要事項が変更されるといったことに対し、牽制効果がある。

次に、中国投資者が法人である場合は、合弁企業と同じく、関連情報を登記し、公示する必要がある。外国投資者は、かかる情報を入手することによって、合弁当事者の基本情報、重大な変更の有無等を把握できる。公示情報は、合弁契約においてチェンジ・オブ・コントロール条項（Change of Control条項）がある場合、そのトリガー事由の発生の有無を裏づける重要な資料として、実務上でもよく用いられている。

(2) 払込期限の復活

① 改正ポイント

2013年の会社法改正時、それまで定められていた、登録資本の実際の払込みを法定期限内に行うことに関する規制（初回出資額は登録資本の20％以上とし、会社設立日から2年以内に残額を全額払込むという規制）が廃止され、会社の登録資本の払込時期は、株主間の合意（定款）で決められることとなった。これを受け、中国では、登録資本が巨額化し、払込期限を設けない会社が大量に現れ、株主の出資義務の履行をめぐる紛争事件が急増した。

この問題を解決すべく、新会社法47条1項は、有限責任会社の払込期限を再び設け、原則として、「有限責任会社の全株主は、会社の定款に基づき、会社設立日から5年以内に出資額の払込みを完了しなければならない」と定めている。

新会社法に基づくと、株主が期日どおりに出資額を全額払い込まない場合、会社が当該株主に督促状を送付し、催促期間を定めた上で、出資の払込みを催促しなければならない（51条1項）。かかる催告期間が満了してもなお、株主が出資義務を履行しない場合、会社は、董事会決議を経て当該株主に対して書

面による失権通知を発送することができる（52条1項）。当該株主は，失権通知の発送日より，払い込まなかった出資額に対応する持分を喪失し，当該持分は，譲渡され，または減資し消滅させることになる（52条1項・2項）。

　なお，払込みの期限が到来していなくても，会社が返済期日の過ぎた債務を弁済できない場合，会社またはかかる債権者は，払込期限が到来していない株主に対して，出資額の払込みを早めるよう要求する権利を有するとされている（54条）。要は，払込期限の前倒しであり，中国では，当該新規定を「払込期限の加速制度」と呼んでいる。

② 合弁企業に与え得る影響

　これまでは，合弁企業の設立時は合弁当事者間で，必要な分の払込みのみを早期に実施し，残額の払込みは都度協議して決定する形で合意するケースが多かったが，事業の滞りや一方投資者の資金繰りに問題が生じた場合は，当然，合弁当事者間で合弁企業の登録資本の払込時期をめぐって意見が対立し，合弁企業の経営に悪影響をもたらすことが度々起きていた。

　新会社法は，株主の払込期限を最長5年に限定し，また株主の失権および払込期限の前倒し規定により，これまで長期にわたって解決が困難であった出資義務の履行をめぐるトラブルは，大幅に減少し，または短期間での解決を可能とすることが期待できる。

　新会社法の施行後，新たに合弁企業を設立する時は，登録資本を慎重に検討し，必要以上に巨額に設定しないよう注意しなければならない。他方，現に払込期限を5年以上に定めている企業の取扱いについては，国務院が2024年7月1日に「『中華人民共和国会社法』の登録資本金登記管理制度の実施に関する規定」を公布し，2024年6月30日までに設立された会社について，(a)有限責任会社の場合，原則上，2027年7月1日から5年以内に，(b)株式会社の場合，2027年6月30日までに，登録資本の払込みを完了する必要があるとされた。また，登録資本の払込みが期限どおりに完了できないと予想する場合，すでに払い込んだ登録資本を減少させない前提で，2027年6月30日までに，引き受けた登録資本を簡易な手続により減少させることができる。

(3) 株主の知る権利の拡充

① 改正ポイント

新会社法57条1項・2項は，旧会社法33条[22]に定める有限責任会社の株主の知る権利を拡充し，「株主名簿」を株主が閲覧および複製する権利を有する対象に追加し[23]，「会計証憑」を株主が閲覧する権利を有する対象に追加した[24]。

また，新会社法57条3項にて，株主は，閲覧権の行使を会計士事務所，弁護士事務所等の仲介機関へ委託することができると明記した。これは，会社法司法解釈（四）10条[25]にあった「株主の立会いの下」という制限規定を削除したもので，同司法解釈の条文へのレベルアップである。

さらに，新会社法57条5項は，株主の知る権利の対象を会社の完全子会社まで拡大し，株主は，会社の完全子会社の関連資料の閲覧，複製を要求できるとしている。

② 合弁企業に与え得る影響

合弁企業を中国投資者がコントロールする場合，非コントロールの立場にある外国投資者が，合弁当事者間で持分譲渡や合弁企業の解散清算等を協議する際に，合弁企業に関する十分な情報を入手できず，協議が困難に陥るケースがよくある。また，合弁当事者間でトラブルが生じた際も，合弁企業の経営状況および経済状況を正確に把握できず，中国投資者が合弁企業の資産を流用するケースもある。

これまでも，かかる局面を打開するため，外国投資者が株主の知る権利を行使し，合弁企業に対する情報開示を請求することが考えられていたが，「会計証憑」が開示対象に含まれるのかが争点になるケースが多く，また，人民法院

---

22 株主は，会社定款，株主会会議の議事録，董事会会議の決議，監事会会議の決議および財産会計報告を閲覧および複製する権利を有する（33条1項）。
株主は，会社の会計帳簿の閲覧を要求することができる（33条2項前段）。
23 株主は，会社定款，株主名簿，株主会会議の議事録，董事会会議の決議，監事会会議の決議および財務会計報告を閲覧および複製する権利を有する（57条1項）。
24 株主は，会社の会計帳簿，会計証憑の閲覧を要求することができる（57条2項前段）。
25 株主は，人民法院の効力が生じた判決に基づき，会社の書類・資料を閲覧する際に，当該株主の立会いの下，会計士，弁護士等の法律または業務執行行為規範により秘密保持義務を負う仲介機構の従業員が補佐することができる。

によっても意見が異なる等，統一的な裁判基準がなかった。しかし，今回の改正で，株主の知る権利の対象が拡充され，プロセスが簡素化されたことから，今後の合弁当事者間の紛争解決において同権利の積極的な利用が期待できる。

(4) 持分譲渡に関する規制の緩和と整備

① 改正ポイント

新会社法84条2項は，有限責任会社の持分の第三者への譲渡について，旧会社法71条2項[26]に定められていた「その他の株主の過半数の同意を得る」を削除し，「数量，価格，支払方式および期限等」を定める書面通知を行うだけでよいとしている。なお，株主が優先買取権を有することに変更はない。ただし，同条3項には，「会社定款に持分譲渡について別段の規定がある場合は，その規定に従う」旨の規定が，依然として残されているため，会社法の規定より厳しい条件を設定することができる。

また，新会社法に基づくと，株主は，持分を譲渡する場合，会社に対して書面にて通知し，株主名簿の変更を請求しなければならない。変更登記を行う必要がある場合，会社に登記機関での変更登記も請求しなければならない（86条1項前段）。会社がかかる請求を拒否し，または合理的な期間内に回答しない場合，譲渡人または譲受人は，人民法院に提訴することができる（86条1項後段）。なお，新会社法86条2項に基づくと，譲受人は，株主名簿に記載された時点から会社に対して株主権の行使を主張できる。

さらに，新会社法88条1項は，払込期限が到来していない持分について，(a)まずは，譲受人が出資義務を履行し，(b)譲受人が出資義務を履行しない場合，譲渡人が補充責任を履行することになると定めている。一方，同条2項は，払込期限が到来しているが払込みが実行されていない，または現物出資の金額が引き受けた出資額より著しく低額である持分を譲渡する場合は，原則として，譲渡人と譲受人が不足している出資額の範囲内で連帯責任を負うとしている。ただし，譲受人がかかる出資瑕疵を知らない，かつ知り得ない場合，譲渡人の

---

[26] 株主が株主以外の者に持分を譲渡する場合，その他の株主の過半数の同意を得なければならない。

みが責任を負う。

② 合弁企業に与え得る影響

合弁企業の持分譲渡については，新会社法84条３項のとおり，会社定款における規定が優先されるため，しばらくの間は，旧会社法に基づき作成された定款が引き続き適用されることになると思われる。

一方，持分譲渡後の株主の資格は，これまで当局における登記が重要視されていたのみだったが，今後は，登記手続に加え，株主名簿への記載も，持分譲渡契約等に明記することが望まれる。

なお，実務上，特に日本企業の場合，払込みを行わずに持分を譲渡するケースは稀であるが，かかる場合は，持分を譲渡した後でも，補充責任または連帯責任が残ることに留意されたい。具体的には，後掲「４－４　持分譲渡をめぐる紛争解決」を参照されたい。

(5) 買戻請求権の拡充

① 改正ポイント

新会社法89条１項・２項に定める反対株主の買戻請求権については，旧会社法74条と同じ規定である。すなわち，①会社が５年連続で株主に対し利益配当を行わず，その連続５年間において会社に利益があり，かつ本法に定める利益配当条件を満たしている場合，②会社を合併もしくは分割し，または主要財産を譲渡する場合，③会社定款に定める経営期間が満了し，または定款に定めるその他の解散事由が発生したにもかかわらず，株主会が定款修正の決議を採択し，会社を存続させた場合，株主会の当該決議に反対票を投じた株主は会社に対して適切な価格でその持分を買い取るよう要求することができる。

上記に加えて，同条３項は，会社の支配株主が株主権を濫用し，会社またはその他の株主の利益を著しく損なう場合，その他の株主は会社に対してその持分を適正な価格で買い取るよう要求することができると追記した[27]。

27　なお，89条４項によれば，会社は，自己の持分を取得した場合，６カ月以内に譲渡し，または消滅させる必要がある。

② 合弁企業に与え得る影響

　前述した改正は，有限責任会社の少数株主の権益保護の観点から，海外の立法を参照し，近年の裁判実務を踏まえて，取り入れられた改正であると言われている。

　近年，経営期間の満了を迎える合弁企業が増えている[28]。しかし，合弁当事者間でその後の合弁企業の取扱い（解散清算するのか，経営期間を延長し存続させるのか等）をめぐり合意に至らず，膠着状態に陥るケースが少なからず見受けられる。膠着状態が長期化してしまうと，支配株主がその権利を濫用し，無断で合弁企業の資産を処分したり，単独で合弁企業の経営を継続したりして，合弁企業とその他の株主の権益を害するケースが増える。

　今回の改正は，少数株主に会社からエグジットする新しいルートを提供し，会社の経営をめぐるデッドロックやそれによる訴訟・仲裁または会社の解散・清算を減らすことが期待できる。その一方で，現行の規定は非常に抽象的であり，「著しい」の判断基準や「合理的な価格」の設定方法等が不明確である。当該規定を機能させるためには，新しい行政法規や司法解釈の立法が必要である。

(6) 決議の取消しと不成立に関する規定の整備

① 改正ポイント

　新会社法26条は，株主会と董事会の決議の取消しについて，旧会社法22条2項の規定を維持しながら，除外規定を新たに設けている。すなわち，同条1項によれば，「株主会，董事会の会議招集手続，決議方式が法律，行政法規または会社定款に違反する場合，または決議の内容が会社定款に違反する場合，株主は決議が出された日から60日以内に人民法院に取消しを請求することができる。ただし，株主会，董事会の会議招集手続または決議方式に軽微な瑕疵のみがあり，決議に対して実質的な影響をもたらしていない場合を除く」とされており，但書部分が追加された。さらに，同条2項は，株主会の参加が通知され

28　近年は，経営期間を設けない合弁企業も増えているが，従来から，合弁当事者は，合弁企業の設立時に，その経営期間について，あらかじめ合意し，10年〜50年という明確な期間を設けることが一般的である。

なかった株主による取消権の行使期限について，株主会決議があったことを知り，または知るべきであった日から60日以内，もしくは株主会の決議日から1年以内に行使しなければ，取消権が消滅すると定めた。

また，新会社法27条は，会社法司法解釈（四）5条にある決議の不成立に関する規定を微調整の上，レベルアップした。同条によれば，①株主会，董事会の会議を開催せずに決議を出した場合，②株主会，董事会の会議において決議事項について決議を行わなかった場合，③会議に出席した人数またはその保有する議決権数が会社法または会社定款の規定する人数またはその保有する議決権数に達しなかった場合，④決議事項に同意した人数またはその保有する議決権数が会社法または会社定款の規定する人数またはその所有する議決権数に達しなかった場合は，会社の株主会，董事会の決議は不成立とされる。

さらに，旧会社法は，株主会の一般決議の採択制度を定めておらず，会社の定款に委ねていたが，新会社法によれば，有限責任会社の株主会の一般決議は，過半数の議決権を代表する株主により採択されなければならない（66条2項）とされている。

なお，新会社法28条2項に基づき，株主会と董事会の決議が人民法院より無効，取消または不成立と判断された場合も，会社がかかる決議に基づき善意の第三者との間で形成した民事法律関係には影響しない。

② 合弁企業に与え得る影響

合弁当事者間で合弁企業の運営をめぐって対立した場合，マジョリティの合弁当事者が主導する株主会や董事会の決議の無効，取消または不成立につき，訴訟が頻発することをよく目にする。今回の改正は，株主会や董事会の会議招集手続または決議方式にある瑕疵が軽微である場合を，決議の取消事由から除外したことで，株主による取消権の濫用を防ぐことが期待できる。

一方，株主会の一般決議の採択制度や決議の不成立に関する規定を，会社法に明記することにより，今後は，半数以下の株主により採択された株主会の一般決議が不成立となる。そのため，株主会の決議が順調に行われ，事業活動を安定に進めるために，合弁企業の株主構造等を見直す必要があるかもしれない。

(7) 董事，監事および高級管理職の責任の強化

① 改正ポイント

　新会社法は，会社の董事，監事および高級管理職の忠実義務と勤勉義務を強化し，その判断基準を明記した。具体的には，新会社法180条に，忠実義務について，「董事，監事，高級管理職は会社に対して忠実義務を負い，自己の利益と会社の利益との相反を回避するための措置を講じなければならず，職権を利用して不正な利益を図ってはならない」（1項）と明記し，勤勉義務について，「董事，監事，高級管理職は，会社の最大利益のために，管理者として通常期待される合理的な注意をもって職務を遂行しなければならない」（2項）と明記している。なお，新会社法180条3項は，会社の支配株主，実質的支配者が董事を務めないものの，会社の業務を実際に執行する場合（いわゆる「事実上の董事」），董事と同じく，会社に対して勤勉義務と忠実義務を負うことも定めている。

　上記の他，新会社法は，株主が出資義務に違反する際の董事の催促義務，および董事がかかる義務に違反した際の賠償責任（51条），会社が違法に利益を配当する際の董事，監事，高級管理職の損害賠償責任（211条），会社法に違反して減資を行い，会社に損失をもたらした場合に，責任を負う董事，監事，高級管理職の賠償責任（226条）等も定めている。

　さらに，新会社法192条は，会社の支配株主または実質的支配者が，会社または株主の利益を害する行為を董事，高級管理職に指示した場合（いわゆる「影の董事／シャドウ・ディレクター」），かかる董事，高級管理職と連帯して責任を負うことに関する規定を設けている。

② 合弁企業に与え得る影響

　実務上，特に大型合弁企業をめぐる紛争事件においては，合弁当事者間の訴訟や仲裁に加えて，交渉における優位性を勝ち取るために，相手側が任命または指名した董事，監事，高級管理職の忠実義務や勤勉義務に違反があったとして，提訴するケースが少なからず存在する。前述の董事，監事および高級管理職の責任の強化は，かかるリスクを高める可能性があると思われる。

　一方，新会社法180条3項と192条の改正はリンクしていることから，支配株

主や実質的支配者が，支配的地位を濫用して会社や少数株主の利益を害することを防ぎ，合弁企業のコーポレート・ガバナンスの良好な発展の促進が期待できる。

(8) 法人格否認の適用範囲の拡大

① 改正ポイント

法人格の否認については，旧会社法20条3項に根拠規定があるが，会社とその株主との縦の関係のみに適用されるものである。具体的には，「会社の株主が会社法人の独立した地位および株主の有限責任を濫用して債務を逃れ，会社の債権者の利益を著しく損なった場合は，会社の債務に対して連帯して責任を負わなければならない」とされていた。

新会社法23条1項は上記規定を維持しつつ，新たに2項を加え，「株主が，その支配する2社以上の会社を利用して前項に定める行為を実施した場合は，各会社がいずれの会社の債務に対しても連帯して責任を負わなければならない」と定め，法人格否認の理論を兄弟会社にまで拡大している。

② 合弁企業に与え得る影響

合弁企業をめぐる紛争において，法人格否認の利用が適用されるケースは少ない。

ただし，外国投資者が中国投資者の違約責任を追及する紛争事件においては，中国投資者がその親会社または兄弟会社との関係を利用して債務を逃れるケースがある。今後，かかる事件においては，法人格否認の積極的な利用が考えられる。

(9) 二重株主代表訴訟の導入

① 改正ポイント

新会社法189条4項は，旧会社法151条に定める株主代表訴訟に関する規定に加えて，二重株主代表訴訟に関する規定を新たに設けている。同項に基づき，完全子会社の董事，監事，高級管理職が当該子会社に対して賠償責任を負う場合，または他人が完全子会社の合法的な権益に侵害し損失をもたらした場合，親会社の株主は，親会社を経由せずに，完全子会社を代表して訴訟を提起する

ことが可能である。

② 合弁企業に与え得る影響

特に，中国で製品を製造し，中国で販売する合弁事業は，外国投資者と中国投資者が，まず共同出資にて合弁企業を設立し，その後，合弁企業の完全子会社として複数の事業会社（製造子会社，販売子会社またはエリアごとの子会社）を設立するケースがある。

実務上も，中国投資者がかかる完全子会社の董事，監事，高級管理職をして，自己の利益のために，完全子会社の利益を害する行為を行わせるおそれはあり，かかる紛争事件も散見される。

新会社法施行後は，そのような場合に，合弁企業のレベルで合意できず，対応措置をとれなければ，その救済措置として，外国投資者が自己の名義で直接人民法院に提訴することが考えられる。

(10) 清算委員会の構成の変更

① 改正ポイント

旧会社法では，有限責任会社の清算委員会は，株主により構成されるとされていたが（183条），新会社法はそれを改正し，清算委員会は董事より構成され，董事が会社の清算義務者であると明記した（232条1項・2項）。

また，新会社法232条3項は，「清算義務者が速やかに清算義務を履行せず，会社または債権者に損失をもたらした場合，賠償責任を負わなければならない」とまで明記している。

② 合弁企業に与え得る影響

旧会社法に基づくと，会社の清算委員会は株主により構成されるため，合弁当事者が合弁企業の解散清算について合意できない場合，清算委員会を設立できないことが容易に推測できる。一方，合弁当事者が譲歩しなければ膠着状態に陥り，解散清算手続を進めることができない。そのため，合弁企業の解散清算が数年間続いてしまうケースがある。

新会社法が適用されると，董事が清算義務を負うこととなるため，前述した董事の忠実義務と勤勉義務とあわせることで，スムーズに解散清算手続を進めることが期待できる。

3　事例紹介

　株主代表訴訟[29]において，株主が，会社と侵害者との間の契約にある仲裁条項を適用するか否かが実務上よく問題になる。すなわち，株主が仲裁条項を無視し，会社法に基づき株主代表訴訟を提起することが可能か，それとも株主とはすなわち会社の代表である，ということから，会社と同様に，仲裁条項を優先して適用し，あくまでも仲裁にて紛争解決をしなければならないのか，という問題である。

　中国の現行法上に，この点に関する明確な法律根拠はない。実務上は，地方によって，人民法院や仲裁委員会の意見が分かれており，株主は契約の当事者ではないため，会社が当事者である契約書に定める仲裁条項が株主に対し当然に適用されるものではないという意見もあるし，株主とは会社の利益のためにあり，会社の代表であることから，会社が当事者である契約書に定める仲裁条項は株主にも等しく適用されるべきであるという意見もある。

　以下の事件は，西安市中級人民法院が「（2019）陝01民特6号民事裁定書」にて，西安仲裁委員会の仲裁判断「西仲裁字（2017）第2000号仲裁判断書」を取り消したものである。同人民法院は，本件において株主と被告間に契約関係はなく，株主が会社法に基づき株主代表訴訟を提起することに問題はないと判断している。

事件名	陝西硒穀産業発展有限公司による仲裁判断取消申立事件
裁定書番号	（2019）陝01民特6号
裁定年月日	2019年7月25日
人民法院	陝西省西安市中級人民法院
当事者	申立人：陝西硒穀産業発展有限公司（以下「A社」という） 被申立人：陳氏，朱氏

29　会社の正当な権益が侵害を受けたにもかかわらず，会社が侵害者の責任追及を怠った，または拒絶した場合に，株主が会社の利益のために自己の名義をもって，会社に代わり侵害者に対して訴訟を提起できる制度をいう。中国では，「株主派生訴訟」とも呼ばれる。

案件概要	✓ 陝西省に所在するA社は，B社とC社の共同出資により設立された。 ✓ B社はA社への現物出資として，同社保有の採鉱権を含む資産をA社に譲渡した。その際，採鉱権譲渡手続の一環としてA社と「採鉱権譲渡契約」を締結したが，当該契約には，仲裁条項が含まれていた。 ✓ B社の株主である陳氏と朱氏は，同契約の締結によりB社の合法的権益が侵害されたとして，西安仲裁委員会に仲裁を申し立て，同契約の無効の確認および採鉱権の返還を求めた。 ✓ 西安仲裁委員会は「西仲裁字（2017）2000号仲裁判断書」にて，当該契約は無効であると認定し，A社は採鉱権をB社に返還すべきと判断した。 ✓ A社は上記仲裁判断を不服として，西安市中級人民法院に仲裁判断の取消しを申し立てた。 ✓ また，調査によると，陝西省安康市当局の2011年の行政処罰決定に基づき，朱氏はB社の株主ではないことが判明した。
裁定要旨	✓ B社とA社が締結した本件「採鉱権譲渡契約」には仲裁条項が定められており，当該仲裁条項は契約の当事者のみに拘束力を有する。 ✓ B社の株主である陳氏は，A社と契約関係はなく，当然に仲裁条項もない。そのため本件は，仲裁法58条1項に定める仲裁判断の取消事由に該当する。 ✓ 本件は株主代表訴訟である。会社法151条3項の規定に基づき，株主代表訴訟は，人民法院が管轄すべきである。 ✓ 陳氏は株主代表訴訟を提起したのであり，仲裁の申立てには当たらない。また，陳氏による仲裁申立ては法律根拠に欠ける行為である。 ✓ さらに，本件は，「仲裁判断の事項が仲裁条項の範囲に含まれていない，または仲裁委員会が仲裁を行う権限がない」という仲裁判断の取消事由にも該当する。 ✓ 以上より，西安市中級人民法院は，西安仲裁委員会の仲裁判断を取り消した。

コラム⑫

会計証憑と会計帳簿

　会計証憑とは，経済責任を明確にするための経済業務事項の発生または完了状況を記録する書面証明といい，帳簿記載の根拠となる。会計証憑には，原始証憑と記帳証憑が含まれる（会計法14条）。それに対し，会計帳簿とは，一定の形式による帳簿で構成し，審査を経た会計証憑を根拠とし，各経済業務事項を全面的，系統的，連続的に記録する簿籍のことをいう。会計帳簿には，総勘定元帳，明細帳，日記帳およびその他の補助帳簿が含まれる（会計法15条）。

1．会計資料作成時の留意事項

　中国の会計法に基づき，会計資料作成時に，次に掲げる事項に留意する必要がある。

① 人民元を記帳本位通貨とする。業務収支が人民元以外の通貨を主とする会社は，そのうち1種類の通貨を記帳本位通貨として選定することができるが，作成する財務会計報告書は人民元に換算したものでなければならない（12条）。

② 会計証憑，会計帳簿，財務会計報告書およびその他の会計資料は，必ず国家統一の会計制度の規定に合致しなければならない（13条1項）。

③ 会計記録の言語は中国語を使用しなければならない。中国国内の外商投資企業，外国企業およびその他の外国組織の会計記録は，同時に1種類の外国語を使用することができる（22条）。

2．不正会計処理

　中国の会計法24条に基づき，会社が会計処理を行う際，次に掲げる行為があってはならない。

① 資産，負債，所有者権益の確認基準または計算方法を任意に改変し，資産，負債，所有者権益を偽って表示し，多く表示し，表示せずまたは少なく表示すること

② 収入を偽って表示しまたは隠匿し，収入を遅れてまたは早めに確認すること

③ 費用，原価の確認基準または計算方法を任意に改変し，費用，原価を偽って表示し，多く表示し，表示せずまたは少なく表示すること

④ 利益の計算方法，分配方法を任意に調整し，虚偽の利益を捏造しまたは利益を隠匿すること

⑤ その他国家統一の会計制度の規定に違反する行為

300　第4章　ハイブリッドの紛争解決

4-4　持分譲渡をめぐる紛争解決

　日系現地法人を含む外商投資企業は，中国における事業縮小や中国からの撤退を検討する際に，その方法として，持分譲渡を優先的に選択することが多い。理由は各社，各ケースで異なるが，一般論としては，減資や解散清算等に比べ，行政手続がシンプルであること，従業員の解雇が避けられること，税務局や税関による調査を受けるリスクが少ないこと，および比較的短時間かつ低コストで実現できること等が挙げられる。

　また，一部の事例においては，持分を譲渡することによって，高い投資収益を得られることや，海外の親会社や取引先に対し製品の供給を継続し維持できること等のメリットも考えられる。

　そして，新型コロナウイルス流行の影響もあり，外国投資家による中国への投資の勢いは鈍化しているが，中国への投資ルートの1つとして，日本企業を含む外国投資家が，中国国内の会社の持分を買収するケースも依然として数多く存在する。事実，筆者らは，コロナ禍においても，日本のクライアントを代表し，中国の新エネルギー，部品メーカー，製薬およびインターネット関連の企業買収を行ってきた。

1　持分譲渡の関係者

　持分譲渡の当事者は，一般的な商品の売買と同じく，売主（譲渡人）と買主（譲受人）が中心人物であり，売買契約（持分譲渡契約）の当事者である。一方，売買の対象物が対象会社（中国現地法人等）の持分であるため，対象会社も必然的に持分譲渡の当事者になる。

　上記に加えて，持分譲渡は，売主の債権者，買主の債権者，対象会社の債権者や債務者ならびに対象会社の従業員および消費者等の利益に関係すること等が，譲渡の事案ごとに異なる可能性もある。例えば，法律上の根拠がないものの，持分譲渡後に給料や経済補償金等が維持されるかという問題に不安を感じ

た従業員によるストライキ等が起きるといったトラブル事例が少なからず見受けられる。

この点について，2024年7月1日から施行されている新会社法は，1条の立法目的において，会社法の保護対象を，従来の「会社，株主および債権者」に「従業員」を追加した。また，会社の社会責任に関して，新たに20条1項を加え，「会社は経営活動に従事し，会社の従業員，消費者等の利害関係者の利益および生態環境の保護等の社会公共利益を十分に考慮し，社会的責任を負わなければならない」とした。

よって，持分譲渡においては，売主か買主かの立場の違いによって考慮要素が異なることに留意が必要である。また，紛争回避の観点からも，契約当事者のみならず，対象会社およびその従業員や債権者等の利害関係者との関係性も含め，総合的に判断することが望まれる。

2　持分譲渡の手続

中国では，内資・外資を問わず，持分譲渡の手続や効力の発生をめぐるトラブルがよく起きる。実務上，対象会社がかかる手続に協力しないために持分譲渡が頓挫したり不要な時間がかかったりするケースは多く，最悪の場合，訴訟や仲裁に発展してしまうケースもある。

持分譲渡は，原則，売買当事者間において，その持分譲渡契約に定めるクロージングをもって効力が生じる。ただし，中国では，過去の許認可制度[30]の影響が残っており，当局（主管の市場監督管理部門，日本の法務局に相当する）における変更登記手続が非常に重要視されている。法的には，株主の変更登記手続は第三者への対抗要件にすぎないが，かかる手続を持分譲渡のクロージングの前提条件にするケースが多く存在する。

一方で，かかる手続は誰がやるのかという問題がある。過去事例を見ると，変更登記手続の義務者についての人民法院の意見が，売主であったり，買主で

30　行政当局（主管の商務部門）の許可が持分譲渡の効力発生要件であった。2020年1月1日より外商投資法の施行に伴い，一部特別な業種を除いて，許認可制度が全面的に廃止された。

あったり，対象会社であったりとバラバラで，統一的な判断基準がなかった。

この点について，新会社法は，86条1項に，持分譲渡において，売主は，「（対象）会社に書面にて通知し，株主名簿の変更を請求しなければならず」，変更登記が必要である場合，「会社をして会社の登記機関にて変更登記を行わせる」ことを明記した上で，「会社が拒絶または合理的な期限内に回答しない場合」は，売主と買主下に人民法院に対して提訴する権利を有する，と定めた。

また，同86条2項に基づくと，対象会社は，買主が株主名簿に記載されてから，株主としての権利主張ができることとなる。しかしながら，株主名簿は，中国の有限責任会社においてあまり機能しておらず，作成していない会社が非常に多い。新会社法の施行を機に，かかる問題が改善されることが期待される。

なお，有限責任会社は，新会社法56条に基づき，株主名簿に次に掲げる事項を記載し，具備しなければならない。

① 株主の氏名または名称および住所
② 株主が引き受けた出資額および実際に払い込んだ出資額，出資方法および出資期日
③ 出資証明書の番号
④ 株主資格の取得日および喪失日

3 既存株主の拒否権と優先買取権

(1) 従来の法律規定

有限責任会社の株主の「人合性（人的結合）」の観点から，改正前の会社法（会社法〔2018年版〕）は，既存株主の拒否権および優先買取権につき，71条2項に「株主が株主以外の者に持分を譲渡する場合，その他の株主の過半数の同意を得なければならない」とし，同条3項に「株主の同意を得た譲渡持分については，同等の条件において，その他の株主が優先買取権を有する」と定めていた。

また，外商投資企業については，「外商投資企業紛争事件の審理における若

干問題に関する規定（一）」11条に，「外商投資企業の一方の株主が持分の全部または一部を株主以外の第三者に譲渡する場合は，その他の株主の全員一致の同意を得なければならない」旨の規定があった。

　かかる既存株主の拒否権については，売主からの持分譲渡に関する「書面通知を受け取った日から30日を経過しても回答しなかった場合」，または「譲渡に同意せず，かつ当該譲渡持分の買取りもしない場合」は，「譲渡に同意したものとみなす」という制限規定がある。しかし，実務上では，既存株主がかかる規定を濫用し，持分譲渡を阻止したり，意図的に遅らせたりして紛争につながる事例が多い。

(2)　新しい法律規定

　新会社法は，既存株主の拒否権に関する規定を削除し，従来の優先買取権のみを残した。84条2項前段に基づくと，売主は，持分譲渡に関する「数量，価格，支払方式および期限等」の条件を定める書面通知を既存株主に送付するだけでよい。また，同項中段は，「（既存）株主が書面通知を受け取った日から30日以内に回答しない場合は，優先買取権を放棄するとみなす」と定めている。

　なお，同84条3項には，「会社定款に持分譲渡について別段の規定がある場合は，その規定に従う」旨の規定が，依然として残されている。これにより，従来から，対象会社の定款に散見される，持分譲渡時の具体的なプロセスや，買主に関する制限規定（例えば，競業会社の排除等）が引き続き有効となることに注意が必要である。

　持分譲渡をめぐる不要なトラブルを避けるため，特に買主の立場であるときは，事前に対象会社に対するデュー・ディリジェンスを行い，対象会社の定款や株主間契約において持分譲渡の制限規定がないか確認することが重要である。

(3)　優先買取権の確保

　実務上，既存株主が，優先買取権が侵害されたことを理由として，譲渡株主と第三者との持分譲渡契約の効力を否認するよう訴訟を起こすケースがよくある。かかる事件の判断指針を示すため，最高人民法院は，2017年8月25日に「『会社法』適用の若干問題に関する規定（四）」を公布し，その21条において，

次に掲げるルールを定めている。

> ① 有限責任会社の株主が株主以外の者に持分を譲渡するにあたり，その持分譲渡に係る事項についてその他の株主の意見を求めなかった場合，または詐欺，悪意による通謀等の手段により，その他の株主の優先買取権を侵害し，その他の株主が同等の条件により当該譲渡持分を買い取ることを主張した場合，人民法院はこれを支持しなければならない。
> ② その他の株主が持分譲渡契約および持分変動の効力等の確認の請求のみを申し立て，同等の条件による譲渡持分の買取りは主張しない場合，人民法院は，原則として，これを支持しない[31]。
> ③ 株主以外の持分譲受人が，株主の優先買取権行使により，契約目的を実現できなくなった場合，法に従い譲渡株主に違約責任を負うよう請求することができる。

なお，同21条1項で，既存株主の権利主張の訴訟時効が，「その他の株主が，優先買取権の行使に係る同等の条件を知った日もしくは知り得べき日から30日以内」，または「持分変更登記の日から1年以内」と定められていることに留意されたい。

4 出資期限が到来しない持分の譲渡

(1) 出資期限

中国の会社法における会社の最低資本金と資本金の払込期限に関する規定の変遷を次頁の表にまとめた。

大きくは，2013年会社法改正時，中国国内のベンチャー投資のブーム[32]を後押しするため，それまで定めのあった最低資本金や資本金の払込期限に関する

---

31 例外としては，「その他の株主が，自らの原因によらずに優先買取権の行使ができなかったために損害賠償を請求する場合を除く」とされている。
32 2014年当時の李克強首相が「大衆創業，万衆創新（大衆の創業，万人のイノベーション）」を提唱した。

規定を廃止したことで，その後，2018年会社法改正時も，この点に関する改正はなかった。

【出資制度の変遷】

会社法	最低資本金	払込期限
1993年 会社法	✓ 生産・経営を主な事業とする会社：50万人民元 ✓ 商品の卸売を主な事業とする会社：50万人民元 ✓ 小売を主な事業とする会社：30万人民元 ✓ 科学技術の開発，コンサルティング，サービス業を事業とする会社：10万人民元 特定業界の有限責任会社の登録資本金の最低額を上記最低額より高くする必要がある場合，法律，行政法規に別途定める。	会社登記時に全額払い込む（有限責任会社の登録資本金は，会社登記機関に登記した，全株主が払い込んだ出資額とする）
1999年 会社法	同上	同上
2004年 会社法	同上	同上
2005年 会社法	3万人民元 法律，行政法規に定める有限責任会社の登録資本金の最低額がより高い場合，それに従う。	初回払込時に，登録資本金の20％以上，かつ法定の登録資本金の最低額以上の出資額を払い込まなければならない。 その余は，会社の設立日から2年以内（投資会社は5年以内）に払い込まなければならない。
2013年 会社法	規定なし 法律，行政法規および国務院の決定に別段の規定がある場合，それに従う[33]。	規定なし

2018年会社法	規定なし 法律，行政法規および国務院の決定に別段の規定がある場合，それに従う。	規定なし
2023年新会社法	規定なし	会社の設立日から5年以内

　近年，資本金の高額化と払込期限の長期化が問題視されている。会社の資本金を数千万人民元～数億人民元とし，その払込期限を会社の設立日から数十年（「会社の存続期間内」という曖昧な規定とするケースもある）とする会社が多く存在し，かかる会社が債務を弁済できないときに，その債権者が株主に対し，資本金の払込みや引き受けた資本金の範囲内での債務弁済を求める訴訟が頻発している。

　当該問題を対処するために，新会社法47条は，新たに資本金の払込期限を，「会社の設立日から5年以内」とした。なお，新会社法施行前に設立された会社については，その払込期限が新会社法で定める5年を超えている場合，原則として，新会社法に従い調整する必要がある。具体的には，「4－3　合弁企業をめぐる紛争解決」の2(2)を参照されたい。

(2)　持分譲渡

　払込期限が到来していない持分を譲渡する際の資本金の払込義務については，新会社法が施行されるまで，買主が自ら履行する説，売主が連帯責任を負う説，売主が補充責任を負う説が存在していた。加えて，統一的な裁判基準もなく，地方によって裁判結果が異なっていたため，関係者から指摘をされていた。

　一部の投資者は，かかる状況を悪用し，出資義務や対象会社の債務から逃れるために，対象会社の持分をゼロ対価または極めて低い価格で譲渡するケースが散見された。果ては，払込能力がない者が売主から対価を得る代わりに対象会社の株主になるケースまで現れた。かかる払込能力がない者は，中国語で

33　例えば，「出版管理条例」11条1項4号によれば，出版会社を設立するには，30万人民元以上の資本金が必要であるとされている。

「背債人」と呼ばれる。直訳すると、「債務者の代わりに債務を背負う人」である。この状況は、中国の中央テレビでも報道された[34]。

かかる問題に対処するため、新会社法88条1項は、「株主が資本金の払込みを引き受けているが、払込期限が到来していない持分を譲渡する場合、譲受人がかかる出資義務を負担する。譲受人が期限どおり、約束した金額を払い込まない場合、譲渡人は、譲受人が期限どおりに払い込んでいない出資について、補充責任を負う」とし、従来の説のうち、「売主が補充責任を負う説」を採用した。かかる規定は、債権者の利益保護につながると同時に、持分譲渡の関係者による持分譲渡の効果の予見可能性を高めた。

日本企業で、資本金を払い込まずに、現地法人の持分を譲渡し、中国から撤退するといったケースは非常に少ないが、かかる取引を検討する際には、事後に「補充責任」が追及されるおそれがあることに留意されたい。売主であるときは、リスク回避の観点から、資本金を前もって払い込んだ上で、当該額を譲渡対価に加えるのが望ましいと言える。

5　出資の履行に瑕疵がある持分の譲渡

(1)　出資方法

株主は、会社法（2018年版）27条に基づき、「金銭」をもって出資することができ、また、「現物、知的財産権、土地使用権等の金銭によって評価することもできかつ法律に従い譲渡することのできる金銭以外の財産」を価値評価して出資することもできる。新会社法48条は、出資できる財産として、「持分」と「債権」を追記した。

なお、持分と債権をもって出資することは、実務上ですでに運用されており、「『会社法』適用の若干問題に関する規定（三）」や「市場主体登記管理条例実施細則」等にも関連規定がある。新会社法は、かかる規定をレベルアップし、法律レベルで明記した。

---

[34]　https://news.cctv.com/2024/04/13/ARTI9klfoVw0qZ9gmFW0968Y240413.shtml

(2) 出資瑕疵

　出資瑕疵について，大きくは，①払込期限が到来しているが払込みが実行されていない，と②現物出資の金額が引き受けた出資額より著しく低額である，ケースに分けられる。

　出資瑕疵をめぐる紛争を解決する法的根拠には，「『会社法』適用の若干問題に関する規定（三）」13条1項と2項および18条に次の規定が存在する。

第13条 出資義務未履行の責任	株主が出資義務を履行しておらず，または全面的に履行しておらず，会社または他の株主が，その者に会社に対し法による出資義務の全面履行をするよう求めた場合，人民法院はこれを支持しなければならない。 　会社債権者が，出資義務を履行しておらず，または全面的に履行していない株主に対して，出資未了の元本・利息の範囲内で会社債務が弁済できない部分につき追加的に賠償責任を負担するよう求めた場合，人民法院はこれを支持する。出資義務を履行しておらず，または全面的に履行していない株主がすでに上記責任を負担し，他の債権者が同様の求めを行った場合，人民法院はこれを支持しない。
第18条 株主の出資義務未履行につき悪意のある持分譲受人	有限責任会社の株主が出資義務を履行せずまたは全面的に履行せずに持分を譲渡し，譲受人がこれを知りまたは知り得べきであり，会社が当該株主に出資義務を履行するよう求め，譲受人にこれにつき連帯責任を負担するよう求めた場合，人民法院はこれを支持しなければならない。会社の債権者が本規定13条2項に基づき当該株主に対する訴訟を提起し，同時に同譲受人にこれにつき連帯責任を負担するよう求めた場合，人民法院はこれを支持しなければならない。 　譲受人が前項の規定に基づき責任を負担した後，出資義務を履行しておらずまたは全面的に履行していない当該株主に求償した場合，人民法院はこれを支持しなければならない。ただし，当事者に別途約定がある場合はこの限りでない。

　新会社法88条2項は，上記司法解釈の規定を整理し，「会社の定款が定める期日どおりに出資義務を履行しておらずまたは出資した非貨幣現物の実際の価額が引き受けた出資額より著しく低い株主が持分を譲渡する場合，譲渡人と譲受人は，不足している出資額の範囲内で連帯責任を負担する。譲受人が上記状況を知らない，かつ知り得ない場合，譲渡人が責任を負担する」と明記してい

る。すなわち，払込期限が到来しているが払込みが実行されていない，または現物出資の金額が引き受けた出資額より著しく低額である持分を譲渡する場合は，原則として，売主と買主が連帯責任を負うものとしている。ただし，例外として，買主がかかる出資瑕疵を知らない，かつ知り得ない場合，売主のみが責任を負うこととなる。

なお，現況は，買主がかかる出資瑕疵を「知らない，かつ知り得ない」かどうかの判断基準が不明確であり，今後の行政法規や司法解釈の立法に委ねられている。しかしながら，出資期限は会社の公示情報[35]であるため，完全に「知り得ない」という主張は認められないと推測される。したがって，中国国内の会社の持分買収時には，デュー・ディリジェンスにおいて特にこの点について注意を払う必要がある。

6 事例紹介

以下の事件は，上海市浦東新区人民法院が2022年9月に発表した「外商投資企業に関わる典型的な商事事件」の1つである。

会社法は，会社定款に持分譲渡について別段の規定を設けることを認めているが，本件は，会社定款に設けた持分譲渡の制限の有効性が争われたものである。

本件人民法院は，当該持分譲渡の制限が会社法の強行規定に違反するか否かを審査し，持分譲渡を実質的に不可能にした定款の規定を無効と判断した。

事件名	思佰益（中国）投資有限公司等による会社変更登記紛争事件
判決書番号	（2020）滬0115民初81228号
判決年月日	2021年10月26日
人民法院	上海市浦東新区人民法院
当事者	原告：思佰益（中国）投資有限公司 被告：上海新証財経信息咨詢有限公司

---

[35] 国家企業信用情報公示システムにて公開されている情報

	第三者：中国証券報有限責任公司（以下「A社」という） 遠洋控股集団（中国）有限公司（以下「B社」という） Moore Digital Technology Information Service Limited（以下「C社」という）
事実概要	✓ 被告は，2010年11月に設立された中外合弁企業である。原告，A社とB社は，被告の株主である。 ✓ 2018年9月，原告は北京玖富聯銀科技有限公司（以下「D社」という）と持分譲渡契約を締結し，原告が保有する被告の15%の持分を12,978.6万人民元でD社に譲渡すること（以下「本件持分譲渡」）に合意した。 ✓ D社は，同月に譲渡価額を全額支払った。 ✓ 2018年10月，原告，A社とB社は，被告の定款を共同で作成した。同定款には，以下の規定が設けられている。 ➤ 事前にその他の株主の同意を得ずに，持分を譲渡してはならない。 ➤ 株主が持分を譲渡するにあたり，その他の株主は，優先買取権と共同売却権を有する。 ➤ 董事会は7名の董事で構成され，原告が1名，A社が2名，B社が3名，3社（原告，A社およびB社）共同で1名を任命する。 ➤ 董事会を会社の最高権力機関とし，株主が保有する持分を譲渡することに関する決議は，就任中の全董事の同意を得なければならない。 ✓ 2018年12月，原告，D社とC社は，持分譲渡契約の補充契約を締結し，2018年9月に締結した持分譲渡契約に基づくD社の権利義務をC社に譲渡した。 ✓ 2019年2月，A社，B社は，本件持分譲渡に同意し，かつ優先買取権と共同売却権を放棄した旨を原告に表明した。しかし，同年5月の董事会会議において，本件持分譲渡を審議する際に，A社が任命した董事が本件持分譲渡に反対した。 ✓ 被告は，本件持分譲渡は董事の同意を得ていないとして，株主変更登記の手続を拒否した。そのため，原告は，訴訟を提起し，株主変更登記の手続を行うよう求めた。
判決内容	人民法院は，被告の定款における「株主が保有する持分を譲渡することに関する決議は，就任中の全董事の同意を得なければならない」という規定は，会社法の強行規定に違反すると判断し，無効とした。 その理由は，以下のとおり。

> - ✓ 会社定款は，持分譲渡について会社法の規定より厳しい規定を設けることができるが，会社法の強行規定や会社法の原則に違反する規定は無効である。
> - ✓ 株主が保有する持分は財産権であり，すべての財産権には「処分できる」という性質が認められる。会社定款における持分譲渡への制限は，財産権の性質に違反してはならない。会社定款に，その他の条件や手続を設けることにより，株主による持分譲渡を極めて困難にし，または不可能にすることは，会社法の規定違反であり，無効である。
> - ✓ 本件被告の定款における持分譲渡に関する規定は，会社法における「その他の株主の過半数の同意を得る」という規定より明らかに厳しい。他方で，被告の定款は，董事が持分譲渡に反対する場合における株主の救済手続を設けておらず，実質的に株主が持分譲渡により会社からエグジットできないようにした。これは，会社法の規定に違反する。
>
> また，人民法院は，2020年1月1日より，外商投資法が施行され，中外合弁企業は会社法の規定を遵守しなければならないことを説明し，本件におけるＡ社の行為（本件持分譲渡に同意後，その任命した董事をして董事会決議時に拒否させたこと）は信義則違反に該当すると判断した。
>
> 以上より，人民法院は原告の主張を認めた。

4－5　第三者による資金提供

　近年の中国における紛争または中国企業との紛争の解決は，訴訟にせよ仲裁にせよ，費用が高額化しており，特に国境を跨ぐ紛争解決においては，個別に分析してみると第三者による資金提供を利用するメリットが高いケースが考えられる。

　一方で，特に仲裁においては第三者による資金提供の利用を推奨する声も高く，現在進行中の仲裁法の改正に関連規定を設けるべきとの意見もある[36]。今後の立法動向に注目する必要がある。

1　「第三者による資金提供」とは

　「第三者による資金提供」（英語では「Third Party Funding」，以下「TPF」という）とは，訴訟または仲裁の当事者とは無関係な第三者が，紛争解決の手続費用の一部または全部を当事者に提供することを指す。資金提供を受けた当事者が勝訴した場合は，原則として，勝ち取った賠償金等の利益の一部を当該第三者に支払う義務を負う制度である[37]。

　TPFは従来，コモンローの国においては，訴訟幇助（Maintenance）や利益分配特約付の訴訟援助（Champerty）に当たるとして，違法とされてきた。コモンローの法域では，これらの行為は，訴訟を投機の対象とするもので，裁判官や証人の買収，無益な訴訟につながり，資力のない被告に不公平な結果をもたらす危険があることから，公序に反するとされ，民事法上の違法であるのみならず，刑法上の犯罪にも該当するとされてきた[38]。

---

[36] http://www.hrbac.org.cn/newsshow.php?id=4554
[37] REPORT OF THE ICCA-QUEEN MARY TASK FORCE ON THIRD-PARTY FUNDING IN INTERNATIONAL ARBITRATION（THE ICCA REPORTS NO.4）。https://cdn.arbitration-icca.org/s3fs-public/document/media_document/Third-Party-Funding-Report%20.pdf
[38] 我妻学「第三者による訴訟費用の提供―オーストラリア，イギリスにおける近時の議論を中心として―」東北学院法学71号（2011年）532頁，529頁

しかし，近年は，訴訟や仲裁の手続や対応に要する費用が高額化していることから，TPFのニーズが年々高まっている。この兆候が表れたのは1990年代後半で，オーストラリア，イギリス，アメリカ等の国内訴訟手続においてTPFの利用が始まり，今日まで発展し続けている。アジアでは，シンガポールが2017年1月に民事法（the Civil Law Act）を改正してTPF制度を導入し，続く2017年6月に香港が仲裁条例（the Arbitration Ordinance）を改正し，TPF制度がコモンロー上違法でないことを確認しつつ，資金提供を行う事業者（以下「資金提供者」という）が遵守すべきガイドラインおよびTPFの利用に関する仲裁廷への開示義務等のルールを設けた。

現時点において，中国大陸にTPFに関する法律はない。ただし，実務上でTPF制度を仲裁規則に導入する仲裁機関が増加している。これに伴い，北京・上海・深圳等の大都市では資金提供者も現れている[39]。「訴訟投資」をメインに事業展開している幇瀛網絡科技（北京）股份有限公司の公式ウェブサイトの情報によれば，同社が投資した紛争案件の係争金額は，数十億人民元に上るとされている[40]。

このような流れから，今後，中国企業によるTPFの利用が増えるだろうとの予想が高まっているが，一方で人民法院のTPFの適法性に関する判断には不確定性がある。本節では，中国におけるTPF利用の最新情報を，事例を交えて紹介する。

2　法律根拠等

前述のとおり，中国の現行法にはTPF制度に関する明文の規定はない。当然ながら，制限や禁止の規定もない。また，コモンロー上の「訴訟幇助禁止の原則」も存在しない。

一方，中国では，従来から弁護士が成功報酬を得ることは「リスク代理」であるとして，幅広く認められている。案件の成功程度に応じて弁護士の報酬額

39　幇瀛網絡科技（北京）股份有限公司，深圳前海鼎頌法務創新集団有限責任公司等
40　https://bb.bangying.org/mobile/#/aboutMe

が決められる紛争解決案件は多く見受けられる[41]。なお，中国の「弁護士サービス費用管理弁法」13条2項によれば，弁護士の成功報酬の上限は，係争金額の30％を超えてはならないとされている。かかるルールやその実務運用が中国におけるTPF利用の際の考え方の土台となっていると考えられる。

このような状況の中，北京や上海の各仲裁委員会は，シンガポールや香港の仲裁機関を参考にし，TPF制度の導入およびそれに伴う情報開示等の一応のルールを，各々の仲裁規則に導入し始めている。かかるルールの主な項目は次の3点である。

---
(1) 開示義務：TPFを利用する当事者には，相手当事者，仲裁廷および／または仲裁機関にTPF利用の事実を開示する義務があるか否か。
(2) 開示命令権：仲裁廷または仲裁機関には，当事者に対してTPFを利用しているか否かを開示するよう命令する権利があるか否か。
(3) 仲裁費用等の負担決定時におけるTPF利用の検討（TPF利用の検討）：仲裁廷または仲裁機関が，TPF利用者が仲裁で勝訴した場合に，資金提供者が立て替えた手続費用，TPF利用者が資金提供を受けるために資金提供者に支払った案件評価費用，およびTPF利用者が資金提供者へ支払う利益を，敗訴側が負担すべき仲裁費用等として検討するか否か。

関連仲裁機関とその仲裁規則[42]に基づくルールの違いは，下表のとおりである。

略称 \ ルール	開示義務	開示命令権	TPF利用の検討
CIETAC[43]	あり	あり	検討する
BAC	あり	なし	検討する

---

41 婚姻や相続，労働報酬の支払請求等の一部案件が適用除外されている。
42 CIETAC：中国国際経済貿易仲裁委員会の「国際投資紛争仲裁規則（試行）」（2017年10月1日施行），BAC：北京仲裁委員会の「国際投資仲裁規則」（2019年10月1日施行），SHAC：上海仲裁委員会の「仲裁規則」（2022年7月1日施行），SIAC：シンガポール国際仲裁センターの「Investment Arbitration Rules (1st Edition)」（2017年1月1日施行），HKIAC：香港国際仲裁センターの「2024 Administered Arbitration Rules」（2024年6月1日施行）
43 CIETAC仲裁規則（2024年版）は，新たに第三者による資金提供に関する規定を設けた。詳細については，前掲「3－2　CIETAC仲裁規則の改正」を参照されたい。

SHAC	あり	なし	規定なし
SIAC	なし	あり	検討する
HKIAC	あり	なし	検討する

3 TPFのメリットとデメリット

仲裁手続費用が高額化しているシンガポールや香港においては、TPF制度の合法化に伴いその利用が増えており、中国大陸の当事者による利用も散見される。

これらの状況を受けて、中国大陸でもTPFの利用が検討され始めている。かかる検討においてはTPF制度のメリットを強調する意見が多いが、そのデメリットを抑えるまたは払拭する方法は今後の立法等に委ねられている。

なお、TPFの具体的なメリットとデメリットについては、コモンローの法域での議論と同じ、下表のものが含まれる。

メリット	デメリット
紛争当事者の正当な権利行使を後押しすることができる。特に、国際司法へのアクセスが容易になる。	和解による解決の支障になるおそれがある。
紛争当事者に資金融通の機会を提供する。	訴訟や仲裁が投機の対象になりかねない。
紛争当事者のリスクの低減、回避、転嫁を実現する。	資金提供者の関与が、紛争当事者の意思決定に悪影響をもたらすおそれがある。
資金提供者の力を借りることで、案件のより正確な評価につながることが期待できる。	紛争解決のコスト増加につながる可能性がある。

4 事例紹介

以下は、ほぼ同時期に判決や判断が下されたものであるが、TPFの適法性について異なる地方の人民法院で、真逆の見解が示されている。

人民法院は，TPFの利用について，訴訟と仲裁で異なる態度を示しているが，判決要旨を分析すると，TPFの使途先が訴訟か仲裁かではなく，人民法院または裁判官によってTPFの適法性に対して異なる意見が出されているという見方が正確ではないかと思われる。

(1) TPFの適法性を否定した事例

　この案件の概要から，TPFの契約構成，条件および進め方等が概観できるので，参照されたい。なお，実務的な流れは，諸外国のものと同様なので，コモンローの法域での実務を参照して行われたと推測される。

　特に，2審判決はTPFのデメリットに分析の重点を置き，TPFの利用は公共の秩序を害し，善良の風俗に反するとして，TPFの適法性を否定している点が注目される。

事件名	上海為安網絡科技有限公司と上海旭鼎投資管理有限公司の訴訟投資契約事件
判決書番号	(2020) 滬0106民初2583号（1審） (2021) 滬02民終10224号（2審）
判決年月日	2020年6月4日（1審） 2022年5月31日（2審）
人民法院	上海市静安区人民法院（1審） 上海市第二中級人民法院（2審）
当事者	原告：上海為安網絡科技有限公司（以下「A社」という） 被告：上海旭鼎投資管理有限公司（以下「B社」という） 第三者：上海瀛東律師事務所（以下「C事務所」という）
案件概要	2017年12月，B社は，別の会社（以下「D社」という）とのサービス契約紛争（以下「対象事件」という）につき，A社およびC事務所と「訴訟投資提携契約」（以下「本件TPF契約」という）を締結し，資金提供を受ける旨を定めた。 本件TPF契約では，A社がB社に「訴訟投資サービス」を提供すると定めた。具体的内容は以下のとおりである。 ✓　A社は，対象事件に係るB社の訴訟費用を全額立て替える。 ✓　B社が対象事件に勝訴し，D社から何らかの支払を受けた場合，同支払金額の27％を投資収益としてA社へ支払う。なお，B社が

	敗訴またはD社からの金銭的支払を受けられなかった場合，対象事件に係る訴訟費用は，A社が全額負担する。 ✓ C事務所の弁護士は，対象事件においてB社の代理人を務める。 ✓ B社は，対象事件の進展を知る権利を有し，調停や和解等の訴訟行為に関係する決定に参加する権利を有する。 ✓ A社は，対象事件の訴訟戦略等に関する検討に参加できる。 B社は，本件TPF契約の締結日に，C事務所と「委任契約」も締結し，弁護士費用はA社がC事務所に支払うと定め，A社がC事務所に弁護士費用を支払った。 その後，B社は勝訴し，D社から支払を受けたが，A社へ本件TPF契約に規定の投資収益を支払わなかった。 そのため，A社がB社に対し，投資収益，法律サービス費用および違約金の支払を求める訴訟を提起した。
判決要旨	1審法院は，公序良俗に反する等を理由に，当事者間の本件TPF契約は無効であると判断した。その上で，B社に対し，A社が立て替えた訴訟費用を返金するよう命じた。ただし，A社の請求を棄却した。A社は1審判決を不服として上訴した。 2審法院は，上訴を棄却し，1審判決を維持した。2審判決における本件TPF契約が無効であるとした理由は，次のとおりである。 ✓ A社による資金提供は，非実体経済への投資であり，金融の性質があるため，その効力は慎重に評価しなければならない。 　また，資本を非実体経済である訴訟に投資することは，国が打ち出した「脱虚向実（非実体経済から脱却し，実体経済へと向かう）」という政策に反するものであり，推奨すべきものではない。 ✓ 現在，訴訟投資に関しては，規制も監督管理に関する規定もないため，取引の特徴や業界の現状を総合的に考慮し，契約の目的や条項を踏まえ，事件ごとに契約の効力を判断しなければならない。 ✓ 本件TPF契約の内容は，公共の秩序を害するものである。 　A社とC事務所はつながりが強い[44]ことから，A社とB社間で利益相反が起きた場合に，C事務所が依頼人であるB社の利益を最大化できるのか甚だ疑問である。 　また，C事務所への成功報酬は上限額が設けられているものの，本件TPF契約によれば，成功報酬を訴訟投資として形を変え，かかる上限以上の収益を得ることが可能となるものになっている。

---

[44] C事務所のパートナー弁護士は，A社の法定代表者・株主および董事を兼任していた。

> ✓ A社は本件TPF契約を通じてB社の訴訟行為を過度に支配している。まず，B社が起用または変更する弁護士は，C事務所の指定する弁護士でなければならない。次に，B社は，対象事件の当事者として，訴訟行為を自ら決定する権利を有するにもかかわらず，その権利はかかる決定への参加のみに制限されている。また，A社は訴訟の進行に干渉することができ，B社の訴訟行為を自由に決定する権利を，実質的に制限している。
> ✓ 本件TPF契約に秘密保持条項を設け，投資情報を開示しないことは，訴訟の秩序を害するものである。仮に，A社と対象事件の担当裁判官等が特別な関係にあるとした場合，投資情報が秘匿されれば，相手方当事者はA社の存在を知ることができず，忌避の申立てができない。
> また，訴訟投資情報の秘匿は，A社に対象事件の当事者であるB社，D社の双方へ同時に投資することを可能にする。これは，明らかに訴訟の正常な秩序を害するものである。
> ✓ 本件TPF契約の内容は，善良の風俗に反する。
> A社は，C事務所とのつながりが強く，訴訟に対して過度の支配権を有しており，訴訟と密接に関係する受益者となっている。その結果，A社の私利私欲が訴訟に悪影響を与えるおそれがある。
> また，社会通念上，紛争が生じる際に，直接訴訟に持ち込まず，訴訟提起前の和解等の多様な手段による紛争解決が推奨されている。しかし，本件TPF契約は，当事者に訴訟による紛争解決を優先させるよう誘導するもので，社会通念上相当と認められない。

(2) TPFの適法性を肯定した事例

　この案件において，先に申立人らと被申立人の間で起きていた飛行機のオペレーションリースをめぐる紛争がある（以下「本件紛争」という）。本件紛争は，CIETACにおいて仲裁が行われ，CIETACは，仲裁判断[45]を下し，申立人らは敗訴した。申立人らはこれを不服とし，①まず，同仲裁判断につき，江蘇省無錫市中級人民法院に対して，仲裁判断の執行拒否の申立てを行ったが，これを棄却されたため，②次に，北京市第四中級人民法院に対して，仲裁判断の取消しを申し立てたという経緯である。

---

[45] [2021] CIETACBJ Award No.3192

申立人らがCIETACの仲裁判断につき，執行拒否または取消しを求めた理由の1つが，被申立人によるTPFの利用である。具体的には，被申立人は，本件紛争をCIETACでの仲裁に付すにあたり，IMF Bentham Limited（以下「IMF社」という）から資金提供を受けていた。また，被申立人が指定した仲裁員の陳氏の勤務先である法律事務所は，IMF社の大株主の実質支配者との間に，法律サービスを提供する等のビジネス関係があった。申立人はこれを問題視し，仲裁の秘密性に反する等の指摘をしたのである。

両人民法院の分析から見ると，TPFの利用に関する情報開示がその適法性に関わる重要なポイントになると思われる。

事件名	蘇南瑞麗航空有限公司らと国銀飛機租賃（天津）有限公司の仲裁判断の執行拒否および取消しの申立事件	
裁定書番号	（2022）蘇02執異13号	（2022）京04民特368号
裁定年月日	2022年5月30日	2022年11月4日
人民法院	江蘇省無錫市中級人民法院	北京市第四中級人民法院
申立人ら	蘇南瑞麗航空有限公司，雲南景成集団有限公司および董氏	
被申立人	国銀飛機租賃（天津）有限公司	
判断要旨	✓ CIETACの仲裁規則における秘密保持に関する要求は，非公開審理の場合に適用する。本件紛争の仲裁は公開審理されていないため，仲裁手続はCIETACの仲裁規則に違反していない。 ✓ 被申立人は自発的にTPFの利用を開示し，仲裁当事者間でもTPFの適法性に関して書面や口頭で意見を交換した。 ✓ 仲裁廷もTPFの利用を審査した上で仲裁判断に記載している。そのため，CIETACは，当該手続はその仲裁規則に違反していないと認めたといえ	TPFの適法性について ✓ 中国の現行法に，TPFを禁止する規定はない。 ✓ 被申立人がIMF社から資金提供を受けることは，民事主体の法に基づく権利の行使である。 ✓ 法律違反行為に当たらず，仲裁の公正な判断に影響を与えない場合は，当事者の自主的な選択権を尊重すべきである。 TPFに関する情報開示について ✓ 現時点で，TPFの情報開示に関する法律規定はないが，被申立人は自発的にTPFの利用を開示した。

	る。 ✓ 申立人らが，被申立人の秘密保持義務違反を仲裁手続の違反と主張するが，手続の違法性を争点として仲裁判断の不執行を主張するのであれば，CIETACの行為を対象とすべきである。 ✓ 被申立人は，IMF社に本件の進捗状況を開示していたが，当該行為が仲裁判断の結果の公正性に影響を与えたことを示す事実はない。	✓ 仲裁手続において被申立人がTPFの利用を開示することで，仲裁廷および各当事者の事情を知る権利が保障されている。 ✓ 各当事者は，開示されたTPFの情報に基づき関連する権利を行使できるようになっていた。 TPFに関する秘密保持について ✓ 当事者の営業秘密とレピュテーションを保護する観点からも，事案の詳細を非公開とし，仲裁における秘密を保持することは重要である。 ✓ 仲裁規則で「外部」への情報開示を禁止すると定めたとしても，関係者（内部）が情報を知ることを制限するものではない。 ✓ 現行の仲裁規則の禁止項目ではない以上，資金提供者が当事者に資金提供することは，仲裁規則の秘密保持規定に違反するものではない。

4－6　紛争解決手続における調停

　「調停」（中国語では「調解」という）とは，紛争を抱えた当事者の自由意思に従い，調停人（当事者と利害関係を有しない公平・中立な第三者）が，当事者の間に入り，和解の成立に向けて協力する制度を指す。
　商取引に係る紛争の場合，当事者はビジネスの将来性を重視することから，柔軟かつスピーディーな紛争解決を図るケースが多い。そのため，時間や手間のかかる訴訟や仲裁ではなく，まず調停による解決を試みる傾向にある。また，前掲「4－1　段階的紛争解決条項」で紹介したとおり，近年は契約において段階的紛争解決条項を設け，調停のプロセス等を明記することも多く見受けられるようになっており，実務においても，調停により，当事者間のトラブルが解決できた事例が増えている。

1　調停のメリット

　訴訟や仲裁を提起した場合でも，実際のところは，当事者が最後まで戦うことを望んでいないことが多い。当事者の立場からの調停のメリットには，下記3点が挙げられる。
　第1に，紛争が早く，かつ安価で完結することが期待できる点である。訴訟または仲裁の手続における調停は，裁判官または仲裁人の主導または関与があるものの，原則は当事者の自由意思によるものである。そのため，当事者が訴訟や仲裁の費用対効果を踏まえて話し合った結果，早期に合意に達し，解決が可能となる場合もある。もっとも，交渉の優位性を勝ち取るために，交渉戦略として，訴訟や仲裁を起こすことも少なからず見受けられる。
　第2に，調停による合意は，裁判官または仲裁廷により調停書が作成される点である。調停書は人民法院の判決または，仲裁廷の仲裁判断と同等の法的効力を持ち，債務者が約束を守らなかった場合には，強制執行の申立てができる。
　第3に，原則非公開で行われる点である。原則として公開される訴訟に比べ，

当事者のプライバシーや営業秘密を守ることが可能なため，周囲の関心を惹起せずに紛争を解決することができる。

2　訴訟における調停

　中国の民事訴訟手続における調停は，訴訟制度の重要な構成部分として，従来から重視されている。

　法令においては，2007年3月1日，最高人民法院公布の「訴訟における調停の社会主義協和社会の構築における積極的な役割をさらに発揮することに関する若干意見」（法発［2007］9号）にて，その役割が強調されている。また，近年は，裁判官の業務負担を軽減するために，調停制度の改善および利用促進が推進されている。

　最高人民法院発表の2023年のデータによれば，全国の人民法院による訴訟手続開始前の調停案件は，17,459,800件に達している。これは，前年より34.66%増えている。また，調停により解決できた案件は，11,998,100件あり，そのうち95.36%の当事者は，かかる義務を自主的に履行したとされている[46]。

　また，最高人民法院発表の2024年第1四半期のデータによれば，全国の人民法院による訴訟手続開始前の調停案件は，3,824,000件に達している。これは，前年同期より13.69%増えている。また，調停により解決できた案件は，2,492,000件あり，そのうち92.66%の当事者は，自主的にかかる義務を履行したとされている[47]。

(1)　法律根拠

　民事訴訟法（2023年版[48]。別段の表記がない限り，以下同じ）の総則9条は，調停の原則を，「人民法院が民事事件を審理する場合には，自由意思および合法の原則に基づいて調停を行わなければならない」と定めている。

46　2024年3月9日発表。https://finance.sina.cn/2024-09-21/detail-incpwvfs6977002.d.html
47　2024年4月22日発表。https://news.cctv.com/2024/04/22/ARTIOwdyQlb2r2WlwJQL0WvS240422.shtml
48　2023年9月1日改正，2024年1月1日施行

また、これに先立つ民事訴訟法の2012年改正時には、「調停先行」の原則が導入され、同法122条[49]に、「当事者が人民法院に訴えを提起した民事紛争が、調停に適する場合には、先に調停を行うものとする。ただし、当事者が調停を拒否する場合を除く」とされていた。

訴訟においては、民事訴訟法に基づき、民事訴訟の手続のいずれの段階においても調停の申出が可能である。すなわち、開廷前（136条）、判決を下す前（145条）、1審段階（125条）、2審段階（179条）または執行段階（241条）のいずれの段階においても調停へ切り替えることが可能である。

なお、調停の原則、進め方、調停書の作成等を専ら定めているのは、民事訴訟法第8章（96条ないし102条）である。

(2) 立件前の調停

人民法院は、上記「調停先行」の一環として、訴訟の受付（中国では「立案」という）前に、自ら調停を主導して行うこと、または特定の調停組織や調停員を指定し、調停による解決を試みることが可能であるとしている。

人民法院の指定する者による調停（調停の原則、期限、調停人の忌避、調停のプロセス等を含む）および、その後の訴訟手続との関連等については、最高人民法院が、2016年7月1日に「人民法院による特別招聘の調停に関する規定」を、2020年1月22日に「委任派遣による調停システムのさらなる整備に関する指導意見」を、それぞれ公布している。

(3) 調停の強行

2024年3月8日の第14回全国人民代表大会第二次会議における最高人民法院院長の張軍氏による報告によれば、2013年以来、全国人民法院の案件数は、年平均13％増加しており、10年で2.4倍増加した。裁判官1人当たりの担当案件数は、2017年の187件から2023年の357件へ増加している[50]。なかでも圧倒的に多いのが、北京、上海、深圳および広州等の大都市の基層人民法院で、これら

---

49 民事訴訟法（2023年版）125条
50 https://ipc.court.gov.cn/zh-cn/news/view-2849.html

人民法院の担当案件数は，裁判官1人当たり年間500件を超えることも珍しくない。そのため，ハードワークに耐えられず職を辞する裁判官も少なからず見受けられる。

このような背景もあり，調停は，業務量過多の裁判官にとって，判決文を書かずに案件を処理できる方法としての意味合いが非常に強くなっている。それに加え，調停による和解解決は上訴されるおそれもなく，裁判官の評価にマイナス影響をもたらすおそれもない[51]。そのため，案件によっては，裁判官が半ば強制的に調停を行うよう指導するケースも少なからず見受けられ，問題視されている。

3 仲裁における調停

(1) 法律根拠

仲裁法における調停に関する規定は，民事訴訟法と比べると少なく，51条と52条のみである（条文の内容は後述4を参照されたい）。調停のプロセス等について，仲裁法およびその司法解釈に具体的な規定はない。そのため実務上では，適用される各仲裁機関の仲裁規則に従うことになる。

近年，多くの仲裁機関が調停を専門に行う「調停センター」を設立し，仲裁とサービスを切り分け，別途，調停規則も定めている。例えば，北京仲裁委員会は，2011年8月1日に調停センターを設立し，同年8月31日に「北京仲裁委員会調停センター調停規則」を公布している。また，中国国際経済貿易仲裁委員会（CIETAC）は，2018年5月18日に調停センターを設立し，同年10月1日から調停規則を施行している。

なお，CIETACは，2014年以来，毎年「中国国際商事仲裁年度報告」を公表している。同報告書からは，調停による和解で結審した案件が，多い時には仲裁案件全体の50％以上を占める等，非常に高い割合で推移していることがわか

---

51 自らが担当した案件は2審で覆されてしまうと，裁判官の業績や実力の評価にマイナスな影響をもたらすことになる。

る（下表参照）。

【調停・和解により結審した案件が仲裁事件全体に占める割合[52]】

年度	案件数	割合
2014年	74,200件	65%
2015年	56,659件	41%
2016年	121,527件	58%
2017年	69,450件	29%
2018年	140,281件	26%
2019年	85,980件	31%
2020年	91,981件	35%
2021年	93,162件	35%
2022年	166,304件	35%

(2) 仲裁と調停の結合

ほとんどの仲裁機関の仲裁規則には，仲裁廷による調停に関する具体的なルールが設けられている。例えば，CIETAC仲裁規則（2024年版）[53]47条は，仲裁および調停の結合（Arb-Med）として，下表のルールが定められている。

CIETAC仲裁規則（2024年版）47条	
①	双方当事者が調停を望む場合，または一方当事者が調停を望み，かつ仲裁廷が他方当事者から同意を得た場合，仲裁廷は仲裁手続において，事件につき調停を行うことができる。 双方当事者は，自ら和解することもできる。
②	仲裁廷は，双方当事者から同意を得た後，適切であると認める方式により調停を行うことができる。

---

52 「中国国際商事仲裁年度報告」（2014〜2023），http://www.cietac.org.cn/index.php?m=Article&a=index&id=251
53 2024年1月1日施行

③	調停過程において，いずれか一方の当事者が調停の終了を申し出たとき，または仲裁廷がすでに調停が成立する見込みがないと認めたときは，仲裁廷は，調停を終了する。
④	双方当事者は，仲裁廷の調停を経て和解し，または自ら和解した場合，和解合意書を締結する。
⑤	当事者は，調停を経て和解合意を成立させ，または自ら和解合意を成立させた場合，仲裁請求または反対請求を取り下げることができ，仲裁廷に当事者の和解合意の内容に基づき判断書を作成し，または調停書を作成するよう求めることもできる。
⑥	当事者が調停書の作成を求めた場合，調停書には仲裁請求および当事者の書面による和解合意の内容を明記し，仲裁人が署名し，かつ「中国国際経済貿易仲裁委員会」の印を押印し，双方当事者に送達する。
⑦	調停が成功しない場合，仲裁廷は，仲裁手続の進行を継続し，かつ判断を出す。
⑧	当事者が調停を望むが，仲裁廷の主宰において調停を行うことを望まない場合，双方当事者の同意を得て，仲裁委員会は，当事者が適切な方式および手続で調停を行うことに協力することができる。
⑨	調停が未成立の場合，いずれの一方当事者も，その後の仲裁手続，司法手続およびその他いずれかの手続において，相手方当事者または仲裁廷が調停過程において発表した意見，提示した見地，なした陳述，同意または否定を表す意見または主張を引用し，その請求，答弁または反対請求の根拠とすることを禁ずる。

なお，当事者が自らまたは調停を経て，仲裁手続の開始前に和解合意を成立させた場合，当事者は，CIETACに対し，仲裁廷にて，和解合意の内容で仲裁判断を出すよう求めることも可能である[54]。

4 調停書

訴訟や仲裁における調停は，当事者の希望による調停か，裁判官または仲裁廷の主導による調停のいずれかに分かれる。いずれの場合も，当事者間で調停

---

54 CIETACの主任が1名の仲裁人を単独指名して仲裁廷を成立させ，仲裁廷が適切と認める手続により審理し，かつ判断を出すことになる（CIETAC仲裁規則（2024年版）47条）。なお，当事者に別段の約定がある場合を除く。

により合意に達した場合には，裁判官または仲裁廷は，調停書を作成する[55]。

(1) 調停書の内容

　人民法院が作成する調停書には，「訴訟上の請求，事件に関わる事実および調停結果」等を記すものとし（民事訴訟法100条１項），仲裁廷が作成する調停書には，「仲裁の請求および当事者の合意の結果」等を記すもの（仲裁法52条１項）とされている。

　実務では，和解合意をスムーズに達成し，当事者間の不要なトラブルを回避するために，調停書に記載する紛争解決手続に関する内容（当事者，契約関係，送達等）は，簡潔に記し，当事者間の合意事項が詳細に記されることがほとんどである。

　案件の具体的内容や当事者の態度にもよるが，当事者が調停において事実の認定を極力避け，調停書に記すべき当事者の請求や係争事項を，意図して抽象的に記すことが多く見受けられる。この点については，民事訴訟法の司法解釈[56]やCIETACの仲裁規則[57]に，当事者が調停合意または和解合意に達するために妥協して認めた事実は，後続の訴訟や仲裁において，その者に対する不利な根拠としてはならない旨の規定が含まれている。しかし，もし当事者で達成した調停合意が実現されず，その後に訴訟や仲裁へと続いた場合には，裁判官や仲裁人の心証に影響するおそれが懸念される。

(2) 調停書の範囲

　調停における和解案は，当事者が自ら提出することも可能であるし，裁判官または仲裁廷が提出することも可能である。ただし，和解の内容に，当初の訴訟請求または仲裁請求の範囲を超えたものを加えることが可能か否かの問題はある。

　訴訟における調停は，「人民法院の民事調停手続の若干問題に関する規定」７条によれば，「調停合意の内容が訴訟請求を超える場合も，人民法院はこれ

55　民事訴訟法97条，仲裁法51条
56　「『民事訴訟法』の適用に関する解釈」，2022年４月１日公布，2022年４月10日施行
57　2024年版，47条

を認めることができる」とされている。

　一方、仲裁は、調停により当事者間で達した和解合意の内容が、仲裁法16条に定める「仲裁申立ての意思表示」または「仲裁に付する事項」を超えた和解合意に基づく調停書である場合の有効性の扱いが曖昧である。現況、中国の現行法上にこれを明文化した規定はない。また、ほとんどの仲裁機関の仲裁規則もこの点について言及していない。

　実務上は、前述の訴訟における調停に関する司法解釈の規定を参照し、当事者間の自由意思は尊重されるべきであるとして、仮に仲裁調停書の内容が仲裁申立ての範囲や仲裁合意の範囲を超えていたとしても、それは中国の強行法規に違反するものではなく、また第三者の利益を害さなければ、その効力を認めるべきであるという見解が主流である。

(3) 調停書の効力発生

　調停書は、当事者双方が裁判官または仲裁廷が作成した調停書を受領し、各々が署名した後に、初めて法律上の効力を生じる。

　ほとんどの場合、調停書に署名した当事者は、調停書の内容に従いそれぞれの義務を履行するが、なかには意思を翻し、時間稼ぎや嫌がらせのために、調停書への署名を意図的に拒否するケースも散見される。

　このような不確定要素を避けるため、裁判官または仲裁廷による主導で進められる調停による和解では、合意に達したその場で、ただちに調停書を作成し、署名を促すことが多い。また、調停書に、違反行為に対する違約金の支払等の罰則を明記することもある。

(4) 禁止事項

　次のものを含む当事者間の和解合意は、「人民法院の民事調停手続の若干問題に関する規定」10条に基づき、人民法院が認めない。

① 国家利益、社会公共利益を害すること
② 第三者の利益を害すること
③ 当事者の真の意思に反すること

④　法律および行政法規の禁止規定に反すること

　これにかかる直近の参考事例として，後述5の事例紹介にある最高人民法院の「(2021) 最高法知民終1298号」民事事件がある。なお，案件によっては，仮に裁判官より認められ，調停書に明記されても，事後に無効であると判断される場合もあることに留意されたい。

5　事例紹介

　下記事件においては，最高人民法院は，当事者間の合意事項が独占合意に該当するため，中国の独占禁止法に反するとして，当事者が裁判手続において達成した和解合意を無効とした。

事件名	上海華明電力設備制造有限公司と武漢泰普変圧器開関有限公司の独占合意紛争事件
判決書番号	1審：(2019) 鄂01民初6137号 2審：(2021) 最高法知民終1298号
判決年月日	1審：2020年12月28日 2審：2022年2月22日
人民法院	1審：湖北省武漢市中級人民法院 2審：最高人民法院
当事者	原告：上海華明電力設備制造有限公司（以下「A社」という） 被告：武漢泰普変圧器開関有限公司（以下「B社」という）
案件概要	✓ 2015年10月，B社は，A社がB社の「一種の遮蔽装置付の非通電タップ切換器」（以下「本件発明」という）を発明名称とする特許権を侵害したとして，訴訟（以下「侵害訴訟」という）を提起した。 ✓ 2016年1月，双方は協議により和解合意（以下「本件和解合意」という）に達成した。その後，B社は同月に侵害訴訟を取り下げた。 ✓ 本件和解合意の主な内容は，以下のとおり。 　➢ A社，特定の型式の非通電タップ切換器しか生産できず，それ以外の非通電タップ切換器は，B社から仕入れた上で顧客

	に再販売する。また，再販売価格は，B社から仕入れる際の価格によって決まる。 ➤ 外国において，A社は，B社の投資先の販売代理店として，同種製品を自ら生産せず，また，他社の同種製品の代理販売も行わない。また，販売価格は，B社から仕入れる際の価格と同額とする。 ✓ 2019年6月，A社は本件和解合意が独占禁止法に違反したとして，訴訟を提起し，本件和解合意の無効の確認等を求めた。 ✓ 1審法院は，本件和解合意は独占合意に該当しないと判断し，A社の請求をいずれも棄却した。 ✓ A社は1審法院の判決を不服とし，最高人民法院に上訴した。
判決要旨	最高人民法院は，以下のとおり，本件和解合意は水平的独占合意であり，かつ独占禁止法の強行規定に違反すると判断し，本件和解合意を無効とし，1審判決を取り消した。 ✓ 旧独占禁止法55条に基づき，権利者が知的財産権関連の法律，行政法規に従って知的財産権を行使することは，原則として独占禁止法に違反しない。しかし，権利者が知的財産権を濫用し，競争を排除，制限する場合を除く。 ✓ 本件発明の特許請求の範囲は，一種の特定の構造のある遮蔽装置を有する非通電タップ切換器であり，特定の型式の非通電タップ切換器について保護を求めていない。 ✓ 他方で，本件和解合意は，非通電タップ切換器の型式および製造者により製品を区分し，A社が特定の型式の非通電タップ切換器しか製造・販売できないように制限している。しかし，当該制限は，実質的に本件発明の特許請求の範囲とは無関係である。 ✓ 本件和解合意の目的は，特許権の行使により本件発明を保護することではなく，特許権行使の名目で，販売市場の分割，商品の生産量・販売量の制限および価格の固定を求めることである。 ✓ これは，特許権を濫用し，競争を排除，制限するものであり，旧独占禁止法13条が禁止する独占合意に該当する。

コラム⓭

調停制度の利用拡大

1．人民調停制度

2011年1月1日に施行された人民調停法は，人民調停人による説得，調整等による，当事者の平等な協議を基盤とした自由意思による調停合意を促し，これを民間紛争の解決制度としたものである。

同法にある人民調停委員会とは，「法により設立する，民間紛争を調停する民間組織である」（7条），人民調停員は，「人民調停委員会の委員および人民調停委員会が招聘した者が担当する」（13条）とされている。また，「基礎人民法院は，人民調解委員会の民間紛争の調解に対して業務指導を行う」とされている（5条2項）。なお，最高人民法院傘下の「人民法院調停プラットフォーム」上の公開情報に基づくと，2024年12月現在，調停の専門組織は112,912件，登録調停員は460,905名であるとされている[58]。

人民調停制度は，個人同士のトラブル（家庭内の紛争等）や法人同士の少額の紛争解決（金銭貸借や売買契約等）の解決に重要な役割を果たしており，「調停合意」をもって紛争の解決となるが，訴訟や仲裁における調停書と異なり，調停合意は，人民法院による司法確認[59]を経なければ，強制執行を申し立てられないので，留意されたい。

2．その他の調停

2010年7月24日，最高人民法院は，「訴訟と非訴訟を連携する紛争解決システムの確立およびその健全化に関する若干意見」（法発［2009］45号）を公布し，人民法院，行政機関，企業組織およびその他の社会団体の紛争処理機能を十分に発揮し，各種紛争解決方法の連携を促進し，紛争解決の選択肢をより多く国民に提供し，社会の調和と安定を維持し，経済社会の順調な発展を保障する，という目標を立てた。

当該意見を受け，多くの行政機関[60]，業種団体や経済団体等[61]が，調停の制度やシステムを構築し，組織内等のトラブルや紛争の解決において積極的に採

---

[58] http://tiaojie.court.gov.cn
[59] 人民調解委員会の調解を経て調解合意に達した後，双方当事者が必要であると判断した場合には，調解合意の発効日から30日以内に共同で人民法院に司法確認を申し立てることができる。この場合，人民法院は，すみやかに調解合意について審査し，法により調解合意の効力を確認する（人民調停法33条1項）。
[60] 一例：外商投資法26条1項は，「国は，外商投資企業クレーム処理のシステムを構築し，外商投資企業またはその投資者から提起された問題を遅滞なく処理し，関連する政策措置を協調して改善する」と定めている。
[61] 一例：各地の消費者権益保護協会，弁護士協会，保険協会等

用している。

　しかし，かかる調停により当事者間で達した合意は，契約の一種にすぎず，強制執行を申し立てられない。かかる合意は，前述１の人民調停による調停合意と同様に，人民法院による審査を経て，強制執行の申立てが可能となる。

３．シンガポール条約

　2019年8月7日，中国は，「調停に関するシンガポール条約」（以下「シンガポール条約」という）に署名した。

　シンガポール条約は，国際的な商事調停により成立した和解合意に，執行力を付与する等の共通の法的枠組みを定めるものである。これは，現行の中国国内における，人民法院が主導または監督する調停制度とは大きな乖離がある。そのため，シンガポール条約を中国国内で発効させ，施行させるためには，中国が新しい法律（例えば，「商事調停法」）を制定するか，または既存の法律を大きく改正する必要がある。しかし，かかる立法作業が進めば，今後の中国国内における調停制度は格段に整備され，調停の利用が大いに拡大することが期待できる。

索　引

英数

Anti-suit Injunction ……………………83
Arb-Med-Arb ……………………………259
BATH ……………………………………166
Change of Control条項 …………………287
ChatGPT …………………………………164
CIETAC …………………………………180
competence-competence …………195, 213
Doctrine of Forum Non Conveniens ……115
early dismissal …………………………202
ECビジネス ……………………………270
HKIAC …………………………………264
injunction ………………………………85
interim award …………………………201
IPO ………………………………………273
LLM ……………………………………164
merit ……………………………………244
MTDR …………………………………258
NFT作品 ………………………………131
partial award …………………………201
SCC ……………………………………265
seat of arbitration ……………………231
SEP ………………………………………83
SIAC ……………………………………259
SPC ……………………………………271
TPF ………………………………201, 312
UNCITRAL仲裁モデル法 ……………182

あ

アドホック仲裁 ……………30, 187, 235
アポスティーユ ……………………35, 50
アルゴリズム …………………………172
一審制 …………………………………188
印鑑 ……………………………………13

印章 ……………………………………25
インターネット＋行動計画 …………139
インターネット＋司法 ………………139
インターネット法院 …………………127
売掛債権 ………………………………22
オンライン化 …………………………126

か

会計証憑 …………………………289, 299
会計帳簿 ………………………………299
外資規制 ………………………………234
開示義務 ………………………………220
外商投資企業 …………………285, 300
開廷地 …………………………………232
買戻請求権 ……………………………291
確認申請 ………………………………252
過渡期 …………………………………283
株主代表訴訟 …………………………297
株主名簿 ………………………………289
管轄 ……………………………………157
管轄権異議 ……………………………99
鑑定 ……………………………………57
鑑定費用 ………………………………58
機関仲裁 ………………………………186
企業情報 ………………………………18
規制緩和 ………………………………5
基盤モデル ……………………………164
忌避 ……………………………………227
救済措置 ………………………………123
級別管轄 ………………………………99
強行規定 ………………………………309
強行法規 ………………………………328
行政改革 ………………………………5
行政公益訴訟 …………………………151
行政責任 ………………………………271

挙証期限 · 59	財産保全 · 76, 84
拒絶事由 · 121	再審 · 102
許認可制度 · 301	最低資本金 · 304
拒否権 · 302	裁判要旨 · 146
金銭担保 · 80	裁判理由 · 146
禁訴令 · 83	最密接関係地法 · 43
勤勉義務 · 294	作為命令 · 85
クロスボーダー取引 · · · · · · · · · · · · · · 206	差押え · 77
警告状 · 269	差戻仲裁 · 252
刑事責任 · 271	参考性案例 · 149
契約紛争 · 37	三資企業法 · 283
検察建議書 · 159	シェアリングエコノミー · · · · · · · · · · 168
検証 · 58	資金提供 · 201
牽制効果 · 29	試験期間 · 154
原物 · 54, 136	時効 · 270
原本 · 54, 136	事実上の董事 · 294
公安機関 · 13	視聴覚資料 · 55
合意管轄 · 45	失権通知 · 288
行為保全 · 82, 84	執行拒否 · 261
公印確認 · 50	執行拒否制度 · 248
公益訴訟制度 · 151	執行難 · 20, 76, 105
高額消費制限令 · 106	実名登録 · 134
合議廷 · 146	指導性案例 · 4, 96
交差条項 · 34	指導性案例制度 · 140
公示システム · · · · · · · · · · · · · · · · · · 18, 286	自認 · 75
公証 · 47	私文書 · 50
膠着状態 · 292	司法解釈 · 96, 142
公文書 · 50	司法審査 · 240
公平の原則 · 66	社会公共の利益 · 246
拘留 · 53	シャドウ・ディレクター · · · · · · · · · · 294
コーポレート・ガバナンス · · · · · · · · · 295	自由意思 · 133
国外仲裁 · 240	終局性 · 31
国籍 · 219	首席仲裁人 · · · · · · · · · · · · · · · 199, 223, 226
国内仲裁 · 240	出資瑕疵 · 308
互恵の原則 · 119	巡回法廷 · 97
個人情報 · 24	準拠法 · 40
コンプライアンスガイドライン · · · · · 173	渉外契約 · 30

さ

最高権力機関 · 283	渉外仲裁 · 240
	渉外仲裁判断 · 235
	渉外取引 · 30

渉外民事関係	42
渉外要素	40
商業秘密	24
証拠隠匿	244
証拠開示制度	59, 200
証拠偽造	244
証拠収集	52
証拠保全	69, 71, 84
証人	56
情報開示	17
消滅時効	103
書証	54
署名	8
書面	206
自力救済	269
シンガポール条約	332
信義誠実の原則	66
審級管轄	45
人民調停制度	331
人民法院のIT化	128
尋問地	46
信用失墜者名簿	106
信用担保	80
信用中国	19
審理期間	101
遂級報告制度	193, 251
ストックホルム商業会議所仲裁裁判所	265
スポーツ仲裁	180
成功報酬	313
清算委員会	296
生成AI	131, 164
生成AI技術	170
生成式人工知能	164
誓約書	3
世界消費者権利デー	160
責任財産	20
専属管轄	45, 99, 112
前置手続	159
専門人民法院	97
早期却下	202
走出去	3
送達	117
訴訟援助	312
訴訟時効	103
訴訟費用	104
訴訟幇助	312

た

大規模言語モデル	164
第三者による資金提供	312
タイムチャージ	191
段階的紛争解決条項	258
担保	79
知恵法院	127, 169
チェンジ・オブ・コントロール条項	287
知的財産権	22
地方保護	33, 34
中間判断	201
中国国際経済貿易仲裁委員会	180
中国語版	7
中国裁判文書ネット	23
仲裁委員会	233
仲裁機関	6
仲裁合意	206
仲裁受理費	190
仲裁条項	215
仲裁処理費	190
仲裁地	46, 231
仲裁廷	222
仲裁人	218
仲裁人名簿	218
仲裁判断	318
仲裁判断の国籍	124
仲裁費用	190
忠実義務	294
調査令	27, 106
調停	196, 321
調停規則	324
調停書	101, 321, 327
調停先行	101, 323

調停センター……………………… 324
通報 ………………………………… 157
抵触法 ……………………………… 42
ディスカバリー …………………… 58
デュー・ディリジェンス ……… 226, 303
典型的案例 ……………………… 4, 149
電子化 …………………………… 135, 196
電子送達 …………………………… 135
電子データ ………………………… 56
同案不同判 ………………………… 141
凍結 ………………………………… 77
特別目的会社 ……………………… 271
トップ会談 ………………………… 259
取消制度 …………………………… 248

な

内容証明郵便 ……………………… 273
捺印 ………………………………… 8
二重株主代表訴訟 ………………… 295
日本語版 …………………………… 7
ニューヨーク条約 ……………… 197, 241
認証 ………………………………… 47
農村土地請負経営仲裁 …………… 180

は

背債人 ……………………………… 307
ハーグ証拠収集条約 ……………… 119
派生訴訟 …………………………… 212
払込期限 …………………………… 304
反担保 ……………………………… 80
ビジネスパートナー ……………… 15
ビットコイン ……………………… 246
ひな形 ……………………………… 6
秘密保持義務 ……………………… 221
標準必須特許 …………………… 83, 113
封印 ………………………………… 77
フェイクニュース ………………… 165
フェイススワップ ………………… 177
物証 ………………………………… 54

物的担保 …………………………… 80
部分判断 …………………………… 201
不便宜法廷地の原則 ……………… 115
プライバシーポリシー …………… 174
ブラックリスト …………………… 106
ブロックチェーン ………………… 131
分離可能性 ………………………… 209
併合 ………………………………… 197
併合制度 …………………………… 36
並行訴訟 ………………………… 87, 113
法人格の否認 ……………………… 295
法定代表者 ………………………… 8
法歪曲仲裁罪 ……………………… 222
保証レター ………………………… 70
保全措置 ……………………… 35, 183, 198

ま

身元確認 …………………………… 15
民事公益訴訟 ……………………… 151
民事責任 …………………………… 271
面子 …………………………… 2, 214
モデル条項 ………………………… 215

や

優先買取権 ……………………… 290, 302
予見可能性 ………………………… 41

ら

利害関係者 ………………………… 301
リスク代理 ………………………… 313
立証責任 …………………………… 62
領事認証 …………………………… 50
臨時仲裁 …………………………… 187
類似案件 …………………………… 144
連結点 ……………………………… 112
労働仲裁 …………………………… 180

わ

和解合意 …………………………… 328

著者紹介

孫　彦　（そん　げん）

外国法事務弁護士（中倫外国法事務弁護士事務所）
2006年北京大学大学院卒業，2013年〜2014年ワシントン大学（University of Washington）ロースクール客員研究員。
日本の大手法律事務所にて10年以上の実務経験を積み，2018年11月から中倫外国法事務弁護士事務所（中倫律師事務所東京オフィス）のパートナー就任。日中間のM&A，紛争解決，中国現地法人の不祥事対応や危機管理，コーポレート・ガバナンス等，企業法務全般を取り扱っている。
日本仲裁人協会会員，一般社団法人日本商事仲裁協会名簿仲裁人。

〈主要著書〉
『中国独占禁止法制の実務』（中央経済社，2024年），『中国個人情報保護法制の実務』（中央経済社，2022年），『中国商事仲裁の基本と実務』（商事法務，2021年），『中国ビジネス法務の基本と実務がわかる本』（共著，秀和システム，2019年），『中国ビジネス法務の基本がよ〜くわかる本（第2版）』（共著，秀和システム，2012年）

〈主要論文〉
「中国における紛争解決の基本と実務」（JCAジャーナル，2022年6月号から連載継続中），「中国における独占禁止法の改正動向と実務における着目点」（NBL№1191，2021年4月1日号），「中国における民商事裁判の最新動向」（国際商事法務Vol.47 №10，2019），「事例から学ぶ中国における営業秘密漏洩の対応策」（国際商事法務Vol.47 №6，2019），「中国現地法人の不正調査及び内部通報制度の構築」（国際商事法務Vol.46 №9，2018），「「一帯一路」構想より中国の商事仲裁にもたらされる期待〜自由貿易試験区における更なる革新〜」（国際商事法務Vol.45 №8，2017），「中国における合弁解消の交渉戦略」（ビジネス法務2015年3月号），「中国における仲裁制度およびその注意点－「中国（上海）自由貿易試験区仲裁規則」の分析を踏まえて」（NBL№1035，2014年10月1日号），その他企業再編，コンプライアンス等に関する論文多数。

中国紛争解決法制の実務

2025年3月15日　第1版第1刷発行

著　者　孫　　　彦
発行者　山　本　　継
発行所　㈱中央経済社
発売元　㈱中央経済グループ
　　　　パブリッシング

〒101-0051　東京都千代田区神田神保町1-35
電　話　03 (3293) 3371 (編集代表)
　　　　03 (3293) 3381 (営業代表)
https://www.chuokeizai.co.jp
印刷／三英グラフィック・アーツ㈱
製本／誠　製　本　㈱

ⓒ 2025
Printed in Japan

＊頁の「欠落」や「順序違い」などがありましたらお取り替えいたしますので発売元までご送付ください。(送料小社負担)
ISBN978-4-502-52521-6　C3032

JCOPY〈出版者著作権管理機構委託出版物〉本書を無断で複写複製(コピー)することは、著作権法上の例外を除き、禁じられています。本書をコピーされる場合は事前に出版者著作権管理機構(JCOPY)の許諾を受けてください。
JCOPY〈https://www.jcopy.or.jp　eメール：info@jcopy.or.jp〉